Frank-O. Zimmermann

Betriebliche Informationssysteme in virtuellen Organisationen

Forschungsbeiträge zur Wirtschaftsinformatik /
Advanced Studies in Information Systems

Herausgeber:
Prof. Dr. Otto K. Ferstl,
Prof. Dr. Elmar J. Sinz,
Universität Bamberg

In der Schriftenreihe

Forschungsbeiträge zur Wirtschaftsinformatik / Advanced Studies in Information Systems

werden Ergebnisse von Forschungsarbeiten veröffentlicht, die sich mit der Analyse und Gestaltung betrieblicher Systeme und ihrer Informationssysteme sowie mit dem Nutzungspotential von Informations- und Kommunikationstechnologien beschäftigen. Die Reihe richtet sich an Leser in Wissenschaft und Praxis, die als Anregung für die eigene Arbeit nach Konzepten, Modellen und Methoden aus dem Bereich der Wirtschaftsinformatik suchen.

Frank-O. Zimmermann

Betriebliche Informationssysteme in virtuellen Organisationen

Mit einem Geleitwort von Prof. Dr. Elmar J. Sinz

Deutscher Universitäts-Verlag

Die Deutsche Bibliothek – CIP-Einheitsaufnahme

Zimmermann, Frank-O.:
Betriebliche Informationssysteme in virtuellen Organisationen / Frank-O. Zimmermann. Mit einem Geleitw. von Elmar J. Sinz. – Wiesbaden : DUV, Dt. Univ.-Verl., 1999
(DUV : Wirtschaftsinformatik) (Forschungsbeiträge zur Wirtschaftsinformatik / Advanced Studies in Information Systems))
Zugl.: Bamberg, Univ., Diss., 1999

Lektorat: Ute Wrasmann / Monika Mülhausen

Der Deutsche Universitäts-Verlag ist ein Unternehmen der Bertelsmann Fachinformation GmbH.

http://www.duv.de

ISBN 978-3-8244-2123-7 ISBN 978-3-322-92389-9 (eBook)
DOI 10.1007/978-3-322-92389-9

Geleitwort

Konzepte für Virtuelle Unternehmen, oder allgemein für Virtuelle Organisationen, werden seit mehreren Jahren in der Forschung intensiv diskutiert und in der Praxis erprobt. Ermöglicht durch die weltweite Verfügbarkeit preisgünstiger Informations- und Kommunikationstechnologien gelten Virtuelle Organisationen als zukunftsträchtige Organisationsform im dynamischen, globalen Wettbewerb. Virtuelle Organisationen sollen die Möglichkeit eröffnen, Kernkompetenzen verschiedener Partner für einen begrenzten Zeitraum und für eine bestimmte Leistungserbringung zusammenzuführen. Unter den skizzierten Wettbewerbsbedingungen sollen damit Effektivitäts- und Effizienzvorteile gegenüber herkömmlichen Organsiationsformen erzielt werden.

Zum Themenbereich Virtuelle Organisation existiert mittlerweile eine Fülle von Literatur. Theoriegeleitete Auseinandersetzungen mit dem Thema sind allerdings noch selten. Viele Literaturbeiträge beschränken sich auf die Wiedergabe von ersten Fallbeispielen oder beschreiben ausgewählte Merkmale Virtueller Organisationen.

Das beschriebene Forschungsdefizit wird noch deutlicher bei der Untersuchung des Informationssystems einer Virtuellen Organisation. Analog zu traditionellen Organisationen wird auch die Leistungserstellung einer Virtuellen Organisation durch ein Informationssystem gelenkt. Dieses Informationssystem integriert die Informationssysteme der an der Virtuellen Organisation beteiligten Partner als Teilsysteme. Es ist ebenso wie die Virtuelle Organisation selbst laufenden Änderungen ausgesetzt. Die Teil-Informationssysteme der Partnerorganisationen müssen auf die speziellen Anforderungen Virtueller Organisationen ausgerichtet sein. Unter anderem muß die Integrationsfähigkeit zu einem Gesamt-Informationssystem unterstützt werden.

Frank Zimmermann greift dieses Forschungsdefizit auf und entwickelt in seiner Dissertation Anforderungen an die Gestaltung des Informationssystems Virtueller Organisationen. Auf Grundlage einer umfassenden Analyse des Themengebiets entwickelt er einen mehrdimensionalen Gestaltungsrahmen für das Informationssystem Virtueller Organisationen. Die Arbeit von Zimmermann leistet einen wichtigen Beitrag für eine Theorie Virtueller Organisationen und speziell ihrer Informationssysteme. Die Lektüre sei allen empfohlen, die sich aus methodischer Sicht mit Fragen der Gestaltung Virtueller Organisationen auseinandersetzen.

Elmar J. Sinz

Vorwort

Die vorliegende Arbeit entstand im Rahmen meiner Tätigkeit am Lehrstuhl für Wirtschaftsinformatik, insbesondere Systementwicklung und Datenbankanwendung an der Otto-Friedrich-Universität Bamberg. Mein besonderer Dank gilt Prof. Dr. Elmar J. Sinz für die umfassende Förderung meiner Tätigkeit am Lehrstuhl und während der Entstehung dieser Arbeit. Bedanken möchte ich mich auch bei Prof. Dr. Otto K. Ferstl, der das Koreferat dieser Arbeit übernahm.

Für die freundschaftliche Zusammenarbeit und die zahlreichen Denkanstöße und Ratschläge danke ich ganz herzlich Dr. Michael Amberg, Michael Böhnlein, Patrick Budenz, Armin Duske, Christoph Hammel, Dr. Jan Hazebrouck, Regina Henninges, Roland Klüber, Dr. Jörg Krumbiegel, Annette März-Löwenhaupt, Dr. Carsten Malischewski, Dr. Thomas Mannmeusel, Dr. Heiko Raue, Dirk Schulze, Achim Ulbrich-von Ende, Benedikt Wismans und Stefan Wolf. Alle Kollegen haben auf die eine oder andere Art wesentlich zum Gelingen der Arbeit beigetragen.

Für die Durchsicht des Manuskripts und die sehr hilfreichen Verbesserungsvorschläge bedanke ich mich bei Olaf Lemgen, Doris Linke, Tillmann Lukosch, Sabine Spiegl und Dr. Jan Wicke.

Vor allem aber danke ich meinen Eltern, meinen Brüdern und meiner Freundin Doris Linke, die mich in meinem Vorhaben stets ermuntert haben, mich immer und in jeder Hinsicht unterstützt und ganz erheblich zum Gelingen dieser Arbeit beigetragen haben.

Frank-O. Zimmermann

Inhaltsverzeichnis

Abkürzungsverzeichnis

AWS	Anwendungssystem
BODTF	Business Object Domain Task Force
BOMSIG	Business Object Management Special Interest Group
C-C	Computer-Computer Kommunikationssysteme
CORBA	Common Object Request Broker Architecture
CSCW	Computer Supported Cooperative Work
CWC	Component Ware Consortium
EDI	Electronic Data Interchange
EDIFACT	Electronic Data Interchange for Administration, Commerce and Trade
ELO	Elektronisches Organisationshanbuch
EPC	Electronic Product Catalogue
EUS	Entscheidungsunterstützungssystem
FIS	Führungsinformationssystem
IDL	Interface Definiton Language
i.e.S.	im engeren Sinne
i.w.S.	im weiteren Sinne
IOS	Interorganisationssystem
IP	Internet Protocol
ISDN	Integrated Services Digital Network
ISO	International Organization for Standardization
KI	Künstliche Intelligenz
KMU	Kleine und Mittlere Unternehmen
M-C	Mensch-Computer Kommunikationssysteme
M-M	Mensch-Mensch Kommunikationssysteme
NSS	Negotiation Support System
OLE	Object Linking and Embedding
OMA	Object Management Architecture
OMG	Object Management Group
OMIS	Organizational Memory Information Systems
ORB	Object Request Broker
SGML	Standard Generalized Markup Language
SMTP	Standard Message Transfer Protocol
SOM	Semantisches Objektmodell
TCG	Technical and Computer Graphics

TCP	Transmission Control Protocol
UN	United Nations
VSM	Viable System Model
VU	Virtuelles Unternehmen
WfMC	Workflow Management Coalition
WFMS	Workflow-Management-Systeme
WWW	World Wide Web
XML	eXtensible Markup Language

Abbildungsverzeichnis

1 Einleitung

Das Kapitel führt in die Motivation und Problemstellung ein und zeigt die Ziele der Arbeit auf. Weiterhin werden der Aufbau der Arbeit im Überblick sowie die verwendeten Konventionen dargestellt.

1.1 Motivation und Problemstellung

Die Bedingungen für das wirtschaftliche Handeln sind durch einen Paradigmenwechsel in Wirtschaft und Gesellschaft geprägt (vgl. [Capr88], [NaAb90]), der eine stark ansteigende Komplexität und Dynamik für die Akteure zur Folge hat. Konkret wird die veränderte Situation durch drei wesentliche interdependente Entwicklungen verursacht:

- Wertewandel in der Gesellschaft,
- neue Wettbewerbsbedingungen und
- neue Informationstechnologien.

Die Wertvorstellungen in der westlichen Gesellschaft haben sich in den letzten Jahren signifikant verschoben; während früher materielles Wohlergehen und physische Sicherheit im Vordergrund standen, wird heute mehr Gewicht auf die Lebensqualität gelegt (vgl. [Ingl89]). Für die Arbeitswelt bedeutet dies, daß Unterordnung, Verpflichtung und reine Durchführung von Aufgaben ohne eigenen Handlungsspielraum vermehrt abgelehnt werden. Es ist somit eine Veränderung der Einstellung zur Arbeit zu beobachten, die verstärkt von postmateriellen und nicht von materiellen Werten geprägt ist. Das damit verbundene Bedürfnis nach Eigenverantwortung, Selbständigkeit, Selbstverwirklichung, Partizipation und Kommunikation bedingt eine Veränderung der Organisationsstrukturen und der Führungsstile. Auf diese Weise könnten zusätzliche Qualitäts-, Flexibilitäts- und Rationalisierungspotentiale genutzt werden.

Der wesentliche Motor der Veränderung der Wettbewerbsbedingungen ist die Globalisierung von Güter-, Arbeits- und Informationsmärkten. Der Wettbewerb ist durch den Eintritt neuer Wettbewerber und die Sättigung angestammter Märkte intensiver und aggressiver geworden. Zudem wird der Kunde anspruchsvoller und fragt immer häufiger individuelle Systemlösungen statt einzelne Produkte nach. Veränderungen der Wettbewerbsbedingungen bleiben aufgrund der weltweiten Vernetzung nicht mehr lokal begrenzt, so daß die Lebenszyklen von Produkten, Technologien oder Erfolgspotentialen unentwegt kürzer werden. Den wirtschaftlichen Akteuren bleibt somit weniger Zeit, sich das erforderliche Wissen und die notwendigen

Ressourcen zur Begegnung der Herausforderungen anzueignen. Diese Entwicklung führt zur Konzentration auf modulare Kernkompetenzen, die situationsgerecht, flexibel und kostengünstig miteinander verknüpft werden müssen.

Der Wandel in Wirtschaft und Gesellschaft wird durch die Entwicklung im Bereich der Informationstechnologien[1] sowohl forciert als auch ermöglicht. Zunehmende Leistungssteigerungen und Miniaturisierungen der Technologien eröffnen in Verbindung mit anderen Techniken neue Formen von Produkten und Dienstleistungen sowie deren Erstellung. Das Potential der neuen technologischen Möglichkeiten ist mit Begriffen wie Kapazitätssteigerung, Schnelligkeit, Flexibilität, Mobilität, Zusammenarbeit, Integration, Offenheit, Verteilung und Vernetzung zu beschreiben [Pic+98, 5]. Dies schafft einerseits einen verschärften Wettbewerb auf den Märkten, da durch die Verbreitung neuer Individual- und Massenkommunikationsmedien grenzenlose Märkte ermöglicht werden, auf denen Arbeits- und Dienstleistungen unabhängig von Zeit und Ort beschafft werden können. Andererseits werden den wirtschaftlichen Akteuren neue Möglichkeiten zur Überwindung von Raum und Zeit oder für den Zugang zu Wissen und Ressourcen eröffnet. Dies erfordert jedoch neue Formen der arbeitsteiligen und kooperativen Leistungserstellung in und zwischen Unternehmen.

Diese drei Entwicklungen rücken die Virtuelle Organisation[2] als Konzept zur Begegnung der neuen Herausforderungen in den Mittelpunkt des Interesses. Sie wird allgemein als Verbund von lose über Informationstechnologien gekoppelten autonomen Modulen von Kernkompetenzen verstanden, die sich situativ für einen bestimmten Zweck zusammengefunden haben.

Die immer noch recht oberflächliche Literatur beinhaltet eine eher problemgetriebene als theoriegeleitetete Auseinandersetzung mit der Thematik. Das bedeutet einerseits, daß eine theoretische Fundierung des Phänomens der Virtuellen Organisation kaum vorhanden ist. Andererseits nähert sich weiterführende Literatur häufig nur aus isolierten und statischen Perspektiven. Der Faktor Zeit und damit die Berücksichtigung von Veränderungsdynamik wird vernachlässigt.

Der entscheidende Erfolgsfaktor von Virtuellen Organisationen ist die geeignete Gestaltung des betrieblichen Informationssystems, das hier als informationsverarbeitendes Teilsystem des betrieblichen Systems verstanden wird (vgl. [FeSi98, 1]). Die meisten Vorschläge zur Gestaltung des betrieblichen Informationssystems beruhen ausschließlich auf Praxiserfahrun-

[1] Es ist auch der Begriff Informations- und Kommunikationstechnologie (IKT) geläufig, der mit dem Begriffsbestandteil „Kommunikation“ die Interaktion zwischen arbeitsteilig wirkenden Aufgabenträgern zusätzlich betont.

[2] Aufgrund der herausragenden und umfassenden Bedeutung des Begriffs „Virtuelle Organisation“ in dieser Arbeit, wird er konsequent als Eigenname verwendet.

gen oder konzentrieren sich auf einzelne technologische Aspekte. Ein umfassender Ansatz zur Gestaltung des Informationssystems Virtueller Organisationen, der sowohl technologische als auch betriebswirtschaftliche Aspekte berücksichtigt, fehlt völlig.

1.2 Zielsetzung und Lösungsansatz

In der vorliegenden Arbeit wird der Versuch unternommen, einen Beitrag zur Behebung der oben aufgezeigten Defizite zu leisten. Im einzelnen werden folgende Zielsetzungen verfolgt:

Auf der Grundlage der Systemtheorie wird ein allgemeiner Bezugsrahmen aufgestellt, der drei Funktionen erfüllen soll. Erstens soll die Verfügbarkeit eines einheitlichen und interdisziplinären Begriffssystems sichergestellt werden. Durch das damit erreichbare Abstraktionsniveau können inhaltliche Vorurteile und subjektive Annahmen über die Wirklichkeit stark verringert werden. Zweitens wird die Entdeckung bisher vernachlässigter Aspekte und Zusammenhänge erleichtert, wodurch sich neue Untersuchungsschwerpunkte ergeben können (z.B. Aspekte der Dynamik). Drittens hat der Bezugsrahmen eine Integrationsfunktion. Die interdisziplinäre Untersuchung wird durch eine gleichzeitige Beachtung verschiedener Einflußfaktoren und Variablen (z.B. psychologischen, soziologischen, ökonomischen und technologischen) ermöglicht. Diese Arbeit beschäftigt sich schwerpunktmäßig mit relevanten Aspekten aus der Sicht der Wirtschaftsinformatik, der Bezugsrahmen ermöglicht jedoch die Anknüpfung weiterführender Arbeiten.

Die Gewinnung von Erkenntniszielen erfordert die Beschreibung und die Erklärung des Erkenntnisobjekts. Aufgrund der Neuartigkeit der Virtuellen Organisation ist eine Zielsetzung der Arbeit, eine fundierte Basis zur Beschreibung und Erklärung von Virtuellen Organisationen zu erarbeiten. Hierzu wird von der Hypothese ausgegangen, daß die Virtuelle Organisation eine Spezialisierung der Netzwerkorganisation ist, die wiederum als spezielle Form der Organisation betrachtet werden kann. Entsprechend werden, nach der Einführung in das Begriffsverständnis der Organisation, mit Hilfe der Neuen Institutionenökonomik die Konstitutionsbedingungen von Netzwerkorganisationen analysiert. Darauf aufbauend werden unter Verwendung von Teilen der Netzwerktheorie, der Organisationstheorie, des Kernkompetenzansatzes und Kerngebieten der Wirtschaftsinformatik weitere Attribute von Netzwerkorganisationen erarbeitet und beschrieben.

Anhand dieser Merkmale soll das spezielle Profil von Virtuellen Organisationen analysiert werden und somit zur Erklärung Virtueller Organisationen beitragen. Erklärung wird dabei als Angabe von Gründen für das Auftreten von Phänomenen verstanden [Pic+97, 32].

Neben der theoriegestützten Ableitung von Merkmalen sollen in einer Literaturanalyse bestehende Ansätze zur Beschreibung, Erklärung und Gestaltung Virtueller Organisationen analysiert werden.

Schließlich soll der Tradition der angewandten Wissenschaft gefolgt werden, innerhalb derer Erklärung kein Selbstzweck, sondern die Voraussetzung für Gestaltungsempfehlungen ist. Unter Verwendung des systemtheoretischen Bezugsrahmens und des erarbeiteten Profils soll ein umfassender normativer Gestaltungsrahmen für die Gestaltung des Informationssystems Virtueller Organisationen vorgeschlagen werden. Nach Ulrich [Ulri84, 180] ist Konstruktion eines „Gestaltungsmodells für die Veränderung der sozialen Wirklichkeit" ein sinnvolles Forschungsziel. Ein Modell beschreibt dabei immer einen Idealzustand und läßt die inhaltliche Lösung eines Unternehmensproblems offen. Ziel ist die Entwicklung einer Meta-Struktur, aus der sich kontextabhängig Strukturen generieren lassen. Der Gestaltungsrahmen soll eine Hilfestellung für erfolgreiches Führungshandeln im Unternehmen sein. Die genaue Kenntnis von Gestaltungsoptionen ist dabei nicht die perfekte Problemlösung, sondern der Gestaltungsrahmen will die Selbstreflektion und Adaption der Gedanken an die jeweilige Unternehmenssituation erreichen.

1.3 Aufbau

Das erste Kapitel leitet in die Arbeit ein.

Im zweiten Kapitel wird mit der Systemtheorie ein theoretischer Bezugsrahmen für die Arbeit aufgespannt.

Das dritte Kapitel beschäftigt sich mit dem Erkenntnisobjekt Netzwerkorganisation. Es werden Methoden und Instrumente zur Analyse und Gestaltung von Organisationen vorgestellt und angewendet. In einem institutionenökonomischen Teil werden insbesondere die Außenbeziehungen von Organisationen und die Informationstechnologie als Voraussetzung für neue Organisationsformen behandelt. In einem zweiten Teil werden organisations- und managementtheoretische Grundlagen von Netzwerkorganisationen behandelt. Der dritte Teil dieses Kapitels beinhaltet Grundlagen betrieblicher Informationssysteme.

Die Erklärung Virtueller Organisationen ist als theoretisches Erkenntnisziel Thema des vierten Kapitels. Hierzu werden zunächst die Erkenntnisse des ersten und zweiten Kapitels als Bausteine einer Theorie der Virtuellen Organisation verwendet. Weiterhin wird eine Literaturanalyse zu existierenden Gestaltungsansätzen vorgenommen. Abschließend werden diese anhand der theoretischen Aspekte einer Virtuellen Organisation analysiert und Defizite aufgezeigt.

Das fünfte Kapitel dient der Verfolgung des pragmatischen Erkenntnisziels, der Gestaltung des Informationssystems einer Virtuellen Organisation. Zu diesem Zweck werden zuerst auf der Basis der Kapitel eins bis drei Anforderungen an die Gestaltung entwickelt. Darauf aufbauend wird ein eigener Gestaltungsansatz vorgestellt. Er besteht zum einen aus einem Gestaltungsmodell und zum andern aus den praktischen Implikationen für das Management Virtueller Organisationen.

Im sechsten Kapitel werden die Ergebnisse zusammengefaßt und ein Ausblick auf zukünftigen Forschungsbedarf gegeben.

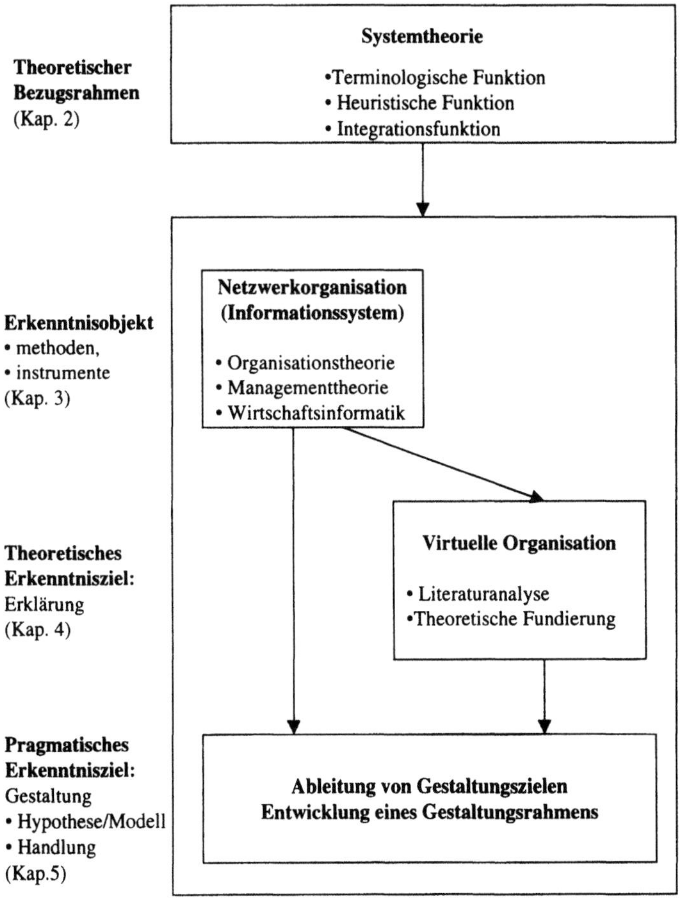

Abbildung 1-1: Aufbau der Arbeit

1.4 Konventionen

Zum besseren Verständnis der Arbeit werden notwendige Begriffe schrittweise eingeführt. Begriffe, die an einer Stelle definiert bzw. näher beschrieben werden, sind im Text **fett** gedruckt. Textstellen, die besonders betont oder hervorgehoben werden sollen, sind ebenso wie Begriffe, die an späterer Stelle oder in der Literatur näher beschrieben werden, *kursiv* gedruckt.

Im Stichwortverzeichnis kann nachgeschlagen werden, auf welchen Seiten die zentralen Begriffe der Arbeit erklärt bzw. verwendet werden. Abkürzungen sind im Abkürzungsverzeichnis aufgeführt. Auf ihre Deklination wird verzichtet.

Absätze, die Beispiele oder Erläuterungen zu Abbildungen enthalten, sind im Text eingerückt und in einer kleineren Schriftart dargestellt.

2 Systemtheoretischer Bezugsrahmen

Die **Allgemeine Systemtheorie** ([vBert50]; [vBert56]) findet seit geraumer Zeit insbesondere bei der Untersuchung komplexer Phänomene häufig als theoretischer Bezugsrahmen Anwendung. Sie wurde für verschiedene Untersuchungsbereiche (Maschinen, Organismen, soziale Systeme oder psychische Systeme) konkretisiert. Vor allem durch Hans Ulrich [Ulri68] hielt die Systemtheorie auch Einzug in die deutschsprachige Betriebswirtschaftslehre, die sich dadurch interdisziplinären und ganzheitlichen Fragestellungen öffnete. In der Wirtschaftsinformatik basieren die Arbeiten von Ferstl und Sinz (vgl. [FeSi90], [FeSi93], [FeSi95], [FeSi98]) auf den Grundlagen der Systemtheorie. Der Systemansatz bietet insbesondere folgende Vorteile [Ulri79, 172f][3]:

(1) **Terminologische Funktion**: Verfügbarkeit eines einheitlichen und interdisziplinären Begriffsystems. Durch das erreichbare Abstraktionsniveau können inhaltliche Vorurteile und subjektive Annahmen über die Wirklichkeit stark verringert werden.

(2) **Heuristische Funktion**: Die Entdeckung bisher vernachlässigter Aspekte und Zusammenhänge wird erleichtert und kann zu neuen Untersuchungsschwerpunkten führen (z.B. Aspekte der Dynamik).

(3) **Integrationsfunktion**: Die interdisziplinäre Untersuchung wird durch eine gleichzeitige Beachtung verschiedener Einflußfaktoren und Variablen (z.B. psychologischen, soziologischen, ökonomischen und technologischen) ermöglicht. Weiterhin können Systeme aus unterschiedlichen Bereichen (z.B. Organismen und soziale Systeme) verglichen werden.

Da diese allgemeinen Vorteile für die vorliegende Arbeit von besonderem Nutzen sind, wird der Systemansatz als Bezugsrahmen verwendet. Das Ziel des folgenden Kapitels besteht darin, grundlegende Begriffe und Zusammenhänge der Systemtheorie kurz aufzubereiten, um so das notwendige Verständnis für die weiterführenden Untersuchungen zu erhalten.

Zunächst wird die Vielschichtigkeit der Aspekte von Systemen anhand der Boulding-Hierarchie aufgezeigt. Anschließend werden bezugnehmend auf eine formale Definition von Systemen wichtige Systemeigenschaften erläutert. Dann wird mit dem Modell des lebensfähigen Systems ein Metasystem für die Analyse und Gestaltung von soziotechnischen Systemen dargestellt. Abschließend wird zusammenfassend die Relevanz von Systemeigenschaften für die Erklärung und Untersuchung von Virtuellen Organisationen beschrieben.

---

[3] Zum Beitrag der Systemtheorie zur Organisationstheorie vgl. insbesondere [Groc70].

2.1 Systemhierarchie nach Boulding

Einen sehr umfassenden Rahmen für die Differenzierung verschiedener Sichten auf Systeme stellt das „**System der Systeme**" nach Kenneth Boulding [Boul56] dar. Boulding definiert neun aufeinander aufbauende Ebenen, wobei jede Systemebene eine höhere Entwicklungsstufe repräsentiert (vgl. Abbildung 2-1).

	Systemebene (Metapher)	Objekt	Verhaltens-aspekt	Modell (Beispiel)
9	System of Unspecified Complexity (Transzendenz)	(außerhalb der möglichen menschlichen Erfahrung)	unbestimmt	Religion, Metaphysik
8	Multi Cephalous Systems (Gruppe)	Organisations-kultur	Verhalten der Mitglieder, Regeln	Leitlinien
7	Symbol Processing Systems (Mensch)	Organisationales Wissen/Identität	Lernen/ Reflektieren	Lernmodelle
6	Internal Image System (Tier)	Informationssystem der Organisation	Informations-verarbeitung	IS-Modell
5	Blueprint Growth System (Pflanze)	Organisations-entwicklung	Veränderung, Wachstum	Lebenszyklus-modell
4	Open System (Zelle)	Organisationsgrenze/ -schnittstellen	Austausch mit Umwelt	Input/Output-Modell
3	Cybernetic System (Thermostat)	Regelungsmechanismus der Organisation	Lenkung	Regelkreis
2	Clockworks (Sonnensystem)	Ablauforganisation (Aufgaben)	Prozeß	Vorgangsschema
1	Frameworks (Molekül)	Aufbauorganisation (Stellen, Rollen)	-	Organigramm

Abbildung 2-1: Boulding-Hierarchie

Diese Schichtenbildung fördert eine sehr differenzierte Analyse von Systemen, da sich für jede Ebene unterschiedliche theoretische Problemstellungen ergeben. In einer gröberen Klassifikation können jeweils drei Ebenen zusammengefaßt werden: eine physikalisch-materielle Ebene (Ebenen 1-3), eine biologisch-funktionelle Ebene (Ebenen 4-6) und eine soziale Ebene (Ebenen 7-9).

Abbildung 2-1 zeigt die Anwendung der neun aufeinander aufbauenden Ebenen der Boulding-Hierarchie auf Organisationen. Dabei werden in der ersten Spalte die von Boulding verwendete Bezeichnung der jeweiligen Ebene und eine Metapher zur Beschreibung der Ebene angegeben. In der zweiten und dritten Spalte werden das auf der jeweiligen Ebene fokussierte Untersuchungsobjekt und dessen relevante Verhaltensaspekte genannt. In der vierten und letzten Spalte sind Beispiele für Modelle aufgeführt, mit denen zumindest Aspekte einer Ebene beschrieben werden können.

Die Boulding-Hierarchie ist so zu interpretieren, daß jede Modellebene eine vollständige Beschreibung einer Organisation unter einem bestimmten Blickwinkel umfaßt.[4] So bestehen überlebensfähige Organisationen mit impliziter oder expliziter Organisationskultur (Ebene 8) immer auch aus Mechanismen der darunterliegenden Ebenen eins bis sieben. Eine Kultur basiert u.a. auf dem Erwerb und der Reflektion des Wissens der Organisation. Wissen wiederum basiert auf der Verarbeitung von Informationen. Wünschenswert wäre die Verfügbarkeit eines integrierten Ansatzes der Analyse und Gestaltung von soziotechnischen Systemen, der alle Ebenen der Boulding-Hierarchie abdeckt; einen solchen Ansatz gibt es bisher allerdings noch nicht. Die Boulding-Hierarchie liefert jedoch wertvolle Hilfestellung zur Einordnung, Bewertung und Entwicklung von Theorien zur Gestaltung und Analyse von komplexen Systemen. So zeigt sie sehr deutlich, welche Ebenen von existierenden Ansätzen fokussiert werden, welche Defizite bestimmte Ansätze haben und wie Ansätze ggf. für einen umfassenden Ansatz miteinander verknüpft werden müssen [Scho97, 26f]. Die Boulding-Hierarchie ist ein noch relativ allgemein gehaltener Rahmen. Für das Erreichen der vorgenannten Ziele des systemtheoretischen Bezugsrahmens ist eine detaillierte Beschäftigung mit Systemen und deren Eigenschaften notwendig.

---

[4] Diese Interpretation stützt sich auf das Grundkonzept des generischen Architekturrahmens für Informationssysteme nach Sinz [Sinz97, 877ff].

2.2 Systeme und Systemeigenschaften

Ein **System** kann in einer informalen Definition als eine Menge von Elementen verstanden werden, die miteinander in Beziehung stehen. Diese sehr allgemeine Definition hat eine Vielzahl von Interpretationen erfahren, mit denen meistens eine Präzisierung für spezielle Zwecke verbunden ist.

Zunächst soll der Systembegriff formal verankert werden ([FeSi98, 12f], [Gunt85, 301ff]). Die Definition ist zwar nur für formale Systeme direkt anwendbar, dient jedoch als Basis für ein einheitliches Verständnis - auch von realen Systemen [Klir91, 10].

Sei $I \neq \emptyset$ eine beliebige Indexmenge und $V = \{V_i: i \in I\}$ eine Familie von nichtleeren Mengen (Systemelemente). Ein allgemeines System S^G ist definiert als Relation über den Mengen V_i (vgl. [FeSi98, 12f], [Gunt85, 301ff]), d.h.

$$S^G \subseteq X V_i, i \in I.$$

Auf der Grundlage dieser Definition lassen sich auch die Struktur und das Verhalten eines Systems erklären.

- Das **Verhalten** eines Systems wird durch die Menge der in S^G enthaltenen Tupel von Elementen aus V_i definiert.
- Die **Struktur** eines Systems R^G wird anhand der paarweisen Beziehungen zwischen Systemkomponenten beschrieben:

  $$R^G \subseteq \{(V_i, Vj): i,j \in I \wedge i \neq j\}.$$

Weniger abstrakt formuliert kann das *Verhalten* eines Systems als die Menge aller seiner möglichen Zustände verstanden werden. Ein Zustand besteht aus den Ausprägungen seiner Elemente zu einem bestimmten Zeitpunkt. Das Verhalten eines Systems kann mit dem Prinzip des **Endlichen Automaten** erklärt werden (vgl. [FeSi98, 15f]). In der Abhängigkeit von den Inputs ändert das System seinen Zustand, was an unterschiedlichen Outputs deutlich wird.

Die *Struktur* eines Systems beschreibt, welche Elemente miteinander in Beziehung stehen und determiniert damit auch das Verhalten des Systems. Das System kann also durch die *Selektion* seiner Struktur sein Verhalten verändern. Die Betrachtung der Struktur ist zeitpunktbezogen. Sie kann sich ebenfalls im Zeitverlauf ändern. Die Struktur eines System ist jedoch weniger Änderungen unterworfen als der Zustand.

Struktur und Verhalten sind wichtige Merkmale von Systemen und können anhand von formalen Systemen erläutert werden. Sie liefern aber noch keine ausreichenden Hinweise für die

Erklärung der Existenz bzw. für die Beschreibung der **Grenzen** von realen Systemen[5]. Dieses Problem der Systemabgrenzung ist aus einer Beobachter-Perspektive heraus sehr schwierig, weil es vom Wissen, dem Untersuchungsziel und den Fähigkeiten des Betrachters abhängig ist. Daher soll hier zunächst diese Thematik aus einer generellen, abstrakten Perspektive behandelt und davon ausgegangen werden, daß ein System bereits existiert. Es besteht inzwischen fachlicher Konsens darüber, daß Systeme nur aus ihrer Relation zu Ihrer Umwelt verstehbar sind, d.h. sie erhalten und konstituieren sich durch die Erhaltung und Erzeugung einer Komplexitätsdifferenz zur Umwelt [Luhm96, 35]. Die Grenzen eines Systems dienen zur Regulierung dieser Differenz. Sozio-technische Systeme haben keine natürlichen Grenzen, sondern schaffen sie selbstreferenziell[6] durch die Durchführung von Aufgaben. In diesem Sinne wird die Grenzerhaltung zur Systemerhaltung. Grenzen bedeuten dabei keinesfalls den Abbruch von Zusammenhängen, sondern eine Differenz der Komplexität. Das heißt z.B., daß Prozesse beim Überschreiten der Grenze unter andere Bedingungen der Fortsetzung gestellt werden [Luhm96, 36]. Durch die Selbstreferenz sind die Grenzen eines Systems reversibel, und die Systementwicklung ist somit wiederholbar. Das System hat die Möglichkeit, eine problematisch gewordene Grenzbildung zu modifizieren und somit zu verbessern [StSc93, 127].

KOMPLEXITÄT

Nachdem der Komplexitäts-Begriff eine wesentliche Bedeutung im Kontext von Systemen hat, soll er im folgenden näher untersucht werden. Die Verwendung des Begriffs ist sehr heterogen [Luhm86, 204ff]. Allgemein wird unter Komplexität die Eigenschaft von Systemen verstanden, unermeßlich viele Zustände annehmen zu können. Komplexität läßt sich anhand des Begriffs **Varietät** quantifizieren, die die Anzahl der unterscheidbaren Zustände eines Systems angibt [Mali92, 186]. Die Varietät wird mathematisch meist mit einer der beiden folgenden Formeln ausgedrückt [Schw94, 18]:

a) Formel für Konstellationen von Beziehungen:

$$V = m * \frac{n(n-1)}{2}$$

b) Formel für Konfigurationen von Elementzuständen:

$$V = z^n$$

---

[5] Reale Systeme sind Teilausschnitte der realen Welt (vgl. [FeSi98, 16f]).

[6] Zur selben Begriffsfamilie wie Selbstreferenz werden auch Begriffe wie Autopoiese, Selbstkonstitution, Selbstorganisation, Selbsterhaltung, Selbstabstraktion gezählt [Kirs92, 191f]. Die unterschiedliche Verwendung der Begriffe durch die einzelnen Autoren wird hier nicht weiter thematisiert.

Zeichenerklärung:

V: Varietät

n: Anzahl der Elemente

m: Anzahl der Beziehungen zwischen jeweils zwei Elementen

z: Anzahl möglicher Zustände je Element

Unter Anwendung obiger Definition von allgemeinen Systemen ist die Varietät (nach Formel a) die Anzahl der Elemente in der Menge Verhalten und kann als Verhaltensrepertoire, Verhaltensspielraum oder Verhaltensmöglichkeiten verstanden werden.

Die Eigenschaft eines Systems, eine geringere Komplexität als seine Umwelt aufzuweisen, verschafft dem System ein gewisses Maß an *Autonomie*, wodurch eine Orientierung des Systems in der komplexen Umwelt ermöglicht wird. Die Differenzbildung bedeutet jedoch primär Selektion, d.h. die Umwelt wird nur in Ausschnitten wahrgenommen. Das System muß entscheiden, welche Beziehungen es zur Umwelt wahrnehmen will, was zwangsläufig zur Folge hat, daß das Ausgeblendete eine potentielle Bedrohung für das System darstellt [StSc93, 125f]. Die *Selektion* bezieht sich dabei sowohl auf die Struktur als auch auf das Verhalten des Systems. Es müssen eine zur *Grenzerhaltung* geeignete Struktur und situationsadäquate Zustände und Folgen von Zuständen aus dem vorhandenen Verhaltensrepertoire gewählt werden. Während also Varietät eine rein quantitative Erfassung von Komplexität beinhaltet, ist qualitativ gesehen aber nur von Interesse, welche möglichen Verhaltensweisen in Anspruch genommen werden. Die Qualität eines Systems ist also abhängig von der Selektion. Eine dynamische Umwelt bedeutet, daß die Selektionsleistung - und damit die Grenzerhaltung - permanent erbracht werden muß. Für das System überlebenswichtig ist eine effektive Selektion in der Form, daß die Umwelt möglichst vollständig, aber dennoch effektiv erfaßt wird. Das führt zu der scheinbar paradoxen These, daß Komplexität nur durch Komplexität absorbiert werden kann [Ashb70, 202ff.].

DYNAMIK

Eng verzahnt mit dem Begriff Komplexität ist der Begriff Dynamik, der jedoch bei der Untersuchung von Systemen häufig vernachlässigt wird [Peri93, 91f]. Dies erscheint bei der Zunahme der Varietät und den damit verbundenen theoretischen Problemen bei der Betrachtung von Systemen unter Zeitaspekten verständlich. Stafford Beer [Beer66, 251] zeigt dies anhand eines geschlossenen Systems mit nur sieben Elementen, in dem zwischen je zwei Elementen nur zwei verschiedenen Beziehungen bestehen. In einem statischen System ergibt sich nach

Formel a) eine Varietät von 42. Wenn das System nun im Zeitablauf betrachtet wird und jede Beziehung gültig sein kann oder nicht, ergibt sich eine Varietät von 2^{42}.

Der Begriff Dynamik stammt aus der klassischen Mechanik und ist die „Lehre von der Bewegung von Körpern unter dem Einfluß von Kräften“ [nach Peri93, 104]. Bezogen auf Systeme sagt die Dynamik etwas über das Verhalten und ggf. über die Struktur eines Systems aus. Wird ein System als dynamisch bezeichnet, wird damit zum Ausdruck gebracht, wie häufig, wie stark und wie regelmäßig das System im Zeitablauf Zustandsveränderungen zeigt [Chil72, 3].

Aus Außensicht ist die äußere Dynamik des Systems um so größer, je umfangreicher, stärker und unregelmäßiger der Austausch von Materie, Energie und Information mit der Umwelt ist. In der Innensicht zeigt sich die Dynamik in Form des Verhaltens der Elemente oder aber auch in Form von Strukturveränderungen. Die beiden erstgenannten Merkmale (Autausch mit Umwelt, Verhalten der Elemente) lassen sich auch mit Veränderungsintensität eines Systems bezeichnen, und das letztgenannte Merkmal (Strukturveränderung) entspricht dem Veränderungsverlauf.

In dem Kontinuum der Dynamik lassen sich analytisch verschiedene Grade unterscheiden [Peri93, 94f]. Eine trennscharfe Unterscheidung dieser Stufen ist in realen Systemen allerdings nicht möglich.

(1) **Statik**: Das System hat nur einen Zustand.

(2) **Persistenz**: Das System und die Elemente zeigen im voraus bestimmbare und repetitive Zustandsveränderungen. Die Struktur bleibt unverändert.

(3) **Kontinuität**: Das System zeigt regelmäßige Zustandsveränderungen. Die Elemente zeigen unregelmäßige Zustandsveränderungen durch den intensiven Wechsel ihrer Ausprägungen, die Struktur bleibt jedoch weitgehend erhalten.

(4) **Diskontinuität**: Das System zeigt unregelmäßige Zustandsveränderungen. Die Struktur verändert sich durch die Entstehung neuer Beziehungen, durch das Verschwinden von Elementen und das Auftreten neuer.

(5) **Chaos**: Das System zeigt chaotische Zustandsveränderungen. Die Struktur bildet permanent neue zufällige Muster, auch durch Zerfall und Neubildung.

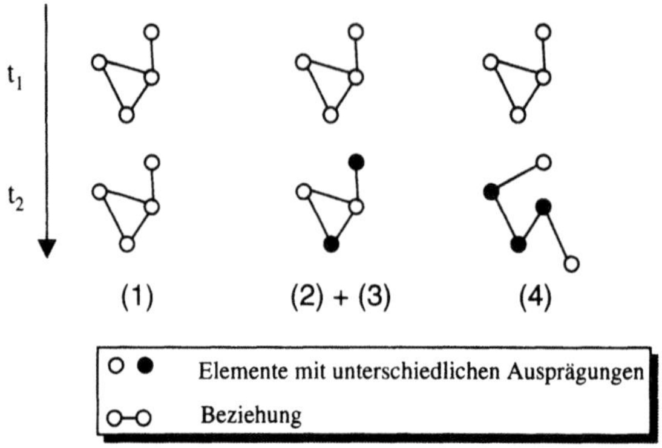

Abbildung 2-2: Stufen der Dynamik

Abbildung 2-2 zeigt die fünf Stufen der Dynamik in stark vereinfachter Form. Die Systeme werden als geschlossen betrachtet, sie haben also keinen Kontakt zu ihrer Umwelt, und es werden auch nur zwei unterschiedliche Ausprägungen pro Element gezeigt. Die Grade (2) und (3) sind zusammengefaßt, da ihre Unterscheidung erst bei der Betrachtung mehrerer Zeitintervalle deutlich werden würde. Bezogen auf die Systemstruktur lassen sich die Grade (1) bis (3) und die Grade (4) und (5) zusammenfassen: Im ersten Intervall findet im Unterschied zum zweiten keine Strukturänderung statt. Dynamik bezieht sich also sowohl auf die Struktur, als auch auf das Verhalten von Systemen. Auf diese Differenzierung wird deswegen besonders hingewiesen, da mit einem System primär ein in seinen Strukturen statisches, dauerhaftes Gebilde assoziiert wird, wodurch sämtliche Probleme von Systemen in eine räumliche Dimension projiziert werden. Dies ist eigentlich erstaunlich, da die zeitliche Dimension allgegenwärtiger Bestandteil der Erfahrungswelt ist. Es ergibt sich also die Forderung, die Struktur eines Systems in diskontinuierlichen und chaotischen Umfeldern nicht als Zustand, sondern als Zustandsfolge zu betrachten. Nach der Boulding-Hierarchie sind Systeme bereits ab der zweiten Ebene dynamisch.

Die dynamische Betrachtungsweise von sozio-technischen Systemen ist insbesondere von der **Kybernetik** [Wien48] weiterentwickelt worden. Hierzu wurden verstärkt Analogien und Metaphern aus der Biologie zur Analyse und Gestaltung von sozialen Systemen herangezogen. Die Systemtheorie hat die Aufgabe, die kybernetischen Mechanismen zu ermitteln, zu nutzen und zu klassifizieren [Rapo88, 99]. Entwicklungsgeschichtlich können zwei Phasen der Forschung im Bereich der Kybernetik unterschieden werden [Stae91, 41]. In der Kybernetik I beruht das Dynamikverständnis in erster Linie auf dem Prinzip der Homöostase [Ashb52]. Es werden gleichgewichtserhaltende Prozesse in Systemen betont. In diesen Systemen kommen jedoch die Dynamikeigenschaften nicht-linearer (instabiler) Systeme zu wenig zum Tragen. Die Weiterentwicklung zur Kybernetik II berücksichtigt auch die Fähigkeit von Systemen, sich aus sich selbst heraus zu verändern.

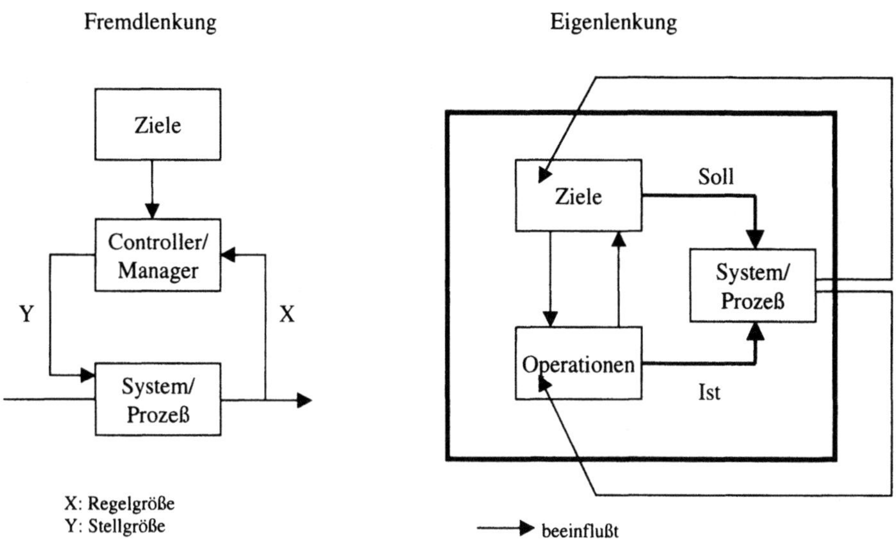

Abbildung 2-3: Kybernetik I und Kybernetik II [Schw94, 24]

Abbildung 2-3 stellt die beiden Konzepte gegenüber. Während in der Kybernetik erster Ordnung die Ziele extern vorgegeben sind, wird der Aspekt der Selbststeuerung und *Selbstreferenz* der Kybernetik zweiter Ordnung durch die Einbeziehung der Ziele in das System deutlich. Die Kybernetik II ist hier als Weiterentwicklung der Kybernetik I zu verstehen und lenkt das Augenmerk auf neue Aspekte. Dabei ersetzt sie die klassische kybernetische Sichtweise auf Unternehmen als *Regelkreis* nicht. Die analytische Trennung von Lenkungseinheit und gelenkter Einheit liefert wertvolle Hinweise für die effektive Lenkung von Systemen [Schw94, 25].

In dem der Kybernetik II sehr nah stehenden sozialwissenschaftlichen Ansatz von Niklas Luhmann wird zur Begegnung der durch die Dynamik erzeugten Komplexität die **Temporalisierung der Komplexität** vorgeschlagen [Luhm96, 70ff]. Sie geht von der Grundlage aus, daß die Problematik der Irreversibilität der Zeit für ein System durch die Reduzierung der Zeitdauer der Existenz der Elemente verringert werden kann. Hierzu läßt das System nur

Strukturen zu, die aus der Verknüpfung von entstehenden oder vergehenden Elementen bestehen. Dies führt zu einer Ordnung der Verknüpfung der Elemente im zeitlichen Nacheinander. So wird die Fähigkeit im Umgang mit Komplexität erhöht, da je nach konkreter Anforderung an das System unterschiedliche Muster der Verknüpfungen im Nacheinander verwendet werden können. Die Temporalisierung erzwingt die laufende Änderung der Strukturen. Elemente können nur augenblickliche Verknüpfungen realisieren und schaffen daher von Moment zu Moment neue situative Strukturen. Systeme dieser Art sind unruhig und einer endogen erzeugten Dynamik ausgesetzt, auf die sie mit kompatiblen Strukturen reagieren müssen. Das bedeutet eine Interdependenz von Auflösung und Reproduktion. Die Auflösung stellt frei verfügbare Materialien zur Verfügung, z.B. eine **labile Bindungsfähigkeit**. Die Systemleistung besteht in der Konditionierung der Interdependenz von Auflösung und Reproduktion. Als Struktur kommt nur in Betracht, was diese Interdependenz entfalten kann. Die Reproduktion der ereignishaften Elemente kann als Operation verstanden werden.

Aus der System/Umwelt-Theorie [Luhm96, 35] folgt, daß solche Systeme gezwungen sind, ständig der Umwelt Informationen zu entnehmen, um die Differenz zur Umwelt zu bestimmen, was wiederum ein anspruchsvolles internes Arrangement bzw. eine interne Ausdifferenzierung des Systems erfordert. Durch die endogen erzeugte Unruhe wird die Sensibilität für Aspekte in der Umwelt erhöht; sie ist somit Voraussetzung für höhere Ebenen der Systementwicklung.

SYSTEMDIFFERENZIERUNG

Es wurde deutlich, daß der Ausdifferenzierung des Systems eine wesentliche Rolle bei der Reduktion von Komplexität zukommt. Eine wichtige Form der Systemdifferenzierung ist die Bildung von **Subsystemen** [StSc93, 129]. Die Subsystembildung bedeutet eine Wiederholung der Systembildung innerhalb des Systems. Subsysteme konstituieren sich folglich dadurch, daß sie gegenüber der internen Umwelt des Gesamtsystems eine geringere Komplexität aufweisen. Sie werden durch eine eigenständige Selektionsleistung gebildet, die jedoch vom Gesamtsystem toleriert werden muß. Die Systemdifferenzierung bringt eine Entlastung für die Gesamtsteuerung des Systems. Die Subsysteme haben ihre eigene Umwelt, die eine geringere Komplexität hat als die Umwelt des Gesamtsystems. Das Supersystem kann mehr Komplexität bewältigen, da es durch die Systemdifferenzierung intern verschobene, aber verbundene Zweck- und Selektionsperspektiven zuläßt. Jedes Subsystem verarbeitet einen Teil der Komplexität des Gesamtsystems [Beer79, 48]. Eine innere Ausdifferenzierung von Systemen erhöht aber auch die Binnenkomplexität, die sich in Konflikten und Inkompabilitäten äußert. Auch diesem Problem kann das System mit einer geeigneten Selektion seiner Struktur und seines Verhaltens begegnen.

ORDNUNG

Aus der Tatsache, daß für die Lebensfähigkeit eines Systems nicht jede beliebige Struktur oder Folge von Zustandsveränderungen zulässig ist, folgt, daß es einer Ordnung unterliegen muß. Unter Ordnung wird hierbei nach Friedrich von Hayek ([Haye69]; [Haye73]) verstanden, daß es aufgrund der Kenntnis eines Teils der Struktur und des Verhaltens eines Systems es möglich ist, wahrscheinliche Erwartungen bezüglich des Restes zu bilden. Dabei können unterschiedliche Wahrscheinlichkeiten der Erfüllung der Erwartungen differenziert werden. Hayek unterscheidet zwei verschiedene Arten von Ordnungen [Haye69, 209]. Zum einen bewußt geplante Ordnungen und zum anderen **spontane Ordnungen**, die das „Ergebnis menschlichen Handelns, aber nicht menschlicher Absicht" [Haye69, 163] sind. Erstere werden durch detaillierte exogene Anweisungen erzeugt, während spontane Ordnungen selbstreferenziell, also eigenen **Regeln** folgend, entstehen [Haye69, 209]. Es können drei Arten von *Regeln* unterschieden werden [Mali92, 44]:

(1) Regeln, die zwar faktisch befolgt werden, die aber nie in Worten ausgedrückt wurden und eventuell nicht ausdrückbar sind.

(2) Regeln, die zwar artikuliert und formuliert wurden, dies aber erst lange Zeit nach ihrer faktischen Befolgung.

(3) Regeln, die zuerst formuliert und dann genutzt werden.

Diese Regeln können z.T. durch eine exogene Kraft beeinflußt bzw. festgelegt werden, mit dem Ziel, das sich das System nur im Rahmen dieser Regeln bewegt. Die Gesamtheit der Spielregeln bildet kybernetisch betrachtet ein **Metasystem** [Mali92, 216]. Die Lebensfähigkeit eines Systems ist von der Entwicklung und Durchsetzung eines geeigneten Metasystems abhängig. Die Operationalisierung des schwer greifbaren Ziels der Systemerhaltung findet in sozio-technischen Systemen durch die *Zwecksetzung* statt [StSc93, 130f]. Somit werden sozio-technische Systeme auf einer Metaebene bewußt geplant, um sie unter Ausnutzung der Leistungsfähigkeit von spontanen Ordnungen auf die allgemeine Zielbestimmung auszurichten.

2.3 Modell des lebensfähigen Systems

Die bisherigen Ausführungen haben gezeigt, daß in sozio-technischen Systemen selbstreferenzielle Prozesse ablaufen, die im Hinblick auf den Systemerhalt gelenkt werden müssen. Ein fundamentales *Metasystem der Lenkungsmechanismen* in einem System stellt das **Modell des lebensfähigen Systems** (Viable System Model; VSM) nach Stafford Beer ([Beer79], [Beer81]) dar. In Analogie zum menschlichen Zentralnervensystem unterscheidet das VSM fünf hierarchisch gegliederte Subsysteme der Lenkung, auf die unterschiedliche Funktionen verteilt sind (vgl. Abbildung 2-4). Die folgenden Ausführungen stützen sich auf [Beer79], [Beer81] und [Mali92].

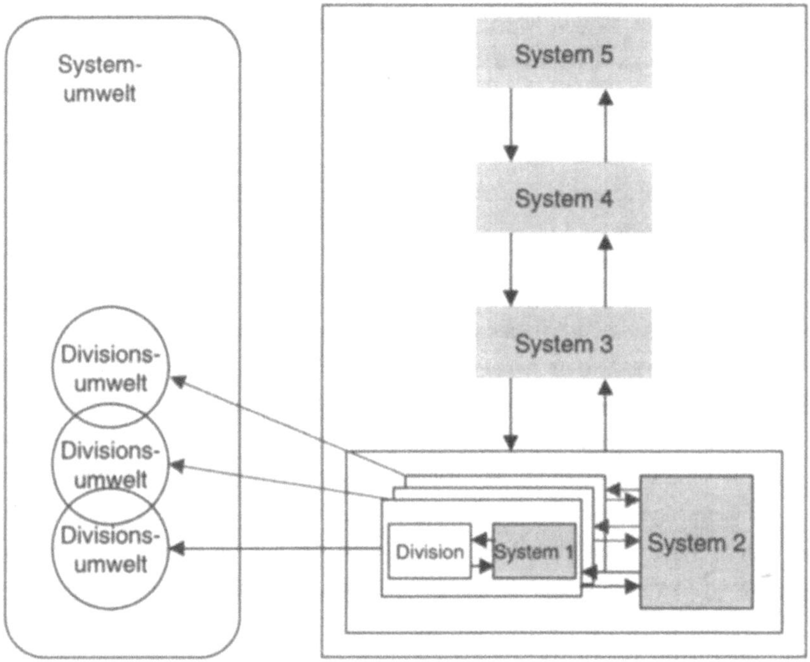

Abbildung 2-4: Modell des lebensfähigen Systems [nach Beer81, 130]

STRUKTUR DES LEBENSFÄHIGEN SYSTEMS

Sozio-technische Systeme können in *Divisionen* zerlegt werden. Divisionen sind selbst auch lebensfähig, so daß sie konsequenterweise die gleiche Struktur aufweisen müssen wie die anderen Divisionen bzw. das übergeordnete System. In den Divisionen findet die eigentliche Leistungserstellung statt. Sie sind ständig den Stimuli (Zu- und Abfluß von Material, Energie und Information) ihrer Umwelt ausgesetzt, die eine stete Anpassung erfordern. Die hierzu erforderliche Lenkung wird von einem *Divisionsmanagement* **(System 1)** übernommen. Da die Divisionen nicht vollständig autonom sein können, muß das Divisionsmanagement diese Aufgabe unter den Restriktionen (Constraints) von *System 3* wahrnehmen. System 1 funktioniert nach dem Prinzip des Servomechanismus[7]. Auf dieser Ebene der Betrachtung ist es lediglich von Bedeutung, daß das äußere Verhalten von System 1 dem Servomechanismus entspricht. Erst bei einem Wechsel in die Innensicht von System 1 wird die Struktur deutlich - und erst in einem konkreten realen Zusammenhang die tatsächliche Ausprägungen.

Die Systeme 1 haben im Prinzip Verhaltensfreiheit. Der Verhaltensspielraum muß jedoch zugunsten des Ganzen eingeschränkt werden; es ist eine Abstimmung und Harmonisierung der Verhaltensweisen (Koordination) der Systeme 1 untereinander erforderlich. Diese Aufgabe der interdivisionalen Koordination übernimmt das **System 2**. Von besonderer Bedeutung ist, daß die Aufgaben von System 2 der Natur sind, daß sie nicht durch übergeordnete Systeme (Systeme 3 bis 5) durchzuführen sind. System 2 sorgt für einen reibungslosen Informationskreislauf zwischen den Systemen 1, um negative Seiteneffekte zwischen den Divisionen zu vermeiden. Sind die Abweichungen des Systems vom internen Gleichgewichtszustand zu groß für eine eigenständige Lösung, erstattet System 2 Meldung an System 3, das ggf. per Weisung versucht, das Gleichgewicht wieder herzustellen.

System 3 ist die Koordinationsstelle aller systeminternen operationalen Handlungen unter Verfolgung der übergeordneten Zielsetzungen des gesamten Systems. In System 3 laufen die relevanten Informationen aller anderen Systeme zusammen. Durch den dadurch erzielten operativen Gesamtüberblick über das System wird die Erzielung eines besseren Effekts der koordinierten Systeme 1, bzw. die Aufrechterhaltung der internen Stabilität des Systems, verfolgt.

System 4 ist für diejenigen Umweltkontakte zuständig, die nicht von den Divisionen wahrgenommen werden, weil sie nur von der Organisation als Ganzes wahrgenommen werden können. In System 4 laufen somit die externen Information und die internen Informationen von

---

[7] Ein Servomechanismus funktioniert nach dem Prinzip der negativen Rückkopplung. Korrigierende Aktionen werden durch unerwünschte Entwicklungen selber ausgelöst, indem die resultierende Abweichung des Systems vom internen Gleichgewichtszustand die notwendige Rückkoppelung bewirkt (vgl. [Mali96, 116f]).

System 3 zusammen, auf deren Basis - unter Berücksichtigung der Vorgaben von *System 5* - die Unternehmensplanung durchgeführt wird. Bei System 4 liegt somit die Verantwortung, durch die Selektion geeigneter Struktur- und Verhaltensmuster die Differenz zwischen Umwelt und System aufrechtzuerhalten und somit die Existenz des Systems zu sichern.

Das System 4 hat jedoch keine völlige Entscheidungsfreiheit bei der Selektion, sondern muß bestimmte Vorgaben einhalten. Diese werden von System 5 festgelegt, und zwar unter Berücksichtigung des Feedbacks von System 4. **System 5** ist somit die oberste Entscheidungsinstanz im Modell des lebensfähigen Systems.

Das Modell des lebensfähigen Systems basiert auf den Grundprinzipien Rekursion, Autonomie und Lebensfähigkeit. Die **Rekursion** betrifft die Form der Systemdifferenzierung. Sie bedeutet, daß jedes Subsystem unabhängig von der Systemebene grundsätzlich die gleiche Struktur, und zwar die des lebensfähigen Systems, aufweist.[8] Die **Autonomie** sagt etwas über den Freiheitsgrad eines Systems aus. Sie ist relativ zu betrachten, da Systeme nur in einem Gesamtzusammenhang gelenkt werden können. Unter **Lebensfähigkeit** wird die metasystemische Eigenschaft eines Systems beschrieben, auf unbestimmte Zeit ihre Differenz zur Umwelt aufrechtzuerhalten.

Da gemäß dem Invarianztheorem das Modell des lebensfähigen Systems keinen normativen, sondern vielmehr einen deskriptiven Charakter hat, dient es als fundamentaler Analyse- und Gestaltungsrahmen von sozio-technischen Systemen. Mit seiner Hilfe kann z.B. aufgedeckt werden, daß in der Praxis einzelne Systeme unterentwickelt sind, und die Ausführenden sich nicht bewußt sind, welche kybernetische Funktion sie wahrnehmen. Weiterhin bedeutet der deskriptive Charakter, daß die Struktur des Modells des lebensfähigen Systems keiner Veränderung im Zeitablauf unterworfen ist. Der Dynamikaspekt von Systemen wird erst sichtbar, wenn die Innensicht der Systeme 1-5 im konkreten Anwendungsfall beschrieben wird. Das Modell des lebensfähigen Systems dient somit als *Metamodell*[9] *für die Organisationsgestaltung* von sozio-technischen Systemen, welches die Fähigkeiten eines Systems der *Anpassungsfähigkeit, Flexibilität, Lernfähigkeit, Evolution, Selbstregulierung und Selbstorganisation* verwirklichen hilft.

---

[8] Die Anzahl der zu wählenden Rekursionsebenen hängt vom Verwendungszweck des Modells des lebensfähigen Systems ab.

[9] Der Begriff Metamodell wird in diesem Zusammenhang in seinem weiten Sinne verstanden und nicht im Sinne einer formalen oder semi-formalen Sprache (vgl. [FeSi98, 119f]).

2.4 Zusammenfassung

Mit der Systemtheorie ist ein Bezugsrahmen gewählt worden, der zur Erklärung, Analyse und Gestaltung Virtueller Organisationen beitragen soll. Bei der Anwendung von Systemmerkmalen auf das betriebliche System Virtuelle Organisation können folgende Aspekte hypothesenartig zusammengefaßt werden:

- Die Erklärung, Analyse und Gestaltung Virtueller Organisationen ist ein *vielschichtiges Problem*. Die Boulding-Hierarchie liefert hierfür eine wertvolle Hilfestellung.
- Die Differenzierung von Struktur und Verhalten unterstützt die *Komplexitätsbewältigung* bei der Erklärung, Analyse und Gestaltung Virtueller Organisationen.
- Virtuelle Organisationen bilden selbstreferenziell *permanent neue Strukturen* zur Grenzerhaltung gegenüber der Umwelt aus.
- *Organisationales Lernen* wird durch Selbstreferenz ermöglicht.
- Umweltdynamik bewirkt eine ständige *Veränderung der Grenzen* Virtueller Organisationen.
- Virtuelle Organisationen bilden *spontane Strukturen* aus und können nur auf einer Metaebene bewußt geplant werden. Ein konkreter Systemzustand ist nicht Ziel der Gestaltung.
- Aufgelöste Strukturen hinterlassen eine *labile Bindungsfähigkeit.*

In den folgenden Kapiteln werden diese Aussagen konkretisiert.

3 Grundlagen betrieblicher Netzwerkorganisationen

Ausgehend von der Hypothese dieser Arbeit, daß Virtuelle Organisationen eine Spezialisierung von Netzwerkorganisationen sind, werden in diesem Kapitel zentrale Merkmale von Netzwerkorganisationen erarbeitet. Unter einer **Netzwerkorganisation** wird eine föderalistische Organisationsform zwischen Markt und Hierarchie verstanden [Scho97, 143].

Im ersten Abschnitt wird zunächst ein Begriffsverständnis von Organisation erarbeitet, das vom einzelnen Unternehmen abstrahiert. Kapitel 3.2 entwickelt wesentliche Struktur- und Verhaltensmerkmale von Netzwerkorganisationen. Eine ressourcenorientierte Sicht ist Gegenstand von Kapitel 3.3. In Kapitel 3.4 wird schließlich das betriebliche Informationssystem von Netzwerkorganisationen abgegrenzt.

3.1 Grundlagen der Organisation

Die ganzheitliche Gestaltung von Organisationen erfordert die Erklärung ihrer Struktur- und Verhalteneigenschaften. Die Organisation ist Forschungsgegenstand von vielen unterschiedlichen Disziplinen (z.B. Betriebs- und Volkswirtschaftslehre, Soziologie, Rechtswissenschaften, Ingenieurwissenschaften). Auf einen umfassenden Überblick über die Organisationsforschung wird hier verzichtet (vgl. hierzu z.B. [Alba89], [Fres92], [Fres98], [Kies95], [Kosi76], [Scho97]). Vielmehr soll im folgenden ein für diese Arbeit relevantes, grundlegendes Verständnis des Begriffs Organisation vorgestellt werden. Der systemtheoretische Bezugsrahmen wird auf diese Weise durch die Spezifizierung der relevanten Elemente und Beziehungen gefüllt. Hierzu wird zunächst in Kapitel 3.1.1 das der Arbeit zugrundeliegende Begriffsverständnis von Organisation erläutert. In Kapitel 3.1.2 wird dann die Institutionenökonomik als grundlegendes Theoriegebäude vorgestellt.

3.1.1 Begriff der Organisation

Der unbestrittene Ausgangspunkt für die Notwendigkeit des Organisierens ist die ökonomische Wirklichkeit der Knappheit der für den Menschen verfügbaren Güter zur Befriedigung ihrer Bedürfnisse. Die Akteure im Wirtschaftsgeschehen setzen ihre verfügbaren Ressourcen wie z.B. ihre Arbeitskraft, ihr Kapital oder ihr Wissen derart ein, daß sie ein Höchstmaß an Bedürfnisbefriedigung erreichen. Dieses sogenannte Wirtschaften ist im wesentlichen durch zwei Aspekte geprägt: durch **Arbeitsteilung und Spezialisierung** sowie durch **Tausch und Abstimmung** [Pic+97, 2]. Bereits Adam Smith [Smith1776] verdeutlichte, daß der Wohlstand der Nationen auf der steigenden Produktivität durch Arbeitsteilung und Spezialisierung basiert. In modernen Gesellschaften können die Akteure ihre Bedürfnisse nur durch den Bezug von einzelnen Leistungen von vielen spezialisierten anderen Akteuren befriedigen. Dieser Verlust der ökonomischen Autarkie führt unweigerlich zu dem Problem des Tausches bzw. der Abstimmung. Die einzelnen Akteure müssen sich in zahlreichen Austausch- und somit Abstimmungsvorgängen ihre gewünschten Leistungen beschaffen. Diese Entwicklung hat dazu geführt, daß moderne Industriegesellschaften inzwischen ungefähr die Hälfte ihres Sozialproduktes für Abstimmungs- und Tauschvorgänge aufwenden [WaNo88].

Das Ziel der Aufgabe „Organisieren" ist, optimale Bedingungen für das Zusammenwirken von Arbeitsteilung, Spezialisierung, Austausch und Abstimmung zu schaffen. Dabei ist die Organisation sowohl Ergebnis zielgerichteter Entwürfe als auch von spontaner Ordnung. Die Gestaltung der Arbeitsteilung und Spezialisierung verfolgt das Ziel der möglichst vollständigen Ausschöpfung des Produktivitätspotentials. Abstimmungs- und Austauschprozesse sollten so gestaltet sein, daß möglichst wenige Produktivitätsgewinne wieder verspielt werden [Pic+97, 3ff]. Milgrom/Roberts [MiRo92, 25ff] unterscheiden bei der Realisierung einer die beiden Aspekte optimierenden Organisation zwei wesentliche Probleme: das **Koordinationsproblem** und das **Motivationsproblem**. Das Koordinationsproblem läßt sich damit bewältigen, daß die einzelnen Akteure möglichst vollständige Informationen darüber besitzen, welche Rolle und welche Aufgaben sie in dem wirtschaftlichen Prozeß haben. Da jedoch von vollkommener Information nicht ausgegangen werden kann, ist das Koordinationsproblem in erster Linie ein **Informationsproblem** [MiRo92, 25]. Denn das vollständige Wissen über die Struktur und das Verhalten des betrachteten Systems würde es einem Akteur ermöglichen, immer die richtigen Optionen der Arbeitsteilung, der Spezialisierung, des Tauschs und der Abstimmung zu wählen. Hinzu kommt, daß die Akteure außerdem motiviert sein müssen, vorhandenes Wissen einzusetzen. Das wird prinzipiell dann erfolgen, wenn sie mit der Ausführung der ihnen gestellten Aufgaben auch die eigenen Ziele fördern können. Trifft dies nicht zu, schaden sie mit der unzureichenden Erfüllung ihrer Aufgaben in der Regel auch Dritten [Pic+97, 8].

Zusammenfassend bleibt festzustellen, daß das Ziel des Organisierens die Gestaltung von optimalen Strukturen für das zielführende Zusammenwirken von Arbeitsteilung, Spezialisierung, Austausch und Abstimmung in wirtschaftlichen Prozessen ist. Die Zielerreichung ist von der Überwindung des Nichtwissens und des Nichtwollens der Akteure abhängig.

Diese Sichtweise der Organisation als „Gegenmittel" für das Koordinations- und Motivationsproblem entspricht der *instrumentellen Begriffsauffassung* („Die Unternehmung *hat* eine Organisation") [Pico93, 104]. Dies verhindert eine Fokussierung auf das einzelne Unternehmen, wie sie z.B. bei der institutionellen Begriffsauffassung („Die Unternehmung *ist* eine Organisation“) erfolgen würde. Vielmehr wird die Institution Unternehmung lediglich als eine Option angesehen, das Organisationsproblem zu lösen [Pic+97, 30]. Damit bezieht sich im Rahmen dieser Arbeit der Begriff Organisation nicht nur auf die Unternehmung, sondern kann auch für andere betriebliche Systeme wie Unternehmensteile oder Unternehmensverbunde angewendet werden. Das gilt analog für den Begriff der Netzwerkorganisation. Er kann sich gleichermaßen beispielsweise auf Profit Center, Konzerne oder Unternehmensverbunde beziehen. In dieser Arbeit steht insbesondere letztere Verwendung im Vordergrund.

3.1.2 Theorien der Organisation

Nachdem deutlich geworden ist, daß sich das Organisationsproblem nicht nur auf das Innenverhältnis von Unternehmen bezieht, ist es notwendig, auch das *Außenverhältnis von Unternehmen* betreffende Leistungsbeziehungen zu beleuchten. Hierzu bieten sich insbesondere mikroökonomische Theorien an, die vom einzelnen Unternehmen abstrahieren. Insbesondere die **Neue Institutionenökonomik** hat hierbei in den letzten Jahren an Beachtung gewonnen [Webe96, 118]. Der Grundgedanke dieser Theorie läßt sich sehr anschaulich in Form eines Regelkreises darstellen (vgl. Abbildung 3-1).

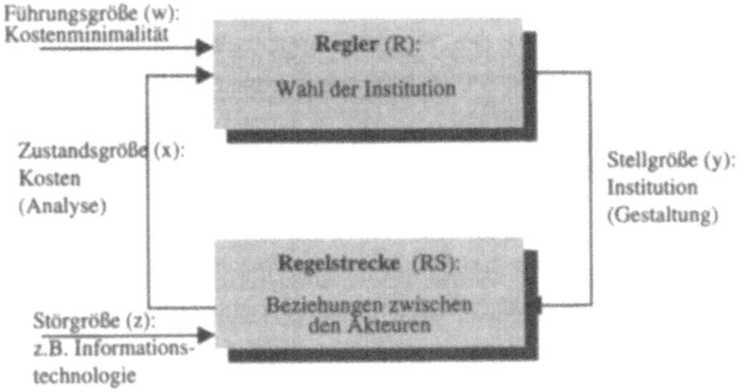

Abbildung 3-1: Neue Institutionenökonomik als Regelkreis

Gegenstand der Kontrolle (Analyse) und Steuerung (Gestaltung) sind die Beziehungen zwischen den wirtschaftlichen Akteuren. Die Stellgröße sind Institutionen zur Steuerung der Beziehungen. Die Neue Institutionenökonomik betont damit die Bedeutung von Information und Kommunikation für die Koordination wirtschaftlicher Tätigkeit. Unter **Institution** wird dabei sehr allgemein ein System formaler und informaler *Regeln* einschließlich der Vorkehrungen zu deren Durchsetzung (z.B. Normen, Vereinbarungen, organisatorische Regelungen) bezeichnet [RiFu96, 7]. Außer durch die Stellgröße wird die Regelstrecke auch von einer Störgröße beeinflußt. So können beispielsweise neue Informationstechnologien wie Telekooperationssysteme einen entscheidenden Einfluß auf die Beziehung zwischen wirtschaftlichen Akteuren haben. Die Neue Institutionenökonomik unterstützt nun die Analyse der Vorteilhaftigkeit eines institutionellen Arrangements unter den gegebenen Bedingungen und unter Beachtung der Führungsgröße der Kostenminimalität. Bei einer Soll-Ist-Abweichung gibt sie Hinweise für die Gestaltung optimaler Institutionen.

Im Rahmen dieser Arbeit wird die Neue Institutionenökonomik als Beitrag zur Erklärung der Verbreitung netzwerkartiger Organisationsformen sowie ihrer Analyse und Gestaltung verwendet. Hierbei ist insbesondere von Bedeutung, daß sie dazu beiträgt, Institutionen unter ihrer *Unvollkommenheit* zu betrachten und die Erfordernis von Anpassungen durch *spontane Ordnungen* zu erklären [RiFu96, 18].

Innerhalb der Neuen Institutionenökonomik lassen sich im wesentlichen drei unterschiedliche Sichten unterscheiden, die z.T. komplementär, aber auch überlappend sind und deren Eignung vom situativen Erkenntnisziel und -gegenstand abhängt: die Property-Rights-Theorie, die Transaktionskostentheorie und die Principal-Agent-Theorie. Im folgenden sollen sie kurz erläutert und im Hinblick auf ihren allgemeinen Beitrag zur Erklärung, Analyse und Gestaltung von Organisationen untersucht werden. Die Ausführungen sind weiterhin Grundlage für die Erarbeitung spezifischer Merkmale Virtueller Organisationen in Kapitel 4.

3.1.2.1 Transaktionskostentheorie

GRUNDZÜGE

Die Transaktionskostentheorie ([vgl. z.B. [Coas37], [Pico82], [Will85]; [EbGo95], auch im folgenden) betrachtet die Beziehungen zwischen wirtschaftlichen Akteuren unter dem Blickwinkel der *Übertragung von Verfügungsrechten an Gegenständen und Leistungen* (**Transaktion**) über eine technisch trennbare Schnittstelle hinweg [Will85, 1]. Das institutionelle Arrangement für die Transaktionen wird durch zwei Dimensionen charakterisiert: die grundlegende Vertragsform (institutionelles Arrangement / Organisationsstruktur) und die Mechanismen zur Behandlung von Ausnahmeverhalten [EbGo95, 208].

Das der Transaktionskostentheorie zugrundeliegende Grundmodell enthält sieben wesentliche Prämissen [EbGo95, 208ff] (vgl. Abbildung 3-2):

1. **Charakteristika der Akteure**: Es wird davon ausgegangen, daß die Akteure begrenzt rational, opportunistisch und risikoneutral handeln.

2. **Transaktion**: Übertragung von Verfügungsrechten, wobei unterschiedliche Phasen der Übertragung unterschieden werden können.

3. **Kostenwirksame Transaktionscharakteristika**: Die Kosten von Transaktionen werden nach Williamson [Will85, 52ff] durch die Eigenschaften der Höhe der transaktionsspezifischen Investition, der Unsicherheit, in der die Transaktion stattfindet, der Häufigkeit der Transaktion und der Transaktionsatmosphäre bestimmt. Die **Transaktionsatmosphäre** umfaßt alle relevanten sozialen, rechtlichen und technologischen Rahmenbedingungen. Hierzu zählen insbesondere Werthaltungen und gegenseitiges Vertrauen der Transaktionspartner sowie die der Transaktion zugrundeliegende technische Infrastruktur.

4. **Institutionelle Arrangements**: Die Grundtypen des institutionellen Arrangements sind Markt, Hierarchie und Netzwerkformen. Die Beziehung zwischen den Akteuren kann in einer weiteren Differenzierung durch drei grundsätzliche Formen von Verträgen charakterisiert werden, die klassischen, neoklassischen und die relationalen. Klassische Vertragsbeziehungen sind von kurzer Dauer und hinsichtlich ihres Gegenstandes und der Konditionen präzise spezifiziert. In neoklassischen Verträgen sind nicht alle Bedingungen ex ante festgelegt, so daß Anpassungs- und Sicherungsklauseln sowie Konfliktregelungsmechanismen festgelegt werden müssen. Relationale Verträge finden bei Transaktionen von sehr geringem diskreten Charakter Anwendung und sind wenig spezifiziert. I.d.R. kommen Hybridformen dieser Verträge zum Einsatz.

5. **Kostenwirksame Charakteristika institutioneller Arrangements**: Die Auswahl institutioneller Arrangements orientiert sich an ihrer Anreizintensität, ihrer Anpassungsfähigkeit und am erforderlichen Ausmaß von Steuerung und Kontrolle.

6. **Produktionskosten**: Produktionskosten setzen sich im wesentlichen aus den Kosten der institutionellen Struktur und aus den Kosten der Leistungserstellung zusammen.

7. **Transaktionskosten**: Transaktionskosten können grundsätzlich unterschieden werden in Kosten der Benutzung marktlicher Arrangements, z.B. Anbahnungs-, Verhandlungs- und Durchsetzungskosten, und in Kosten der Benutzung von Nichtmarktarrangements, z.B. Kosten der Steuerung und Kontrolle vertraglicher Leistungspflichten, sowie in Kosten der Einrichtung, Änderung und Erhaltung der Organisation [RiFu96, 50ff].

Gesucht wir das institutionelle Arrangement, bei dem die Summe aus Produktions- und Transaktionskosten minimal ist.

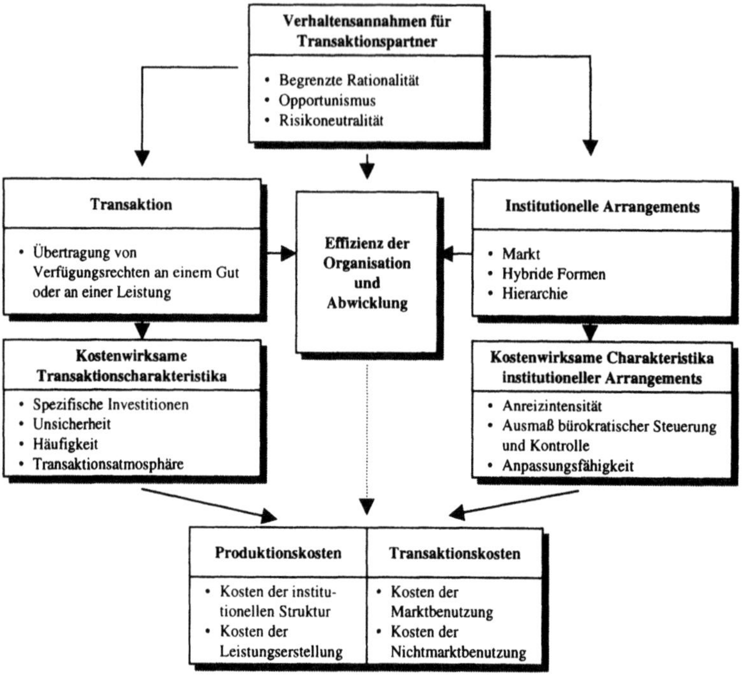

Abbildung 3-2: Grundmodell der Transaktionskostentheorie (in Anlehnung an [EbGo93, 219])

BEITRAG FÜR DIE ERKLÄRUNG, ANALYSE UND GESTALTUNG VON NETZWERKORGANISATIONEN

Die Wahl der Zerlegungsstruktur von Aufgaben bestimmt nicht nur die Produktivität der Gesamtaufgabe, sondern beeinflußt auch die Transaktionskosten, da eine Abstimmung zwischen den Teilaufgaben erforderlich wird. Aus Sicht der Transaktionskostentheorie ist somit unter allen Zerlegungsmöglichkeiten die zur gleichen Arbeitsproduktivität führen, diejenige Zerlegung zu wählen, aus der möglichst wenige und einfache Transaktionen resultieren [Pic+97, 72f]. Eine korrespondierende Aussage wird auch über die Zuweisung von Aufgaben auf Aufgabenträger möglich. Die Aufgabenträger sollten das richtige Know-how zur Erfüllung der Aufgabenziele besitzen, damit keine oder kaum Transaktionen zum Wissenserwerb stattfinden müssen. Dieser Argumentation folgend lassen sich Organisationsformen wie Netzwerke, die eine Konzentration der Mitglieder auf *Kernkompetenzen* ermöglichen, erklären.

Zentrales Anliegen der Transaktionskostentheorie ist jedoch nicht die Erklärung von Arbeitsteilung und Spezialisierung, sondern die *Optimierung des Leistungsaustausches* zwischen

Akteuren. Damit wird die enge Sicht auf Organisationen als Instrument der Ausübung von Marktmacht um den Aspekt der Optimierung der Transaktionskosten erweitert. Die Transaktionskostentheorie stellt ein Spektrum von Organisationsformen für den Leistungsaustausch in Abhängigkeit des Leistungstyps (z.B. spezifisch, standardisiert) zur Verfügung. Daraus lassen sich Erkenntnisse für die Sinnhaftigkeit von Art und Ausmaß transaktionsspezifischer Investitionen in Netzwerkorganisationen gewinnen.

3.1.2.2 Property-Rights-Theorie

GRUNDZÜGE

Die Property-Rights-Theorie [vgl. z.B. Dems67, AlDe73, Egge90; auch im folgenden] geht von Beziehungen zwischen ökonomischen Akteuren aus, die aus den Rechten der Akteure an einem Gut resultieren. Diese Handlungs- und Verfügungsrechte (Property Rights) lassen sich unterteilen in die Rechte der Nutzung, der Veränderung, der Einbehaltung von entstandenem Gewinn und des Einbehalts des Liquidationserlöses aus der Veräußerung des Gutes. Die Veräußerung eines Gutes wird hier als das Übertragen eines Bündels von Verfügungsrechten von einem Akteur auf einen anderen verstanden. Somit hängt der Wert eines Gutes von dem Bündel an Rechten, die mitübertragen werden können, ab. Handlungs- und Verfügungsrechte sind jedoch nicht nur durch das Gesetz geschützte Rechte wie z.B. Eigentumsrecht, Urheberrecht oder Rechte aus Vertragsbeziehungen, sondern auch Rechte, die aus persönlichen und sozialen Beziehungen resultieren. Von besonderer Bedeutung sind Rechte, die sich aus *Vertrauensbeziehungen* ableiten.

Nach der Theorie streben die Akteure nach möglichst uneingeschränkten (unverdünnten) Handlungs- und Verfügungsrechten unter der Nebenbedingung der Minimierung der Kosten zur Erlangung dieser Rechte. Dieses Streben resultiert insbesondere aus der Verhaltensannahme der individuellen Nutzenmaximierung. Die Nutzenfunktion der Akteure wird dabei recht offen gehalten, so daß neben materiellen Zielen auch andere, wie z.B. altruistische, eine Rolle spielen können.

Für die Durchsetzung der Rechte gibt es unterschiedliche Institutionen. Im zwischenbetrieblichen Bereich erfüllen häufig Verträge diese Funktion, im innerbetrieblichen Bereich sind dies z.B. in der Unternehmensverfassung festgelegte Regeln und daraus abgeleitet organisatorische Regelungen.

Bei der Ausübung der Handlungs- und Verfügungsrechte kann es zu unkompensierten Nutzenveränderungen bei unbeteiligten Dritten kommen (**externe Effekte**). Sind diese positiv (z.B. Erzielung allgemein verwertbarer Forschungsergebnisse), führt dies zum Versuch der

Internalisierung dieser Effekte (Schutz oder Verkauf der Ergebnisse) oder, falls dies nicht gelingt, zur Unterlassung der Handlungen aufgrund fehlender Anreize. Sind sie negativ (z.B. Luftverschmutzung bei industrieller Produktion) werden die Handlungen solange fortgesetzt, bis der eigene Nutzen die privaten Kosten der externen Effekte übersteigt.

Der Versuch der optimalen Allokation der Verfügungsrechte wird z.B. sehr schwierig, wenn die individuellen Leistungsbeiträge der einzelnen Akteure nicht ohne hohen Aufwand unterscheidbar sind (Teamproduktion). Hier besteht dann die Gefahr der unerkannten Leistungsverweigerung eines Akteurs. Die Vermeidung dieser Problematik kann durch die Schaffung geeigneter Institutionen erreicht werden, die sich jedoch an der Abwägung des erzielbaren Nutzens mit den erforderlichen Transaktionskosten orientieren muß.

Die Existenz von Transaktionskosten verhindert die Realisierung des Idealzustands der möglichst vollständigen Zuordnung von Handlungs- und Verfügungsrechten auf Akteure zur Vermeidung unerwünschter externer Effekte. Verdünnte Eigentumsrechte können jedoch mit Eigentumssurrogaten teilweise kompensiert werden. Diese Surrogate sind beispielsweise kulturelle Faktoren oder der die eigene Handlungsfreiheit einschränkende Wettbewerb [Pic+97, 61].

Beitrag zur Erklärung, Analyse und Gestaltung von Netzwerkorganisationen

Die Property-Rights-Theorie liefert durch die Analyse der Beziehungen zwischen rechtlich selbständigen Akteuren Hinweise für die Wahl einer geeigneten Organisationsform. Bei einer Abstraktion vom einzelnen Menschen liefert sie insbesondere Erkenntnisse über die *Modularisierung komplexer ökonomischer Aufgaben*, wie z.B. der Unternehmensaufgabe. Grundsätzlich ist nach der Theorie eine möglichst vollständige Zuordnung von Rechten zu einem Akteur erstrebenswert. Da diese Übertragung jedoch Transaktionskosten verursacht, ist der mögliche Nutzen mit der Höhe der entstehenden Transaktionskosten abzuwägen. Somit ist die mit geringen Transaktionskosten verbundene Übertragung von Rechten, die aus Vertrauensbeziehungen resultieren, vorteilhaft.

Bei der in der Praxis üblichen Verteilung von Handlungs- und Verfügungsrechten sind *Reputationseffekte* zu beachten. Wenn die an einer Organisation beteiligten Akteure einen Einfluß auf die *Reputation* der Organisation haben, z.B. durch ein veräußerbares Eigentumsrecht, haben sie ein Interesse am Reputationsaufbau, damit der Wert der eigenen Rechte gesteigert wird [Pic+97, 65].

In Fällen der Teamproduktion wird ein *Monitoring* erforderlich, um versteckte Leistungsverweigerung zu verhindern. Hierbei ist dann jedoch zu beachten, daß der Aufgabenträger für das Monitoring auch tatsächlich seine Aufgabe erfüllt. In der Regel wird das durch seine Beteiligung am Gewinn des Teams erreicht. Spezialisierungs- und Tauschstrukturen sind dann in Abwägung mit den Kosten des Monitoring zu gestalten.

3.1.2.3 Principal-Agent-Theorie

GRUNDZÜGE

Die Principal-Agent-Theorie [vgl. z.B. JeMe76, Arro85, Bamb87, auch im folgenden] untersucht die Beziehungen zwischen wirtschaftlichen Akteuren aus der Sicht von Leistungsbeziehungen zwischen Auftragnehmer und Auftraggeber. Der Principal (Auftraggeber) beauftragt einen Agenten - i.d.R. gegen Bezahlung - mit der Ausführung einer Leistung in seinem Namen. Hierbei macht er sich die *Spezialisierung* oder den *Informationsvorsprung* des Agenten zunutze. Ein Auftrag bedeutet die Übertragung von Aufgaben und Entscheidungskompetenzen auf der Basis einer Vereinbarung, deren Einhaltung vom Principal kontrolliert wird. Die Handlungen des Agents beeinflussen nicht nur sein eigenes Wohlergehen, sondern auch das Nutzenniveau des Principals. Es wird unterstellt, daß Principal und Agent unterschiedliche Zielfunktionen und eine unterschiedliche Riskoneigung haben. Beide versuchen ihren eigenen Nutzen zu maximieren, wobei der Principal risikoneutral und der Agent risikoavers eingestellt ist.

Die *Informationsasymmetrie* in Principal-Agent-Beziehungen, die sich in den prohibitiven Kosten der Informationsgewinnung begründet, beinhaltet Gefahren für Principal und Agent. So kann einerseits der Agent seinen Informationsvorsprung ausnutzen, denn nur er weiß, welchen Input er tatsächlich leistet. Andererseits besteht die Möglichkeit, daß der Agent einen Auftrag erst gar nicht bekommt, da dem Principal seine Leistungsmerkmale unbekannt sind. Die Kosten zum Ausgleich der Informationsasymmetrie bestehen aus *Signalisierungkosten* des Agenten und aus Kontrollkosten des Principals. Ein **Wohlfahrtsverlust**, d.h. eine Abweichung des Realzustands vom gedachten Zustand vollkommener Information, wird in der Regel jedoch immer verbleiben. Diese drei Kostenarten werden zusammenfassend als **Agency-Kosten** bezeichnet [Pic+97, 83].

BEITRAG ZUR ERKLÄRUNG, ANALYSE UND GESTALTUNG VON NETZWERKORGANISATIONEN

Die Principal-Agent-Theorie beurteilt alternative Gestaltungsformen von Organisationen anhand der verursachten Agency-Kosten. Die Agency-Kosten zu minimieren bedeutet das Finden eines wohlstandsmaximierenden Kompromisses zwischen Arbeitsteilung/Spezialisierung und Tausch/Abstimmung: eine unproduktive Aufgabenzerlegung führt zu Wohlfahrtsverlusten, während überhöhte Tausch- und Abstimmungskosten sich in Form von Signalisierungs- und Kontrollkosten niederschlagen.

Im folgenden werden die drei Formen der Informationsasymmetrie *hidden characteristics*, *hidden action/hidden information* und *hidden intention*, die dadurch verursachten Probleme und die möglichen Bewältigungstrategien erläutert (vgl. [Pic+97, 86ff]):

Wenn dem Principal Eigenschaften der vom Agenten zu erbringenden Leistung vor Vertragsabschluß unbekannt bleiben, liegen **hidden characteristics** vor. Hier besteht die Gefahr einer **adverse selection**, d.h. die Wahl eines falschen Vertragspartners. Strategien zur Begegnung dieser Form der Informationsasymmetrie sind:

- Das **Signaling**: Bemühen des Auftragnehmers, sich zu differenzieren, z.B. durch Gütesiegel oder Zertifizierungen.
- Das **Screening**: Bemühen des Auftraggebers, genauere Informationen zu bekommen z.B. durch Tests.
- Die **Self-selection**: Der Agent erhält die Möglichkeit, eine Vertragsvariante auszuwählen, wodurch er dem Principal Eigenschaften offenbart.

Alternativ zu diesen drei Strategien zur Verringerung des Informationsgefälles besteht die Möglichkeit, einen Angleich der Interessen des Agenten an die des Principals mittels geeigneter Institutionen, wie z.B. Garantien, Rückgaberechte oder Reputationen zu erreichen.

Hidden action oder **hidden information** liegt vor, wenn der Principal die Handlungen des Agenten nach Vertragsabschluß nicht beobachten bzw. nicht beurteilen kann. Dies führt zum sogenannten moralischen Risiko (moral hazard). Dieser Gefahr kann auch durch eine *Interessenangleichung*, z.B. durch Anreizsysteme wie Ergebnisbeteiligungen oder durch *Monitoring* mit Hilfe von Planungs- und Kontrollsystemen, begegnet werden.

Wenn das Verhalten des Agenten erkennbar, aber nicht verhinderbar ist, wird von **Hidden intention** gesprochen. In diesem Fall besteht die Gefahr des Ausnutzens einer solchen Situation durch den Agenten (hold up). Auch dieses Problem kann mit dem Versuch des *Interessenausgleichs* durch Sicherheiten, wie Garantien, Bürgschaften, Pfande, oder durch eine institutionelle Integration, z.B. mit langfristigen Verträgen sowie Beteiligungen gemildert werden.

Die Principal-Agent-Theorie bezieht sich annahmegemäß auf rechtlich durchsetzbare Verträge. Da im Rahmen dieser Arbeit darüber hinaus auch andere Verträge von Interesse sind, sollen im folgenden zwei weitere, z.T. überschneidende Vertragstheorien vorgestellt werden (vgl. [RiFu96, 160ff]).

THEORIEN SICH SELBST DURCHSETZENDER ODER IMPLIZITER VERTRÄGE

Diese Theorien beruhen auf der Annahme, daß nicht alle Verträge von der Rechtsordnung oder von Gerichten bewertet werden können. Bei dem sich selbst durchsetzenden Vertrag bleibt dem Vertragspartner, der eine Verletzung durch den anderen Partner aufdeckt, nur die Beendigung der Beziehung. Diese Verträge sind so angelegt, daß die Vorteile der Nichterfüllung stets geringer sind als die Vorteile der langfristigen Erfüllung. Klein und Leffler formulieren dies folgendermaßen: „Notwendige und hinreichende Bedingung für die Vertragserfüllung sind Preise, die hoch über den wiedereinbringbaren Produktionskosten liegen, so daß dem nicht erfüllenden Unternehmen ein Strom diskontierter Erträge aus zukünftigen Verkäufen entgeht, der größer ist, als es der Vermögenszuwachs infolge von Nichterfüllung wäre" [KlLe81, 615 übersetzt nach RiFu96, 171]. Voraussetzung für die Entstehung solcher Verträge ist die *Glaubwürdigkeit von Selbstverpflichtungen* [Rößl96] wie z.B. *spezifische Investitionen in Reputation* (Marken-Namen), sowie *wechselseitiges Vertrauen* [RiFu96, 175]. Ein wichtiges Konzept ist in diesem Zusammenhang die Organisationskultur. In einer gut gepflegten Organisationskultur gibt der Agent dem Principal eine Vorstellung davon, wie er auf unvorhersehbare Ereignisse reagieren wird. Somit werden Handlungen ex post kontrollierbar und haben unmittelbaren Einfluß auf die Reputation. Die Voraussetzung ist natürlich, daß die Organisationskultur ex ante jedermann bekannt gemacht wird, damit der Agent ggf. seine Reputation auch verteidigen kann [RiBi95, 138].

THEORIEN RELATIONALER ODER UNVOLLSTÄNDIGER VERTRÄGE

In relationalen Verträgen werden aufgrund begrenzter Information bzw. wegen zu hoher Transaktionskosten nicht alle Bedingungen spezifiziert, sondern sie beruhen z.T. auf persönlichen Beziehungen zwischen den Vertragspartnern. Diese einigen sich explizit oder implizit über ein Protokoll zur Behandlung zukünftig auftretender Probleme. Ebenso sind jederzeit Nachverhandlungen möglich [RiFu86, 175]. Da relationale Verträge kaum durch die Rechtsordnung garantiert sind, werden Sanktionen in Form von „*privaten Regelungen*" erforderlich. Die Extrema solcher Verträge sind rein sich selbst durchsetzende Verträge und die Durchsetzung mit Hilfe Dritter.

3.1.2.4 Zusammenfassung

Mit der Neuen Institutionenökonomik wurden Theorien vorgestellt, die eine ökonomische Perspektive auf die Beziehungen von wirtschaftlichen Akteuren erlaubt. Dabei findet keine Reduktion der Perspektive auf die Institution Unternehmung statt, so daß auch die *Entstehung von Netzwerkorganisationen* erklärt werden kann. Die Theorien liefern einen Beitrag zur Analyse von Struktur und Verhalten sowie zur Gestaltung der Struktur von Organisationen.

Die Komplexität des Analyse- und Gestaltungsproblems hat bewirkt, daß sich innerhalb der Institutionenökonomik unterschiedliche Theorien, die unterschiedliche Sichten auf die Elemente und Beziehungen von Organisationen einnehmen, entwickelt haben.

Dennoch weist die Neue Institutionenökonomik einige Defizite im Hinblick auf die Verwendung für die Analyse und Gestaltung von Netzwerkorganisationen auf (vgl. [Klei96, 83]):

- Die Verhaltensannahmen sind Opportunismus und begrenzte Rationalität. *Vertrauen* als wesentliche Voraussetzung für die Entstehung von Netzwerken wird nicht explizit berücksichtigt.
- *Soziale und kulturelle Aspekte* ökonomischen Handelns werden vernachlässigt.
- Die *zeitliche Dimension* der Entwicklung von Netzwerken bleibt unberücksichtigt.
- Die *strategische Dimension* der Wahl eines institutionellen Arrangements, die nicht nur die bestehenden Strukturen berücksichtigt, sondern deren Veränderung durch Gestaltung berücksichtigt, wird vernachlässigt.

Die drei bedeutendsten Theorien sind in folgender Tabelle zusammengefaßt:

	Property-Rights-Theorie	**Transaktionskostentheorie**	**Principal-Agent-Theorie**
Untersuchungs-gegenstand	Institutionelle Rahmen-bedingungen	Transaktions beziehungen	Principal-Agent-Beziehungen
Untersuchungs-einheit	Individuum	Transaktion	Individuum
Effizienz-kriterium	Summe aus Transaktions-kosten und Wohlfahrts-verlusten aufgrund externe Effekte	Transaktionskosten	Agency-Kosten: Signalisierungskosten Kontrollkosten Wohlfahrtsverluste
Verhaltens-annahmen	Beschränkte Rationalität Individuelle Nutzen maximierung	Beschränkte Rationalität Individuelle Nutzen maximierung Opportunismus	Beschränkte Rationalität individuelle Nutzen-maximierung Opportunismus Risikoneigung der beteiligten Akteure
Gestaltungs-variable	Handlungs- bzw. Verfü-gungsrechtsstrukturen	Institutionelle Arrange-ments	Verträge

Abbildung 3-3: Property-Rights-, Transaktionskosten- und Principal-Agent-Theorie im Vergleich [Pic+97, 93]

Obwohl bisher kein einheitliches Theoriegebäude der Neuen Institutionenökonomik existiert, bestehen einige Gemeinsamkeiten der unterschiedlichen Strömungen. So gehen alle Ansätze von einem methodologischen Individualismus aus, d.h., wirtschaftliches Geschehen wird auf die Handlung von Menschen zurückgeführt. Die Menschen handeln dabei eigeninteressiert, wobei neben dem eigenen Nutzen z.B. auch das Wohlergehen anderer, Prestige, Macht und Muße zählen. Dieses Verhalten der Menschen wird im wirtschaftlichen Geschehen durch diverse Institutionen eingeschränkt. Sie beinhalten insbesondere die Sicherstellung der Durchführung vereinbarter Transaktionen.

3.2 Netzwerkorganisation

Die Bezeichnung einer Organisation als Netzwerkorganisation grenzt den Erkenntnisgegenstand dieser Arbeit anhand eines grundlegenden Strukturmerkmals ein. In Kapitel 3.2.1 wird durch Systemdifferenzierung eine weitere Eingrenzung des Erkenntnisgegenstandes vorgenommen. Kapitel 3.2.2 stellt grundlegende Ansätze der betriebswirtschaftlichen Netzwerkforschung vor. Eine dynamische Betrachtung von Netzwerkorganisationen wird in Kapitel 3.2.3 vorgenommen.

3.2.1 Betrachtungsebenen von Netzwerkorganisationen

Die traditionelle Fokussierung der Betriebswirtschaftslehre auf das Unternehmen bzw. den Betrieb als produktives Gebilde, das vom Beschaffungs- und Absatzmarkt begrenzt wird, ist eine wesentliche Ursache für das Forschungsdefizit bezüglich Netzwerkorganisationen.[10] Die sich in den letzten Jahren verstärkt herausbildenden Organisationsformen zwischen bzw. neben Markt und Hierarchie (Unternehmen), häufig unter dem Begriff *Unternehmungsnetzwerke* subsummiert, wurden weitgehend vernachlässigt ([Pic+97, 31f], [Sydo92, 5]). Systemtheoretisch betrachtet genügt es also nicht, das System Unternehmen lediglich als Subsystem des Systems Markt zu betrachten. Vielmehr läßt sich auch ein Komplexitätsgefälle zwischen Markt und Gruppen von Unternehmen beobachten, was eine weitergehende *Systemdifferenzierung* rechtfertigt[11] (vgl. Abbildung 3-4). Märkte wiederum sind Subsysteme der Weltwirtschaft und werden nach sachlichen, räumlichen und zeitlichen Kriterien abgegrenzt. Auf eine weitere Differenzierung der Weltwirtschaft in Volkswirtschaften wird verzichtet, da die Komplexitätsdifferenz zwischen Welt- und Volkswirtschaft aus der Sicht des einzelnen Unternehmens immer unbedeutender wird (Globalisierung). Die Systemdifferenzierung innerhalb von Unternehmen kann durch die Beschreibung von Organisationseinheiten vorgenommen werden.

Neben dem sehr einfachen Kriterium der Größe für die Systemdifferenzierung kann auf jeder Ebene eine wesensbestimmende Beziehungsart und ein wesensbestimmender Zweck herausgestellt werden. Dabei zeigt sich, daß ein Netzwerkunternehmen die Gewinnerzielung anstrebt, indem es durch Kooperation mit anderen Unternehmen versucht, im Wettbewerb des

[10] In der Wirtschaftsinformatik kann bereits durch die Wahl des Teilbegriffs „Wirtschaft" diese enge Fokussierung vermieden werden.

[11] Die Systemeigenschaft von Netzwerken wird von Teubner betont [Teube93, 189ff].

Marktes einen Vorteil zu erzielen. Die interne Gestaltung des Unternehmens muß gewährleisten, daß die hierfür erforderliche Effektivität und Effizienz erreicht werden.

System	Wesensbestimmende Beziehungsart	Zweck
Weltwirtschaft	Güteraustausch	Güteraustausch
Markt (Makroebene)	Wettbewerb	Preisbildung
Unternehmungsnetzwerk (Mesoebene)	Kooperation	Wettbewerbsvorteile
Unternehmung (Mikroebene)	Vertragliche Bindung	Gewinn
Organisationseinheit	Komplementarität	Effizienz und Effektivität

Abbildung 3-4: Systemdifferenzierung ökonomischer Systeme

Die Ebene des Unternehmensnetzwerks, also dessen Elemente und Beziehungen, wird im folgenden als **Mesoebene** und die Ebene des Netzwerkmitglieds als **Mikroebene** bezeichnet (vgl. [Rich94, 25f], [Hipp97, 68]).

Orthogonal zur oben getroffenen Differenzierung wird zur Behandlung des Problems der Entstehung von Systemen der Begriff des **Quasi-Systems**[12] [Will96, 72ff] eingeführt. Dies ermöglicht eine erweiterte evolutionäre Perspektive auf Systeme. Das Quasi-System stellt eine Vorstufe im Prozeß der Ausdifferenzierung von Systemen dar. Es ist gekennzeichnet durch elementare Interaktionen von sich wechselseitig wahrnehmenden Elementen. Trotz einer scheinbaren Strukturlosigkeit und geringen Bindungsintensität zwischen den Elementen sind die Interaktionszusammenhänge in Quasi-Systemen von der „gemeinsamen Absicht sinnhaft verstehbaren Handelns“ [Will96, 73] gekennzeichnet. Es ist jedoch nicht möglich, das Verhalten einzelner Elemente dem Quasi-System als Ganzes zuzuordnen. Im Vordergrund stehen die einzelnen Identitäten der Subsysteme, nicht aber eine Systemidentität des Quasi-Systems.

Beispiel für soziale Quasi-Systeme sind Happenings, spontane Demonstrationen, konstituierende Versammlung und Warteschlangen. Beispiel für ein betriebliches Quasi-System ist ein in oder vor der Anbahnung befindliches Unternehmungsnetzwerk.

Die zentralen Merkmale von Quasi-Systemen sind:

---

[12] Der Begriff geht auf Luhmann ([Luhm86, 10ff, 21ff], [Luhm96, 560ff]) zurück, der das gleiche Phänomen „Interaktionssystem“ oder „einfaches Sozialsystem“ nennt.

- eine vorläufige und schwache, aber nichtbeliebige Struktur
- eine hohe Fluktuationsmöglichkeit der Elemente
- gemeinsame Orientierung der Elemente.

Der Übergang vom Quasi-System zum System wird erforderlich, wenn die Handlungsfähigkeit des Systems als System angestrebt wird [Luhm86, 32f]. Kritisch für die Erlangung der vollen Systemeigenschaft ist dabei die Fähigkeit der Ausbildung einer handlungs- und entwicklungsleitenden Identität. In Unternehmungsnetzwerken wird dies durch die gemeinsame Zwecksetzung erreicht.

3.2.2 Netzwerkansätze

Der Begriff **Netzwerk** wird in sehr unterschiedlichen Zusammenhängen verwendet. Allgemein kann ein Netzwerk mit Hilfe eines Graphen, der aus Knoten und Kanten besteht, dargestellt werden. Netzwerke sind somit *strukturorientierte Betrachtungen* von Systemen. Bei der Verwendung des Begriffs Netzwerk wird jedoch meistens eine Fokussierung auf die Beziehungen zwischen den Elementen beabsichtigt. In der Soziologie stehen Beziehungen zwischen Menschen, in der Ökonomie Beziehungen zwischen Wirtschaftsubjekten, in der Informationstechnik Beziehungen zwischen Interaktionspartnern oder in der Gehirnforschung Beziehungen zwischen Neuronen im Zentrum des Interesses. Die Kernaussage der Netzwerk-Metapher wird erst bei der Betrachtung der *Dynamik von Netzwerken* deutlich. Im Unterschied zu linearen Ketten stehen die Elemente von Netzwerken in aktiven oder aktivierbaren Wechselbeziehungen zu anderen Elementen, so daß sie sich im Zeitablauf beeinflussen. Diese Wechselbeziehungen werden in der Systemtheorie mit Hilfe der *Kybernetik* beschrieben.

Als interdisziplinär ausgerichtete Disziplin bietet die Wirtschaftsinformatik die Möglichkeit der Integration der unterschiedlichen Sichten auf Netzwerke in betrieblichen Systemen. Mit der Systemtheorie wurde hierzu ein geeigneter Bezugsrahmen zur Verfügung gestellt.

Im folgenden werden insbesondere betriebswirtschaftlich und informationstechnologisch orientierte Ansätze zur Analyse und Gestaltung von Netzwerken vorgestellt. Die soziologische Sicht auf Netzwerke steht hier nicht im Mittelpunkt. Sie wird jedoch überblicksartig aufbereitet, da das soziale Geflecht für die Struktur und das Verhalten von sozio-technischen Systemen naturgemäß eine wesentliche Rolle spielt und insbesondere für die Entstehung von Netzwerkorganisationen von Bedeutung ist [KrRo94, 328].

3.2.2.1 Soziale Netzwerke

Neben transaktionsökonomischen und informationstechnologischen Aspekten sind für die Koordination in betrieblichen Netzwerken auch soziale Mechanismen von Bedeutung. Die fundamentalen Komponenten eines Netzwerkes sind Knoten und Verbindungen. In der Soziologie werden die Knoten durch Akteure und die Verknüpfungen durch soziale Beziehungen oder Bande ersetzt. So besteht ein **soziales Netzwerk** aus einer Menge direkter und indirekter Verbindungen von einem Akteur zu einem anderen oder einer Gruppe von anderen. Akteure können Individuen sein oder Gruppen von Individuen. Sind diese Gruppen Organisationen im institutionellen Sinn oder Unternehmen, werden sie als interorganisationale bzw. Unternehmungsnetzwerke bezeichnet. Eine Netzwerkverbindung ist also eine Beziehung oder soziale Bande zwischen zwei interagierenden Akteuren [Dave97, 288]. Nach Mitchell lassen sich aus den Eigenschaften der Gesamtheit der Verbindungen Rückschlüsse auf das Verhalten des einzelnen Akteurs herleiten [Mitc69, 2].

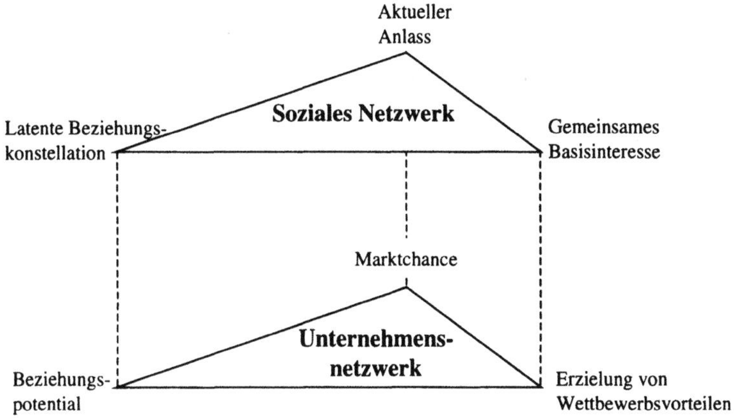

Abbildung 3-5: Zusammenhang zwischen sozialem und betrieblichem Netzwerk (in Anlehnung an [Webe96, 136])

Ein soziales Netzwerk entsteht, wenn insbesondere folgende Voraussetzungen gegeben sind [Boo+92, 55] (vgl. Abbildung 3-5, oben): Die Grundlage für das Entstehen von sozialen Netzwerken ist die Verfügbarkeit einer *latent vorhandenen Beziehungskonstellation* (Quasi-System). Für die Aktivierung der Beziehungskonstellation ist zum einen eine *gemeinsame Basisintention* der potentiellen Mitglieder des Netzwerkes notwendig. Zum anderen muß es einen *aktuellen Anlaß* zur Bildung eines Netzwerkes geben. Ein Beispiel für ein soziales Netzwerk ist eine Bürgerinitiative.

In Analogie zur Entstehung von sozialen Netzwerken kann die Entstehung von Unternehmungsnetzwerken beschrieben werden. Als Plattform für situative Netzwerke dient hier in einem Quasi-System vorhandenes *Beziehungspotential*, z.B. in Form von Marktbeziehungs-, Technologie-, Human- oder Finanzierungspotentialen. Im Gegensatz zum Netzwerk vollzieht sich der Aufbau dieser Potentiale langfristig. Ein *gemeinsames Basisinteresse* von potentiellen Partnern eines Netzwerkes liegt in der Erzielung von Wettbewerbsvorteilen zur Sicherung der Lebensfähigkeit. Der *aktuelle Anlaß* zur Entstehung des Netzwerkes liegt im Erkennen einer nur gemeinsam zu realisierenden Marktchance.

3.2.2.2 Betriebliche Netzwerke

Die Diskussion um die Koordination des Leistungsaustausches in der Organisationsform des Unternehmungsnetzwerkes wird durch zwei Positionen bestimmt (vgl. [KrRo94], [Klei96, 87ff]). Einerseits werden Netzwerke als eigenständige, von Markt und Hierarchie verschiedene Organisationsform angesehen. Andererseits werden sie als intermediäre Organisationsform zwischen Markt und Hierarchie beschrieben. Letztere Position wird durch den Transaktionkostenansatz impliziert und stellt das Verständnis von betrieblichen Netzwerken in dieser Arbeit dar.

STRATEGISCHES NETZWERK NACH SYDOW

Einen sehr umfassenden Beitrag zur betriebswirtschaftlichen Netzwerkforschung liefert Sydow [Sydo92]. Ausgangspunkt der Definition von Netzwerken ist das soziale Netzwerk [Sydo92, 78]. Somit wird zwar von vornherein eine Beschränkung auf die ökonomische Dimension von Tausch und Abstimmung vermieden; eine analytische Trennung von Aufgaben- und Aufgabenträgerebene in Organisationen wird aber gleichzeitig verhindert.

Unternehmen sind idealtypisch autonom und haben eine Gewinnerzielungsabsicht, so daß Unternehmungsnetzwerke als eine Organisationsform ökonomischer Aktivitäten bezeichnet werden können, die auf die Realisierung von Wettbewerbsvorteilen abzielen. Die Netzwerkstruktur ist, bedingt durch die *Autonomie der Netzwerkunternehmen*, polyzentrisch und kann personell-organisatorisch oder technisch-organisatorisch realisiert werden.

Netzwerke sind *strategisch*, wenn sie proaktiv auf wettbewerbsrelevante Potentiale ausgerichtet sind. Sie unterscheiden sich im wesentlichen dadurch von anderen Unternehmungsnetzwerken, daß sie von einem oder mehreren Unternehmen strategisch geführt werden und durch explizit formulierte Ziele formalere Strukturen haben. Zusammenfassend definiert Sydow strategische Netzwerke folgendermaßen:

„Ein strategisches Netzwerk stellt eine auf die Realisierung von Wettbewerbsvorteilen zielende, polyzentrische, gleichwohl von einer oder mehreren Unternehmungen strategisch geführte Organisationsform ökonomischer Aktivitäten zwischen Markt und Hierarchie dar, die sich durch komplex-reziproke, eher kooperative denn kompetitive und relativ stabile Beziehungen zwischen rechtlich selbständigen, wirtschaftlich jedoch zumeist abhängigen Unternehmungen auszeichnet. Typischerweise tritt in dieser Organisationsform dezentraler Unternehmensführung die Frage des Eigentums hinter die Frage der strategischen Steuerbarkeit der Netzwerkunternehmungen zurück." [Sydo92, 82].

Die Definition kann anhand der folgenden zentralen Aspekte konkretisiert werden.

Organisiertheit

Zur Beschreibung von Netzwerken können zahlreiche Merkmale herangezogen werden. In einer ersten Systematisierung können Form und Inhalt der Austausch- und Abstimmungsbeziehungen zwischen den Netzwerkpartnern unterschieden werden.

Unter Verwendung formbezogener Unterscheidungsmerkmale können grundsätzlich mechanistische Unternehmensnetzwerke und organische Netzwerke unterschieden werden. Erstere zeichnen sich z.B. durch einen hohen Zentralisations- und Formalisierungsgrad aus. Charakteristisch für organische Netzwerke sind *Strukturredundanz*, *Organizational Slack* und *lose Kopplung*. **Strukturredundanz** ist ein Maß für die Anzahl funktionsäquivalenter Strukturen. Mehrfach vorhandene Strukturen können zu einem Überschuß an Ressourcen, d.h. Organizational Slack führen. Das Konzept der „**Loosely Coupled Systems**" geht auf Weick [Weic76] zurück. Organisationen sind demzufolge lose gekoppelte Systeme, wenn die Beeinflussung eines Systemelements eines anderen Systemelements

(1) eher plötzlich denn kontinuierlich,

(2) eher sporadisch denn fortwährend,

(3) eher vernachlässigbar denn bedeutsam,

(4) eher indirekt denn direkt und

(5) eher gelegentlich denn sofort ist [Weic82, 380].

„Loosely Coupled Systems" sind sehr ausdifferenziert und ihre Elemente weisen einen geringen Integrationsgrad auf. Neben den Strukturelementen bezieht sich die lose Kopplung auf das Verhalten von Systemen [Weic85, 381]. Strukturredundanz und Organizational Slack kombiniert mit einer losen Kopplung von Organisationseinheiten sind Voraussetzungen für *Flexibilität und Lernen* und damit für den Wandel [Stae92, 313]. Sydow hebt dabei hervor, daß diese Aspekte nicht nur strukturell, sondern auch in einer kultureller Hinsicht betrachtet werden müssen.

Inhaltlich gesehen können die Gegenstände der Austauschbeziehungen sehr unterschiedlich sein. So weist Sydow darauf hin, daß neben der ökonomischen Dimension der Beziehungen auch die soziale von besonderer Bedeutung ist.

Autonomie und Interdependenz

Netzwerke sind durch die *rechtliche Selbständigkeit* der Partner gekennzeichnet. Eingeschränkt wird in Netzwerken dagegen die *wirtschaftliche Autonomie*, da Entscheidungen in Abhängigkeit von den anderen Partnern getroffen werden müssen. Entscheidend für das Ausmaß dieser Einschränkung ist die Art der Entstehung des Netzwerkes. Treten die Partner freiwillig ein, ist ihre wirtschaftliche Autonomie zumindest zu Beginn der Zusammenarbeit hoch. Ein Beitritt zum Netzwerk aufgrund wirtschaftlicher Abhängigkeit bedeutet jedoch eine ökonomische Asymmetrie innerhalb des Netzwerkes. Sie kann aber auch allein durch die dauerhafte Interaktion im Netzwerk entstehen. Nur der Partner, der sich seine Autonomie erhält, kann aus eigener Entscheidung auch wieder aus dem Netzwerk ausscheiden.

Die Interdependenz zwischen den Partnern resultiert aus der Erwartung der Erzielung von *Wettbewerbsvorteilen* durch Zusammenarbeit und den damit verbundenen *Abstimmungsbedarf* durch die gemeinsame Entscheidungsfindung. Zur gemeinsamen Zielerreichung und aufgrund sozialer Normen führt jede Leistung sofort oder später zu einer Gegenleistung. Die Interdependenz ist somit von Reziprozität gekennzeichnet.

Die Bedingung der Autonomie der Partner in Netzwerken führt zu einer Polyzentriertheit. Das bedeutet, daß das Netzwerk aus mehreren Aktionszentren besteht, so daß die Lebensfähigkeit und Stabilität des Netzwerkes bei Ausscheiden eines Partner bestehen bleiben kann [Obri92, 2ff].

Kooperation und Wettbewerb

Netzwerke sind zwar eher kooperativ denn kompetitiv, dennoch können nach Sydow Kooperation und Wettbewerb im Netzwerk koexistieren. So kann sich die Kooperation nur auf einen Funktionsbereich beziehen, während die anderen Funktionsbereiche weiterhin im Wettbewerb stehen. Außerdem ist es möglich, daß der Vorteil einer Kooperation von Netzwerkmitgliedern nur zu Lasten eines Dritten realisiert werden kann, was für das Netzwerk ein Nullsummenspiel bedeuten würde. Schließlich können die Kooperationsbeziehungen auch einem Wandel unterliegen, so daß aus ihnen Wettbewerbsbeziehungen werden.

Netzwerke zwischen Markt und Hierarchie

Netzwerke sind eine hybride Kooperationsform *zwischen Markt und Hierarchie* (z.B. [Pico82], [Thor86, 38], [Jari88, 39], [Sydo92, 102]) (vgl. Abbildung 3-6). Hierarchien sind gekennzeichnet durch feste Kopplung, Koordination durch Weisungsrechte und durch zentrale Pläne sowie durch kooperative und dauerhafte Beziehungen, während für Märkte lose Kopplung, Effizienzdruck, opportunistisches Verhalten sowie kurzfristige und kompetitive Beziehungen charakteristisch sind. Beide Extrema stellen Idealformen dar, die empirisch nicht nachweisbar sind. Sowohl Märkte als auch Hierarchien setzen marktliche und hierarchische Koordinationsinstrumente ein, jedoch in unterschiedlichem Ausmaß und unterschiedlicher Kombination [Sydo92, 100].

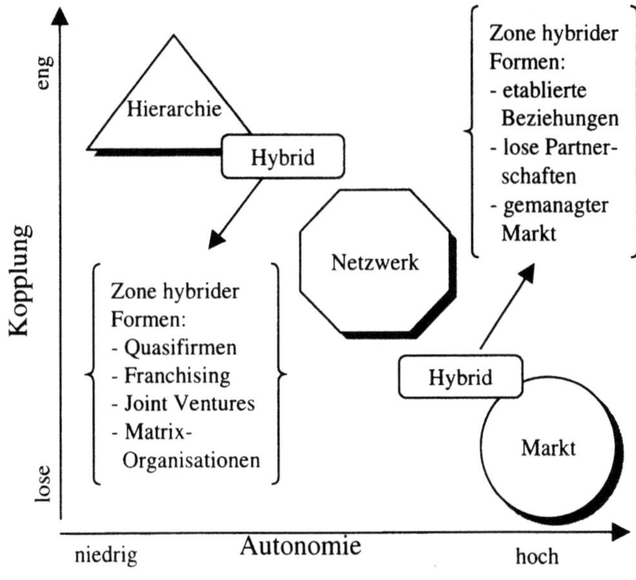

Abbildung 3-6: Organisationsformen ökonomischer Aktivitäten (vgl. [Will95, 139])

DYNAMIC NETWORK NACH MILES UND SNOW

Miles und Snow beschäftigten sich schon Anfang der 80er Jahre mit Formen flexibler Organisationen und entwickelten das Modell des **Dynamic Network** [MiSn86, 53]. Konstituierende Charakteristika von dynamischen Netzwerken sind [MiSn86, 56]:

- **Vertikale Disaggregation**: Unternehmensbereiche wie Produktentwicklung, Produktion, Marketing oder Vertrieb, die typischerweise unter der Leitung einer einzelnen Organisation stehen, werden von unabhängigen Organisationen in einem Netzwerk ausgeführt.
- **Broker**, deren Aufgabe die Koordination netzwerkinterner Aktionen ist. Das kann durch die Zusammenführung benötigter Leistungen, die Verknüpfung von zwei Partnern oder die beauftragte Suche nach passenden Partnern für ein Unternehmen geschehen.
- **Marktmechanismen**: Die Lenkung in Netzwerken funktioniert überwiegend durch Marktmechanismen, wie Leistungsaustausch und Verträge, und weniger durch hierarchische Steuerung und Kontrolle.
- **Offene Informationssysteme**: Einfach zugängliche automatisierte Informationssysteme ersetzen langwierige, auf Erfahrungen aufbauende Vertrauensbildungsprozesse. Die Partner im Netzwerk einigen sich auf eine generelle Struktur der Leistungsverrechnung und koppeln sich zusammen in einem permanent aktualisierten Informationssystem, so daß die einzelnen Beiträge gegenseitig und unmittelbar überprüft werden können.

Für eine Typisierung von Netzwerken wurden später zwei weitere Netzwerkmodelle entwikkelt, das *Stable Network* und das *Internal Network* [Mil+92, 11ff]. Die Gegenüberstellung dieser Netzwerktypen bietet konstruktive Anknüpfungspunkte für diese Arbeit.

Interne Netzwerke realisieren die gesamte Wertschöpfungskette ohne bedeutende Einbindung externer Partner. Sie verfügen somit über alle relevanten Ressourcen zur Leistungserstellung. Allerdings wird die Koordination der Netzwerkmitglieder über Marktmechanismen realisiert. Dadurch sind die einzelnen Mitglieder motiviert, auch Abnehmer und Zulieferer außerhalb des Netzwerkes zu finden, wodurch die Leistungsfähigkeit der einzelnen Mitglieder und damit des gesamten Netzwerkes gesteigert werden soll.

Das **stabile Netzwerk** ist durch ein fokales Unternehmen gekennzeichnet, welches eng mit Zulieferern und Distributoren zusammenarbeitet. Die Ressourcen für die Glieder der Wertschöpfungskette sind also unter rechtlich unabhängigen Partnern verteilt, werden jedoch für eine spezifische Leistungserstellung verwendet. Diese Art der Netzwerke findet sich häufig in eher reifen Branchen, wie z.B. in der Automobilindustrie. Vorteilhaft für das fokale Unternehmen ist die Verteilung von Unsicherheit auf mehrere Partner und dadurch die Gewinnung von Stabilität. Demgegenüber stehen hohe Transaktionskosten und wechselseitige wirtschaftliche Abhängigkeit.

In *dynamischen Netzwerken* fällt die Integrationsfunktion von gemeinsamen Ressourcen durch ein fokales Unternehmen weg. Vielmehr bestehen sie aus unabhängigen Partnern, die sich auf einen bestimmten Teil der Wertschöpfungskette spezialisiert haben, für den sie Kernkompetenzen besitzen. Die Koordination in solchen Netzwerken wird durch die Einrichtung eines Brokers vereinfacht.

Die stark strukturorientierte Sicht auf Netzwerke haben Miles und Snow später um eine verhaltens- und ressourcenorientierte Komponente ergänzt [MiSn95]. Kern dieser ergänzenden Überlegungen ist die Metapher einer „rotable sphere". In dieser Metapher sind die einzelnen Ressourcen eines Netzwerkes auf einer Kugel angeordnet, die durch Rotation auf jede beliebige Anforderung aus jedem beliebigen Winkel die gewünschte Ressource zur Verfügung stellt [MiSn95, 6f]. Durch dieses Prinzip kann jedes Unternehmen, das einen Auftrag akquiriert, zum Schaltbrettunternehmen werden, welches die anderen Netzwerkunternehmen koordiniert.

Drei *Rollen von Brokern* sind in Netzwerken von besonderer Bedeutung: „Architekt", „Lead Operator" und „Caretaker" [Mil+92, 14ff]. Die Unterscheidung dieser Rollen ist rein analytisch und aufgabenorientiert, so daß sie in der Praxis nicht scharf trennbar sind. Miles und Snow verstehen den Architekten im wesentlichen als den Visionisten eines Netzwerkes, der dessen Entstehung überhaupt erst ermöglicht. Seine Aufgabe ist es, grobe Strukturen zu entwerfen und zu schaffen, aus denen Netzwerke evolvieren können. Diese Aufgabe unterscheidet sich in dynamischen Netzwerken wesentlich von den anderen Typen. Lead Operator sind für die „Inbetriebnahme" des vom Architekten entworfenen Netzwerkes verantwortlich. Die Verknüpfungen zwischen potentiellen Partnern werden realisiert und aktiviert. Diese Rolle übernimmt häufig ein Partner am Ende der Wertschöpfungskette. Der kontinuierliche Betrieb des Netzwerkes wird vom Caretaker sichergestellt. Er stellt die Ausrichtung des Netzwerkes auf eine gemeinsame Zielsetzung sicher.

Miles und Snow weisen ausdrücklich darauf hin, daß die Vielschichtigkeit von Netzwerken nur aus simultaner Sicht des einzelnen Partners (Mikroebene) und des Gesamtnetzwerkes (Mesoebene) erfaßbar ist [MiSn86, 56f]. Aus der individuellen Perspektive ist das vorrangige Ziel, die eigene Kompetenz auszuüben. Aus der Netzwerkperspektive entstehen hierfür jedoch Nebenbedingungen.

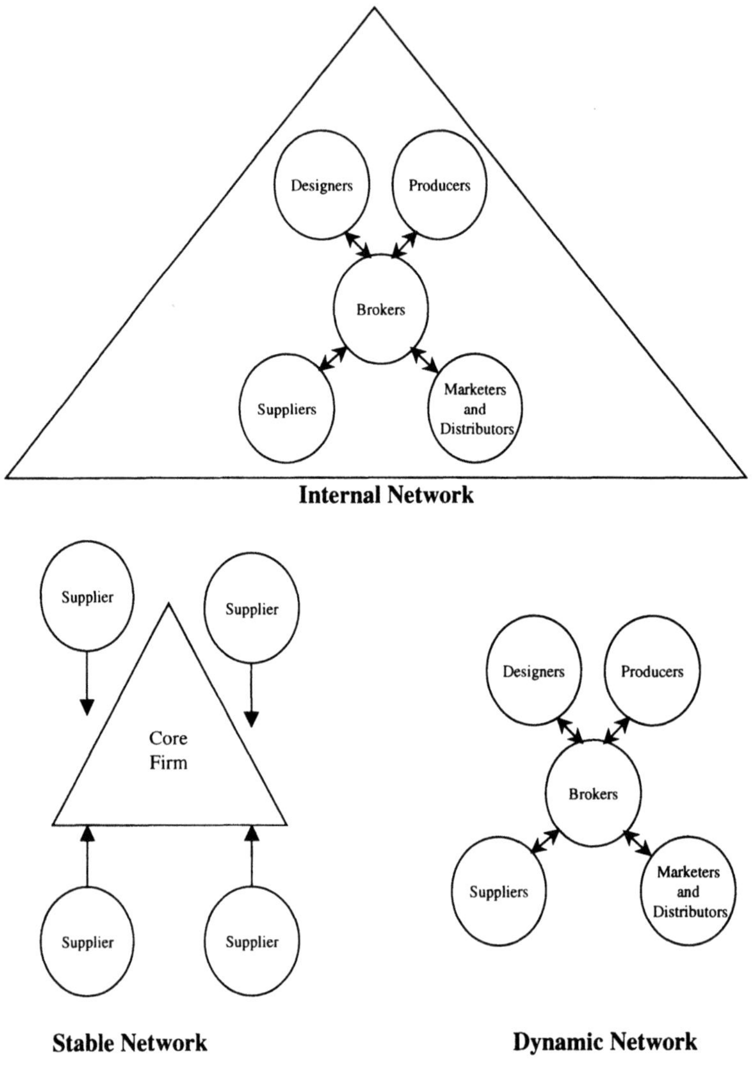

Abbildung 3-7: Allgemeine Netzwerktypen [Mil+92, 12]

Systemische Netzwerke nach Alter/Hage

Alter und Hage verwenden zur Verdeutlichung ihres Netzwerkverständnisses die Metapher des Produktionsnetzwerkes. Demnach können Netzwerke wesentlich mehr beinhalten als den bloßen Austausch von Information, Geld oder politischem Einfluß; vielmehr auch die Fähigkeit einer gemeinsamen Produktion. [AlHa93, 48f]. Austauschnetzwerke und systemische Netzwerke unterscheiden sich somit durch die Zielbezogenheit. In ersteren werden eher individuelle und damit unterschiedliche Ziele verfolgt, während für die gemeinsame Erbringung einer Wertschöpfungsleistung ein gemeinsames Ziel notwendig ist.

Alter und Hage untersuchten die unterschiedlichen Typen interorganisatorischer systemischer Netzwerke und fanden vier gemeinsame normative Eigenschaften dieser Netzwerke heraus (vgl. [AlHa93, 78ff]):

Kognitive Strukturen: Schon bereits vor der Entstehung des Netzwerkes, aber auch zu dessen Weiterentwicklung, muß ein geteilter Grundkonsens, der sich in Sprache, Symbolen und Werten manifestiert (Kultur) über einzelne Fähigkeiten und strategische Ausrichtungen hinweg bestehen. Ohne dieses *Beziehungspotential* kann das erforderliche Vertrauen nicht erreicht werden.

Keine Hierarchie: Charakteristisch für systemische Netzwerke ist das *gemeinsame Problemlösen und das gemeinsame Entscheiden.* Alter und Hage sehen dieses Kriterium als leistungsfähiger an als die Verortung von Netzwerken zwischen Markt und Hierarchie durch den Transaktionskostenansatz. Die Dominanz eines Netzwerkunternehmens über die anderen ist ausgeschlossen. Nach dieser Ansicht sind strategische Netzwerke keine systemischen Netzwerke, da sie ein dominierendes fokales Unternehmen haben können.

Arbeitsteilung: Jeder Partner bringt eine *individuelle Kompetenz* in das Netzwerk ein. Die Bindung zu den anderen Partnern entsteht durch eine Abhängigkeit von den Kompetenzen der anderen. Verliert eine Kompetenz ihre relative Position, endet die Mitgliedschaft des Partners.

Selbstorganisation: Die hohe Komplexität in einem Netzwerk macht eine *Fremdorganisation unmöglich.* Netzwerke müssen daher die Fähigkeit besitzen, dem Konfliktpotential und der Planungsunsicherheit zu begegnen.

3.2.2.3 Verteilte Systeme

In der Informationstechnik wird unter einem Netzwerk ein räumlich verteiltes Verbindungssystem zur technischen Unterstützung des Austauschs von Informationen zwischen Kommunikationspartnern verstanden. Werden die Knoten, die das Netzwerk verbinden, mit einbezogen, wird von einem **verteilten System** gesprochen [Cou+95, 2]. Vergleichbar mit den Schwierigkeiten, eine allgemeingültige Definition eines Netzwerkes im betriebswirtschaftlichen Sinne zu finden, ist auch der Begriff des verteilten Systems sehr vielen unterschiedlichen Interpretationen unterworfen [Diet94]. Aus systemtheoretischer Sicht läßt sich dieses Problem durch eine geeignete Schichtenbildung entschärfen. Watson schlägt eine Unterscheidung der

Schichten Hardwaresystem, Kern und Dienste eines verteilten Betriebssystems und Anwendungssystems in verteilten Rechnersystemen vor [Wats81] (vgl. Abbildung 3-8). Durch diese Differenzierung können die Entwurfsprobleme der Verteilung auf jeder Ebene gesondert untersucht werden. Solche Probleme betreffen die Zuordnung von Namen zu Objekten, die Ressourcenverwaltung, die Sicherheitsmechanismen und die Fehlerbehandlung. In einer dritten Dimension werden globale Aspekte angesprochen, wie das Leistungsverhalten durch optimale Ressourcenzuordnung, die Konsistenz und die Verläßlichkeit des Systems [Cou+95, 30ff].

Eine abstraktere Systemdifferenzierung ist die Unterscheidung von lediglich einer physischen und einer logischen Ebene von verteilten Rechnersystemen [Matt89 nach Diet94]. Auf der logischen Ebene befindet sich ein System aus Softwareprozessen, die keine gemeinsamen Daten haben und ausschließlich über Nachrichten kommunizieren. Die logisch verteilten Prozesse können somit auch auf einem Monoprozessorsystem ausgeführt werden. Das physische System besteht aus einer Anzahl eigenständiger Rechensysteme, die durch ein nachrichtenvermittelndes Kommunikationssystem (Netzwerk) gekoppelt sind. Typischerweise wird jedoch mit verteilten Systemen auch eine physische Verteilung assoziiert, weil erst durch sie viele Vorteile der Verteilung, wie Echtzeitverhalten, lokale Verfügbarkeit, Modularität, Erweiterbarkeit und Leistungssteigerung durch Parallelarbeit zur Geltung kommen.

Eine weitgehend konsensfähige Charakterisierung von verteilten Systemen kann unter dem weiteren Einbezug der Wechselbeziehungen der Elemente untereinander und des Systems mit seiner Umwelt beschrieben werden. Demnach besteht ein verteiltes System aus *autonomen Komponenten,* die mindestens ein *gemeinsames Ziel* haben, aus dem sich eine *gemeinsame Aufgabe* ergibt. Die Komponenten verhalten sich *kooperativ*, um das gemeinsame Ziel zu erreichen. Aus Außensicht ist die Verteilung transparent, d.h. die angebotenen Dienste können nur über ihren Namen aufgerufen werden ([Ensl78, 13f], [FeSi96, 161f]).

<table>
<tr><th>System</th><th>Beziehung</th><th>Realisierung</th></tr>
<tr><td>Anwendungssystem</td><td>Integration [FeSi98, 211ff]</td><td rowspan="4">Rechnerverbundsystem,
Parallelrechnersystem
[FeSi98, 253]</td></tr>
<tr><td>Verteiltes Betriebssystem (Dienste)</td><td rowspan="2">Interprozeßkommunikation
[FeSi98, 345f]</td></tr>
<tr><td>Verteiltes Betriebssystem (Kern)</td></tr>
<tr><td>Hardware</td><td>physische Kommunikation</td></tr>
</table>

Abbildung 3-8: Konstruktion verteilter Rechensysteme [nach Wats81]

3.2.2.4 Zusammenfassung

Im folgenden werden die wesentlichen Struktur- und Verhaltenseigenschaften von betrieblichen Netzwerken stichpunktartig zusammengefaßt:

- Die Entstehung von Netzwerken erfordert einen *aktuellen Anlaß*, ein *gemeinsames Interesse* der Partner und ein *Beziehungspotential.*
- Das Beziehungspotential muß insbesondere eine *Vertrauensbeziehung* ermöglichen.
- Netzwerke haben mindestens ein *gemeinsames Ziel.* Ihr Zweck ist die Realisierung von Wettbewerbsvorteilen.
- *Autonomie* und *lose Kopplung* von Netzwerkunternehmen sowie *Organizational Slack* und *Strukturredundanz* in Netzwerken sind Voraussetzungen für Flexibilität und Lernfähigkeit.
- Es können soziale, ökonomische und technologische Netzwerkbeziehungen unterschieden werden.
- Netzwerke kombinieren *hierarchische und nicht-hierarchische Koordinationsformen.*
- Die Entstehung von und die Koordinierung in Netzwerken kann durch einen *Broker* unterstützt werden.
- Die *Automatisierung des betrieblichen Informationssystems* ist konstitutiv für dynamische Netzwerke.
- Netzwerke können auf unterschiedlichen Ebenen, z.B. auf der Mesoebene und Mikroebene, betrachtet werden. Dadurch können Gestaltungsprobleme auf jeder Ebene gesondert betrachtet werden.
- Die Mitgliedschaft eines Partners ist von der relativen Position seiner *Kernkompetenz* im Netzwerk abhängig.
- Netzwerke sind *selbstorganisierend.*

3.2.3 Wandel von Netzwerkorganisationen

Bei der Betrachtung dynamischer Aspekte von Systemen wird thematisiert, wie häufig, wie stark und wie regelmäßig Systeme im Zeitablauf Zustandsveränderungen zeigen. In statischen oder kontinuierlichen Systemen liegt diesen Veränderungen keine oder eine nur geringe Strukturveränderung zugrunde. Diskontinuierliche oder chaotische Systeme erfahren dagegen permanente Strukturveränderungen[13]. Die bisherigen Ausführungen betrachteten Systeme ohne ihre *Strukturdynamik* und damit ihre Entwicklung und ihren Wandel explizit zu berücksichtigen. Sie eignen sich somit zur Erklärung der zeitpunktbezogenen Struktur und dem zeitpunktbezogenen Verhalten oder normativ als Rahmen für die Gestaltung von Struktur und Verhalten von Organisationen. Aussagen über den Wandel von Struktur und Verhalten sind weniger möglich (Wandel = Systementwicklung, Grenzerhaltung). Die aus einer dynamischen Umwelt resultierende Anforderung der Flexibilität an Organisationen erfordert jedoch auch die Betrachtung der Strukturveränderung. Aus systemtheoretischer Sicht erfolgt Wandel zur Aufrechterhaltung der Differenz zwischen Umwelt und System. Die Grenzen von Systemen können sich aus diesem Grund verändern. Von der Auflösung von Grenzen betrieblicher Systeme, wie z.B. bei Unternehmen, kann daher nicht gesprochen werden. Die Beobachtung der Auflösung der Grenzen resultiert aus der Beobachtung eines Systems über einen Zeitraum hinweg. Durch die permanente Strukturveränderungen wirken die Grenzen fließend. Eine Momentaufnahme ergibt jedoch klare Grenzen des Systems.

In der Boulding-Hierarchie[14] werden bereits ab der zweiten Ebene Systeme als dynamisch betrachtet. Ab Ebene fünf wird die Strukturdynamik explizit einbezogen. In den folgenden Ausführungen wird auf die Ebenen fünf und sieben eingegangen.

3.2.3.1 Theorien des organisatorischen Wandels

In der Literatur existieren zahlreiche Ansätze zur Beschreibung der Entwicklung und des Wandels von Organisationen [PüPr91, 45ff]. Van de Ven und Poole haben den Versuch unternommen, die zahlreichen Theorien zu systematisieren und einen Beschreibungsrahmen entwickelt [VaPo95] (vgl. Abbildung 3-9).

---

[13] vgl. Kapitel 2.2
[14] vgl. Kapitel 2.1

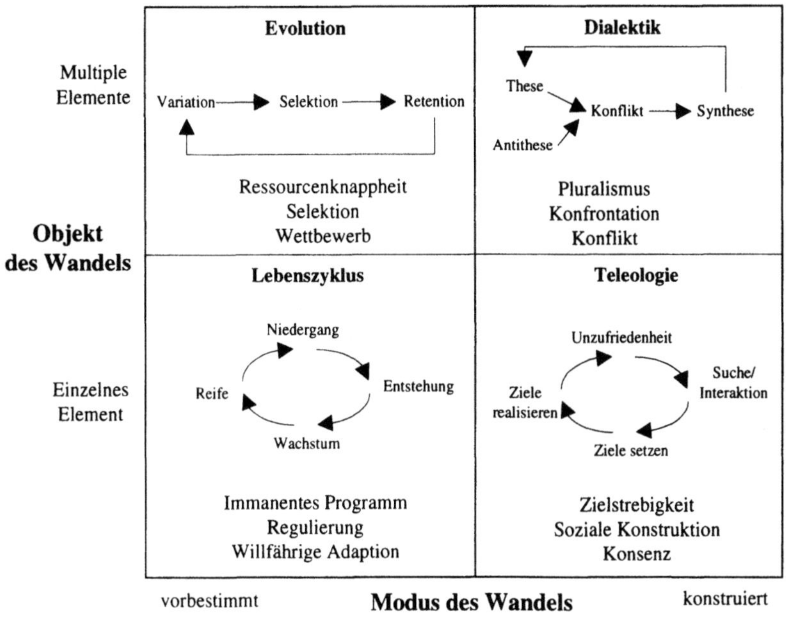

Abbildung 3-9: Theorien der Entwicklung und des Wandels von Organisationen [in Anlehnung an VaPo95, 520]

Van de Ven und Poole unterscheiden vier grundsätzliche *Denkschulen des Wandels* von Organisationen; die *Theorie des Lebenszyklus*, der *Dialektik*, der *Evolution* und der *Teleologie*. Zur Beschreibung und klaren Abgrenzung dieser Theorien voneinander verwenden sie vier Merkmale [VaPo95, 512ff]:

(1) Zyklus und (2) Motor des Wandels

Ein Lebenszyklusmodell stellt den Wandel als das Durchlaufen einer bestimmten Sequenz von Phasen dar. Die Inhalte der Phasen sind in institutionellen, natürlichen oder logischen Programmen festgelegt. Der teleologische Ansatz betrachtet den Wandel als eine Abfolge von Formulierung von Zielen, deren Realisierung, Evaluierung des Fortschritts und Modifikation der Ziele basierend auf dem, was das Objekt dazugelernt hat. Diese Abfolge entsteht durch das Streben eines Systems nach einem Endzustand oder systemtheoretisch nach einem Gleichgewichtszustand. Da Ziele in sozialen Systemen sozial konstruiert sind, unterliegen auch sie ständiger Veränderung, wodurch das Erreichen eines permanenten Gleichgewichtszustands unmöglich wird. Aus dialektischer Sicht entsteht Wandel aus dem Konflikt zwischen

These und Antithese, deren Synthese wieder als These dient. Dieser Zyklus wird durch Gegensätze zwischen Elementen angetrieben. Evolution kann als die repetitive Sequenz von Variation, Selektion und Retention beschrieben werden [Wahren, 2.3]. Der Wettbewerb um knappe Ressourcen stimuliert die Evolution.

(3) Objekt des Wandels

Es werden lediglich zwei Objekte des Wandels unterschieden: der Wandel eines einzelnen Elements und der Wandel einer Population aufgrund der Interaktion zwischen den Elementen der Population. Diese Differenzierung abstrahiert somit von konkreten Organisationsebenen. Im Sinne der Systemtheorie wird entweder auf ein einzelnes Element bzw. System oder auf das Beziehungsgeflecht zwischen den Elementen bzw. Systemen abgestellt.

(4) Modus des Wandels

Die Motoren des Wandels lassen sich dahingehend unterscheiden, ob der Wandel vorbestimmt ist, oder ob er konstruiert ist und erst zum Zeitpunkt des Wandels sichtbar wird. Der vorbestimmte Wandel geht von einer bestehenden Struktur aus, die in einer stabilen und prognostizierbaren Weise variiert. Diese Form des Wandels wird auch als „first-order-change“ bezeichnet. Konstruierter Wandel ermöglicht dagegen neue von der vorhergehenden Phase unabhängige Strukturen. Dieser „second-order-change“ führt zum Aufbrechen statischer oder lediglich nur fortgeschriebener Denkmuster.

Die vier Modelle begründen analytisch getrennte Theorien von „Reinformen“ des Wandels. Viele Autoren kombinieren zwei oder mehr Theorien zu einer komplexen Theorie des Wandels [VaPo95, 528]. In der Praxis läßt sich in einer Organisation Wandel gemäß aller vier Modelle wiederfinden, allerdings hängt die Intensität einer Form des Wandels von den situativen Rahmenbedingungen ab. Die Verwendung eines Modells zur Erklärung von Wandel in Organisationen bedeutet folglich nicht, daß es die anderen Motoren des Wandels nicht gibt, sondern beschreibt lediglich eine bestimmte Sicht auf den Wandel einer Organisation.

3.2.3.2 Lebenszyklus der Netzwerkorganisation

Unter dem Begriff Zyklus wird im allgemeinen ein periodisch ablaufendes Geschehen oder ein Kreislauf regelmäßig wiederkehrender Dinge oder Ereignisse verstanden. Die Verwendung des aus der Biologie stammenden Begriffs **Lebenszyklus** im wirtschaftswissenschaftlichen Kontext beruht auf der Vorstellung, daß auch künstlich geschaffene Systeme dem Gesetz des Werdens und Vergehens unterliegen und dabei bestimmte Entwicklungsstadien durchlaufen [Pinn80, 661]. Der Lebensweg von Systemen besteht typischerweise aus den Phasen: anfängliche Vitalität, Stabilität auf dem Höhepunkt der Entwicklung, Abbau der

Kräfte und anschließendes Altern [Koge92, 75]. Das Lebenszykluskonzept wird auf betriebliche Systeme, wie Unternehmen oder Unternehmensnetzwerke, oder auf Produkte und Technologien angewendet. Zweifelhaft ist, ob die Heranziehung des biologischen Modells des Lebenszyklus zu einer deckungsgleichen Analogie führt[15]. Kimberly spricht deshalb in diesem Zusammenhang von einer „imperfekten Metapher", die zu Fortschritten in der Erkenntnisgewinnung und der Eröffnung neuer Perspektiven beitragen kann [KiMi80, 10f]. So betont die Metapher des Lebenszyklusses die *zeitraumbezogene Perspektive von Systemen* und unterstützt die Fokussierung auf phasenspezifische Aspekte. Die Strukturen eines Systems unterliegen in jeder Phase einer bestimmten groben Ordnung, die prognostizierbar ist. Eine zwangsläufige chronologische Abfolge von Entwicklungsschritten oder die Möglichkeit einer exakten Abgrenzung der Schritte wird dabei nicht unterstellt. So sind beispielsweise auch rekursive Entwicklungsverläufe vorstellbar. Ein Bezug zum evolutionären Ansatz ist dadurch gegeben, daß die Übergänge zwischen den Entwicklungsschritten eher evolutionär als zufällig oder metamorphosisch sind.

Die durch das Lebenszyklusmodell unterstützte zeitraumbezogene Sicht auf Systeme ist von strategischer Bedeutung, da vorherrschende Denkmuster von statischen Systemen ausgehen. Entscheidungen können somit Grundmuster von Strukturveränderungen der Organisationen berücksichtigen.

Determinanten des Lebenszyklusses von Organisationen

Betriebliche Systeme werden von ihrer Umwelt beeinflußt, z.B. von technologischen Entwicklungen oder Konjunkturentwicklungen. Umweltfaktoren unterliegen auch Zyklen, in denen betriebliche Systeme eingebettet sind. Für das Verständnis des Lebenszyklusses von betrieblichen Systemen ist ein Überblick über das zyklische Verhalten dieser Faktoren sinnvoll.

Volkswirtschaftliche Zyklenmodelle beschäftigen sich mit der Beschreibung konjunktureller Abläufe, die durch Prosperität, Rezession, Depression und Erholung gekennzeichnet sind. Eine zentrale Rolle nimmt die Theorie der Langen Wellen (vgl. [Nefi97]) ein. Sie begründet das immer wiederkehrende Muster mit der Depression als Auslöser von Basisinnovationen (Technologien). Träger der aktuellen langen Welle, dem 5. Kondratieff, ist die Basisinnovation Informationstechnologie. Basisinnovationen werden von einer Vielzahl von Produkten sichtbar, die auf der Basis dieser neuen Technologie entwickelt wurden. Der *Technologielebenszyklus* kann somit als Summe der *Lebenszyklen der Produkte* aufgefaßt werden, die als Merkmal die Anwendung dieser spezifischen Technologie aufweisen. Die Entste-

---

[15] Zur Übertragung biologischer Analogien des Lebenszyklusses auf die betriebswirtschaftliche Forschung vgl. [Koge92, 76ff.]

hung/Gründung technologieorientierter Unternehmen ist auf Innovationen zurückzuführen, so daß der *Lebenszyklus von Organisationen* im Zusammenhang mit den Produkt- bzw. Technologielebenszyklen gesehen werden kann. Ein Branchenlebenszyklus kann wiederum als die Summe der Lebenszyklen der in ihr tätigen Organisationen beschrieben werden. Auf diesem Wege begründen Basisinnovationen das Entstehen neuer Industrien oder Branchen, die die wirtschaftliche Erholung tragen und zur erneuten wirtschaftlichen Prosperität beitragen. Aktuell läßt sich das konkret an dem enormen Wachstum der IT-Industrie aufzeigen [Höft92, 134f] (vgl. Abbildung 3-10).

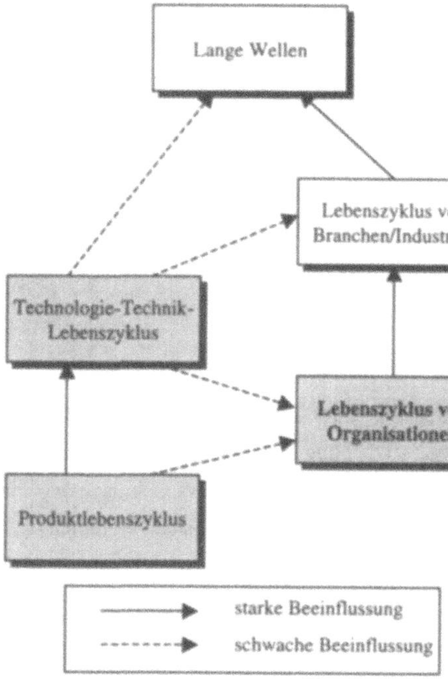

Abbildung 3-10: Interdependenzenmodell verschiedener Lebenszykluskonzepte [Höft92, 136]

Im folgenden wird auf einige zentrale Lebenszyklusmodelle (vgl. schattierte Felder in Abbildung 3-10) näher eingegangen und ihre Bedeutung im Kontext dieser Arbeit erläutert.

Lebenszyklus von Produkten

Der Ansatz des **Produktlebenszyklusses** ist das bekannteste Konzept in Theorie und Praxis. Obwohl es zahlreiche unterschiedliche Ansätze (vgl. [Höft92, 16ff]) gibt, stimmen sie in der

Aussage überein, daß die Ausbreitung von Produkten nach gewissen Gesetzmäßigkeiten erfolgt. Der Verlauf dieser Ausbreitung wird in Phasen unterteilt. Für die Abgrenzung der Phasen werden betriebliche Kennzahlen wie Umsatz oder Absatzzahlen herangezogen. Je nach Autor wird zwischen drei und sechs Phasen unterschieden. Am verbreitetsten ist jedoch die Einteilung des Produktlebenszyklusses in vier Phasen: Einführung, Wachstum, Reife und Verfall. Nach der Produkteinführung steigt die entsprechende Variable in der ersten Phase nur langsam an, bevor der Anstieg in einer zweiten Phase sich stark beschleunigt. In der Reifephase erreicht das Wachstum seinen Höhepunkt und stagniert, bevor es in der letzten Phase wieder zurückgeht.

Neben diesem klassischen Verständnis des Produktlebenszyklusses wird ein integriertes Produktlebenszyklusmodell (vgl. [PfBi81]) vorgeschlagen. In diesem Ansatz werden durch die Integration von Produktentwicklungsmodellen auch Phasen vor der Markteinführung eines Produktes betrachtet. Neben dem eigentlichen Marktzyklus werden ein Beobachtungszyklus und ein Entstehungszyklus unterschieden [PfBi81, 136f]. Die Beobachtungsphase beinhaltet den Erwerb relevanter Umweltinformationen zur Früherkennung von Marktchancen, also die Gewinnung von neuen Produktideen. Entscheidet sich eine Unternehmung für die Realisierung einer Produktidee, beginnt die Entstehungsphase. Der Einbezug der beiden ersten Zyklen ist von entscheidender Bedeutung für die strategische Produktplanung, so daß sie die Vorlaufzeit von Produkten bis zu ihrer Markteinführung betonen.

Produktlebenszyklen beziehen sich nicht notwendigerweise auf konkrete einzelne Produkte, sondern auch auf Marken, Produktformen (z.B. Speicherchips) oder auf Produktgruppen.

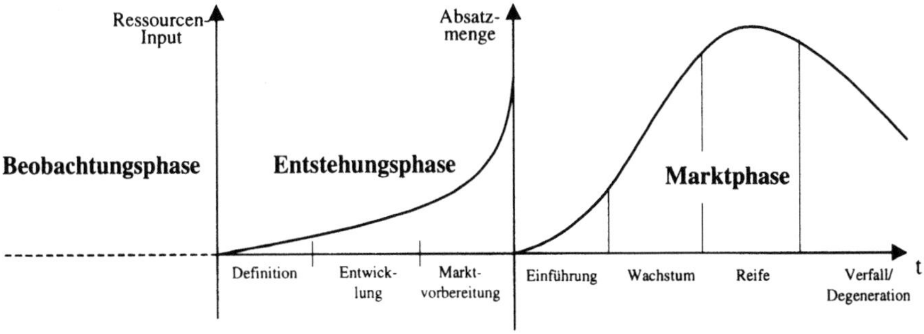

Abbildung 3-11: Lebenszyklus von Produkten [Höft92, 67]

Das Modell des Produktlebenszyklusses liefert wertvolle Hinweise für die Gründung von Netzwerkorganisationen. So kann aus der Sicht eines Unternehmens analysiert werden, in welchen spezifischen Phasen eine Kooperation mit anderen Partnern erforderlich ist. Eine typische Phase für strategische Partnerschaften ist die gemeinsame Entwicklung von Produkten. In der Beobachtungsphase ermöglichen Netzwerke ein besseres Entdeckungsverhalten von Marktchancen.

LEBENSZYKLUS VON TECHNOLOGIEN

Das **Technologielebenszyklusmodell** kann als Summe von Produktlebenszyklen aufgefaßt werden, es lehnt sich daher stark an das entsprechende Modell an. Theoretische (vgl. [FoRy81]) oder empirische (vgl. [SoWa83]) Arbeiten lassen sich zu diesem Ansatz kaum finden. Durch den steigenden Innovationsdruck gewinnt das Verständnis dieses Ansatzes jedoch an Bedeutung.

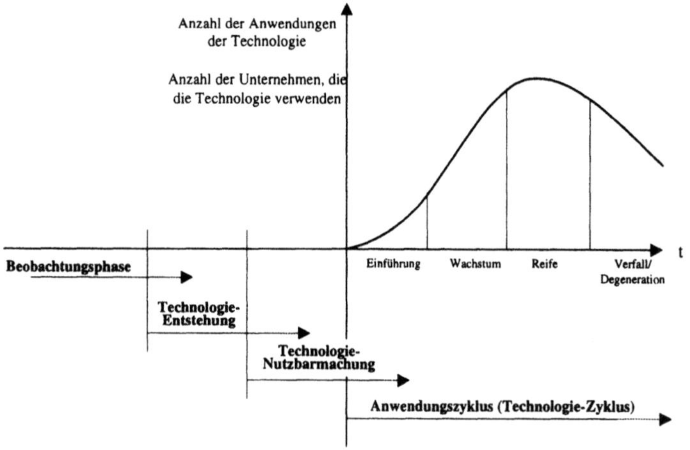

Abbildung 3-12: Technologielebenzyklus [Höft92, 82]

In der Beobachtungsphase werden - insbesondere im Rahmen von Forschungsaktivitäten - Theorien und Hypothesen über zukünftige Entwicklungen aufgestellt. Wird ein konkretes Phänomen erforscht und der Nutzen der entsprechenden Technologie für aufbauende Entwicklungen nachgewiesen, heißt die Phase Technologieentstehung (Grundlagenforschung). Die Phase der Technologie-Nutzbarmachung beinhaltet die Entwicklung von konkreten Verfahren und Produkten. Diese Phase korrespondiert mit der Entstehungsphase im Produktlebenszyklus. Der Anwendungszyklus beginnt mit dem Erscheinen dieser Neuentwicklungen auf dem Markt. Das Verlaufsmuster dieses Zyklusses ähnelt sich bei allen Technologien. Nach anfangs nur wenigen Neuentwicklungen auf der Basis der neuen Technologie wächst diese Anzahl nach einer gewissen Zeit stark an, da Fertigkeiten und Kenntnisse zur Anwendung der Basistechnologie sich verbreiten. Die Attraktivität von Basistechnologien läßt aufgrund von technologischen Fortschritten dann schließlich nach [Höft92, 74ff].

Lebenszyklus von Erfolgspotentialen

Unter einem **Erfolgspotential**[16] wird „ [...] das gesamte Gefüge aller jeweils produkt- und marktspezifischen, erfolgsrelevanten Voraussetzungen [...]“ [Gälw87, 28] verstanden. Typische Erfolgspotentiale in der Umwelt sind Technologie-, Image-, Absatz- und Kooperationspotentiale. Innerhalb eines Unternehmens können ein besonderes Know-how oder die Organisationsstruktur Erfolgspotentiale sein. Der Verlauf des Lebenszyklusses von Erfolgspotentialen gleicht dem Verlauf des Produktlebenszyklusses. Die Entstehung von Erfolgspotentialen beruht auf veränderten Parametern in der Umwelt oder im Unternehmen selbst. Diese Ungleichgewichte können Unternehmen zur Stiftung zusätzlichen Nutzens ausschöpfen. Ältere Erfolgspotentiale, die sich gemäß des Kurvenverlaufs in Abbildung 3-13 abschwächen, werden dadurch ersetzt. Die Größe des potentiellen Erfolgs für das Unternehmen ist zu Beginn nicht besonders hoch, da die Ausprägungen des Erfolgspotentials noch nicht klar erkennbar und die Fähigkeiten des Unternehmens zu dessen Ausnutzung noch nicht besonders entwickelt sind. Vermindern sich diese beiden Hemmnisse, steigt der potentielle Nutzen stark an. In der Reifephase erreicht er den Höhepunkt. Veränderte Umweltbedingungen und die nachlassende Attraktivität des Erfolgspotentials führen zur Stagnation des Zuwachses. Schließlich kann es entweder zum kompletten Niedergang des Erfolgspotentials kommen, oder es bleibt als Rumpf-Erfolgspotential bestehen [Pümp92, 60f].

[16] Pümpin verwendet den Begriff Nutzenpotential. Darunter wird eine Konstellation in der Umwelt oder im Unternehmen verstanden, die durch Aktivitäten des Unternehmens zu dessen Vorteil erschlossen werden kann [Pümp92, 47]. Die beiden Begriffe werden hier synonym verwendet, da eine Differenzierung für diese Arbeit nicht relevant ist. Zur Abgrenzung der beiden Begriffe vgl. [Pümp92, 54ff].

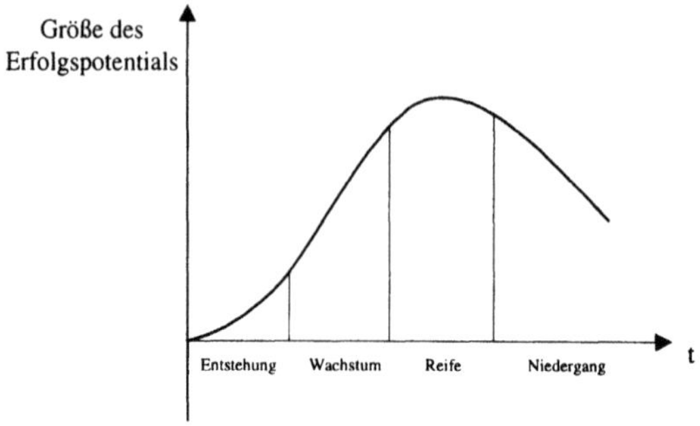

Abbildung 3-13: Lebenszyklus von Erfolgspotentialen (in Anlehnung an [Pümp92, 62])

Die Kenntnis des Lebenszyklusses von Erfolgspotentialen ist für Unternehmen in Netzwerkorganisationen aufgrund mehrerer Aspekte von strategischer Bedeutung. Der Lebenszyklus zeigt die Notwendigkeit des frühzeitigen Erkennens von Erfolgspotentialen. Werden die Potentiale zu spät erkannt, kann der Erfolg eines bestehenden Potentials bereits stark abnehmen, bevor ein neues Erfolgspotential ausgereift ist. Die strategische Zielsetzung beinhaltet die ständige Verfügbarkeit von „reifen" Erfolgspotentialen. Die Erschließung und Weiterentwicklung von Erfolgspotentialen ist zunehmend von der Kooperationen mit anderen Unternehmen abhängig. Darauf wird im folgenden Kapitel 3.2.3.3 im Zusammenhang mit dem interorganisationalen Lernen näher eingegangen. Da Erfolgspotentiale jedoch insbesondere bei zunehmender Umweltdynamik nur eine begrenzte Lebensdauer haben, muß dies bei der Intensität der Kopplung mit Partnern berücksichtigt werden.

ORGANISATORISCHER LEBENSZYKLUS VON UNTERNEHMEN

Der **organisatorische Lebenszyklus** von Unternehmen und insbesondere dessen erste (Entstehung) und letzte (Verfall) Phase hat in der Betriebswirtschaftslehre eine weniger bedeutende Stellung als der Produktlebenszyklus. Vielmehr werden die Aspekte des Wachstums und des Erhalts der Unternehmung thematisiert. Die Abgrenzung der Phasen orientiert sich nicht, wie beim Produktlebenszyklus, an meßbaren Kennzahlen, sondern an Organisationsstrukturveränderungen. Das Lebenszykluskonzept beruht auf der Annahme, daß Unternehmen eine vergleichbare Strukturentwicklung aufweisen. Je nach Autor und Betonung von Strukturmerkmalen wird zwischen vier und zehn Phasen unterschieden [Koge92, 97].

In Analogie zum Produktlebenszyklus ist eine Betrachtung des der Gründung vorgelagerten Zeitraums sinnvoll. In einem erweiterten organisatorischen Lebenszyklus von Unternehmen werden daher die Phasen Beobachtung und Vorbereitung einbezogen [Höft92, 97ff]. Die erste Phase beinhaltet die Beobachtung der Umwelt und insbesondere von Märkten und Technologien. Die Entstehung einer Gründungsidee kann mehrere Ursachen haben. Zum Beispiel können bestimmte Kompetenzen eines oder mehrerer Gründer in Kombination mit der Entdekkung einer Marktlücke zur Gründungsentscheidung führen. Mit dieser Entscheidung beginnt die Vorbereitungsphase, in der das Unternehmenskonzept entwickelt wird.

Für den bisher beschriebenen Sachverhalt wird auch der Begriff Organisationslebenszyklus verwendet. Die Problematik dieses Begriffes liegt in der Unklarheit über den zugrundeliegenden Organisationsbegriff. Wird ein instrumenteller Organisationsbegriff verwendet, ist das Lebenszykluskonzept auch auf Unternehmensteile oder aber auch auf Unternehmensnetzwerke anwendbar. Diese Ansicht wird hier nicht geteilt, so daß der Lebenszyklus von Netzwerkorganisationen gesondert betrachtet wird.

Abbildung 3-14: Organisationslebenszyklus [Höft92, 89]

Unter der Annahme von kürzer werdenden Technologielebenszyklen gewinnt der Organisationslebenszyklus an Bedeutung, da Unternehmen und Unternehmungsnetzwerke in Reaktion auf neue Technologien gegründet werden. Weiterhin spielen Informationstechnologien inzwischen eine bedeutende Rolle für die Wahl der geeigneten Organisationsform. Die Analyse von Technologielebenszyklen kann somit innerhalb der Beobachtungsphase für die rechtzeitige Entdeckung einer neuen Organisationsform hilfreich sein.

LEBENSZYKLUS VON NETZWERKORGANISATIONEN

Der Kooperationslebenszyklus findet als eigenständiges Untersuchungsobjekt in der Literatur kaum Beachtung. Lediglich im Zusammenhang mit spezifischen Untersuchungszielen von Kooperationen werden Lebenszyklusmodelle von Kooperationen entwickelt. In vielen Arbeiten dient das Modell dabei als Mittel zur Strukturierung von Managementaufgaben (vgl. z.B. [Belz93, 140ff], [Pamp93, 171ff], [Meck95], [Font95]). Die Unterteilung der Phasen orientiert sich folglich stark an handlungsorientierten Kriterien und ist aufgabenträgerorientiert. Im folgenden soll der Versuch unternommen werden, anhand eines erweiterten Transaktionsmodells existierende Ansätze (vgl. Abbildung 3-15) zu systematisieren.

<table>
<tr><th>Phase
Autor</th><th colspan="4">Analyse</th><th colspan="3">Anbahnung</th><th colspan="4">Vereinbarung</th><th colspan="3">Durchführung und Auflösung</th></tr>
<tr><td>Belzer [Belz93]</td><td colspan="4">Entscheidung</td><td>Partnersuche</td><td colspan="2">Partnerauswahl</td><td colspan="4">Verhandlungen</td><td colspan="2">Durchführung</td><td>Auflösung (bzw. Fortführung)</td></tr>
<tr><td>Bronder [Bron93]</td><td colspan="4">Strategischer Entscheid</td><td colspan="2">Konfiguration</td><td colspan="3">Partnerselektion</td><td colspan="4">Entwicklung</td><td></td></tr>
<tr><td>Büchs [Büch91]</td><td colspan="4"></td><td colspan="3">Suche, Anbahnung,</td><td colspan="4">Verhandlung , Vereinbarung</td><td colspan="2">Kontrolle, Anpassung</td><td>Beendigung</td></tr>
<tr><td>Fontanari [Font95]</td><td colspan="2">Initiierung</td><td colspan="2">Konfiguration und Vorbereitung</td><td>Partnersuche</td><td colspan="2">Partnerauswahl</td><td colspan="4">Verhandlungen</td><td>Kooperationsausgestaltung</td><td>Management/Controlling</td><td></td></tr>
<tr><td>Frank [Frank94, 306]</td><td colspan="4">Strategische Entscheidung/Wahl des Wachstumswegs</td><td colspan="7">Konfigurationsfestlegung</td><td colspan="2">Implementierung/ Management</td><td></td></tr>
<tr><td>Kraege [Krae97, 88]</td><td colspan="4">Strategische Initiierung</td><td colspan="3">Partnersuche und -bewertung</td><td colspan="4">Kooperationsentscheidung und -einrichtung</td><td colspan="2">Implementation und Realisierung</td><td>Weiterentwicklung oder Auflösung</td></tr>
<tr><td>Kronen [Kron94, 20ff]</td><td>Orientierung</td><td colspan="2">Ermittlung Bedarf</td><td>Bewertung Kooperationsattraktivität</td><td colspan="3">Profilierung Kooperationspartner</td><td>Entwicklung Strategie</td><td colspan="2">Gestaltungsentscheidungen</td><td>Konfiguration</td><td colspan="2">Operative Phase</td><td></td></tr>
<tr><td>Meckl [Meck95]</td><td colspan="4">Entscheidung</td><td colspan="3">Konfiguration</td><td colspan="4">Konstituierung</td><td colspan="2">Management</td><td>Beendigung</td></tr>
<tr><td>Pampel [Pamp93, 171ff]</td><td colspan="4"></td><td colspan="3">Suche</td><td colspan="4">Entwicklung</td><td colspan="2">Ausreifung</td><td>Abbau</td></tr>
<tr><td>Staudt [Sta+92]</td><td colspan="4">Initiierung</td><td colspan="3">Partnersuche</td><td colspan="4">Konstituierung</td><td colspan="2">Management</td><td>Beendigung</td></tr>
<tr><td>Thorelli [Thor86]</td><td colspan="4"></td><td colspan="3"></td><td colspan="4">Entry</td><td>Positioning</td><td>Repositioning</td><td>Exit</td></tr>
<tr><td>Tröndle [Trön87, 85]</td><td colspan="4">Entscheidung über die Kooperationsstrategie</td><td colspan="7">Partnerwahl</td><td colspan="2">Realisation</td><td></td></tr>
</table>

Abbildung 3-15: Ausgewählte Phasenschemata des Kooperationsprozesses

Konstituierend für eine Kooperation ist der Leistungsaustausch. Der Prozeß der Klärung und Vereinbarung eines Leistungsaustausches wird als Transaktion bezeichnet [Pico82, 269]. Es liegt somit nahe, die Phasen einer Transaktion *Anbahnung*, *Vereinbarung* und *Durchführung* (vgl. [FeSi98, 61f]) als Kern des Lebenszyklusses von Kooperationen zu verwenden. In Anlehnung an das Lebenszyklusmodell der Organisation wird das Modell um die Phase der *Analyse* erweitert. Sie soll verdeutlichen, daß vor Eintritt in eine Netzwerkorganisation eine sorgfältige externe und interne Analyse notwendig ist. So muß extern ein Kooperationspotential erkannt werden und eine interne Kooperationsfähigkeit vorhanden sein. Erst dann ist es sinnvoll, in einer Anbahnungsphase nach potentiellen Partnern zu suchen. Mit den ausgewählten Partnern wird schließlich die zukünftige Durchführung der Zusammenarbeit vereinbart. Einige Autoren berücksichtigen im Lebenszyklusmodell für Kooperationen explizit eine Auflösungsphase. Sie bringen damit zum Ausdruck, daß in dieser Phase wohlunterscheidbare Stukturveränderungen und Aktivitäten stattfinden. Dies ist der Fall, wenn in dieser Phase nicht vorher vereinbarte Aktivitäten stattfinden. Wird jedoch davon ausgegangen, daß in der Vereinbarungsphase Art und Zeitpunkt der Beendigung der Kooperation festgelegt wird, gehören die Aktivitäten zur Auflösung noch zur Durchführung des Vereinbarten. Auf eine explizite Trennung dieser Phase wird hier daher verzichtet. Die explizite Benennung der Auflösung im Rahmen der Durchführungsphase hebt jedoch den temporären Charakter von Kooperationen hervor.

Lebenszyklus von Interorganisationssystemen

Während bisher alle beschriebenen Lebenszyklusmodelle ein System an sich fokussiert haben, bezieht sich das **Lebenszyklusmodell von Interorganisationssystemen** (IOS) von Cathomen [Cath96] explizit auf die Beziehungen zwischen Unternehmen. Unter IOS wird dabei ein System von zwei oder mehreren Unternehmen verstanden, die computerbasiert miteinander interagieren [Cath96, 38f].

Auch das Lebenszyklusmodell von IOS lehnt sich sehr stark an den Produktlebenszyklus an. Als Kriterium zur Abgrenzung der verschiedenen Phasen wir die Anzahl der Anwender des IOS herangezogen. Die Beobachtungsphase enthält die aktive oder passive Suche nach Lösungsmöglichkeiten für betriebswirtschaftliche Probleme, wie z.B. die Sicherung oder Schaffung von Absatzkanälen. Mit der Entscheidung für die Entwicklung eines IOS beginnt die Entwicklungsphase, die die typischen Aufgaben einer Systementwicklung enthält. Der Verlauf der Marktphase kann anhand des Lebenszyklusses von Nutzenpotentialen erklärt werden: Aus der Sicht der potentiellen Teilnehmer stellt das IOS ein Nutzenpotential dar, das von ihnen zunächst wenig erkannt oder aufgrund mangelnder Voraussetzungen genutzt werden kann und schließlich irgendwann an Attraktivität einbüßt [Cath96, 106f].

IOS mit einem langen Lebenszyklus sind für temporäre Netzwerke ungeeignet. Das Lebenszyklusmodell von IOS stellt somit ein geeignetes Analyseinstrument bezüglich der Entscheidung über eine *transaktionsspezifische Investition in eine Netzwerkbeziehung* dar.

RELEVANZ DES LEBENSZYKLUSKONZEPTES

In der Praxis sind Lebenszykluskonzepte wenig verbreitet. Dies belegt u.a. eine Studie im High-Tech-Bereich, in der festgestellt wurde, daß lediglich ein Drittel der Befragten die Lebenszyklus-Analyse als bedeutende Planungsgrundlage bezeichnen [Fuch91, 51]. Eine mögliche Ursache liegt beispielsweise in der Schwierigkeit der Abgrenzung der Phasen [Höft91, 1]. In der selben Studie von Fuchs wurden als häufigste Managementfehler falsches Timing des Markteintritts, zu kurze Innovationszyklen, falsche Wettbewerbstrategien und falsche Marktsegmentierung, die alle Aspekte des Lebenszyklus-Ansatzes sind, genannt [Fuch91, 52]. Eine zunehmende Umweltdynamik bedeutet die Verkürzung der in diesem Kapitel thematisierten Lebenszyklen, was zu einer steigenden Bedeutung dieser Ansätze führt. Für Partner in Netzwerkorganisationen ist die Synchronisation ihres eigenen Lebenszyklusses, der Lebenszyklen der Nutzenpotentiale, der Technologien und Produkte mit dem Lebenszyklus der Netzwerkorganisation von wesentlicher Bedeutung.

3.2.3.3 Die Netzwerkorganisation als Lernende Organisation

Der Lebenszyklusansatz beschreibt den Wandel und die Entwicklung als ein Programm, das a priori feststeht und prinzipiell unabhängig von Lernprozessen abläuft. Die Kenntnis dieser Programme erleichtert lediglich das Lernen und die Ausgestaltung der einzelnen Phasen. Im Gegensatz zu den anderen drei Ansätzen des Wandels vernachlässigt dieser Ansatz somit das Lernen als Motor für Strukturveränderungen.

Bei der Bezeichnung einer Organisation als lernend wird davon ausgegangen, daß - in Analogie zum Menschen - auch eine Organisation ein Gedächtnis in Form einer **Wissensbasis** besitzt. Sie bildet Struktur, Verhalten und Grenzen des Systems ab, inklusive der zurückliegenden Entwicklung. Die Wissensbasis zum Zeitpunkt t1 beinhaltet somit nicht nur Wissen über Struktur und Verhalten des Systems t1, sondern auch dessen Differenz zum System t0 (vgl. Abbildung 3-16). Die Wissensbasis einer Organisation kann *implizites oder explizites Wissen* enthalten, und deren Veränderung kann absichtlich oder unabsichtlich herbeigeführt sein. Der Wandel von Organisationen bedeutet immer eine Veränderung dieser Wissensbasis, die durch *Lernen*, aber auch durch *Entlernen*, verursacht wird. Lernen ist somit konstitutiv für den Wandel von Organisationen im Sinne von Weiterentwicklung zu einer höheren Systemform [Wahr96, 22]. Voraussetzung für die Veränderung der Wissensbasis von Organisationen ist ihre Überprüfung durch *Reflektion oder Interaktion*. Reflektion bezieht sich hier im Kern auf den teleologischen Ansatz, bei dem im Gegensatz zum evolutionären und dialektischen Ansatz nur ein einzelnes (reflektierendes) Element fokussiert wird und die Interaktion nicht im Zentrum des Interesses steht. In sozialen Systemen existieren permanent Anstöße zur Reflektion und Interaktion und somit zur Weiterentwicklung des Systems. In einer dynamischen Umwelt werden diese Prozesse zusätzlich verstärkt.

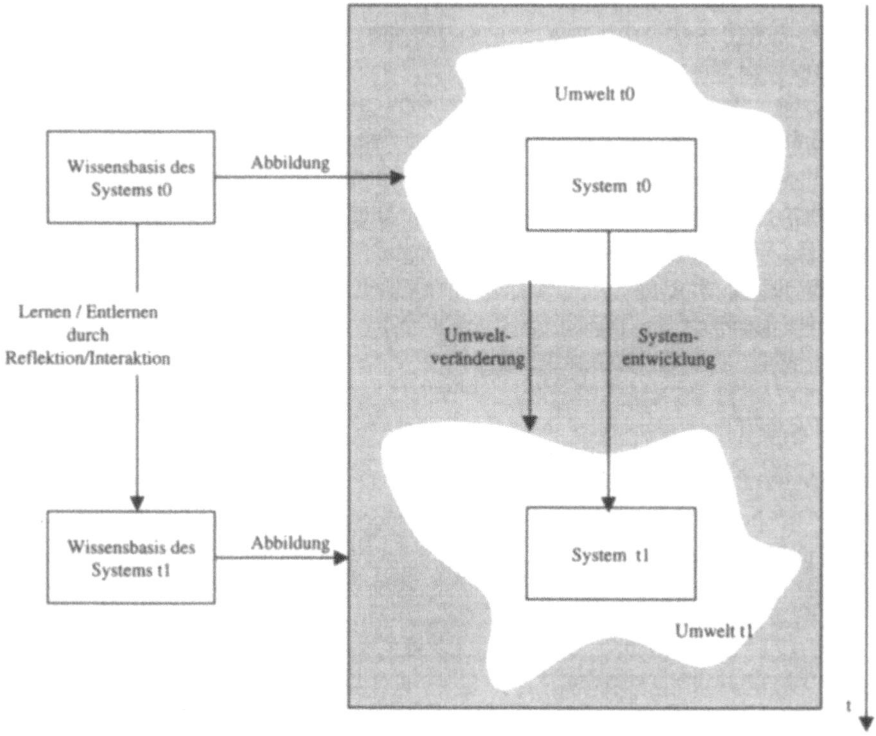

Abbildung 3-16: Lernendes System

ZYKLUS DES ORGANISATIONALEN LERNENS

Inzwischen gibt es zahlreiche Theorien und Modelle des **Organisationalen Lernens**, die zum Teil unterschiedliche Aspekte betonen. Wahren hat versucht, die wesentlichen Aspekte dieser Ansätze zusammenzuführen und in einem umfassenden Modell darzustellen [Wahr96]. Die folgenden Ausführungen orientieren sich an diesem Modell (vgl. Abbildung 3-17).

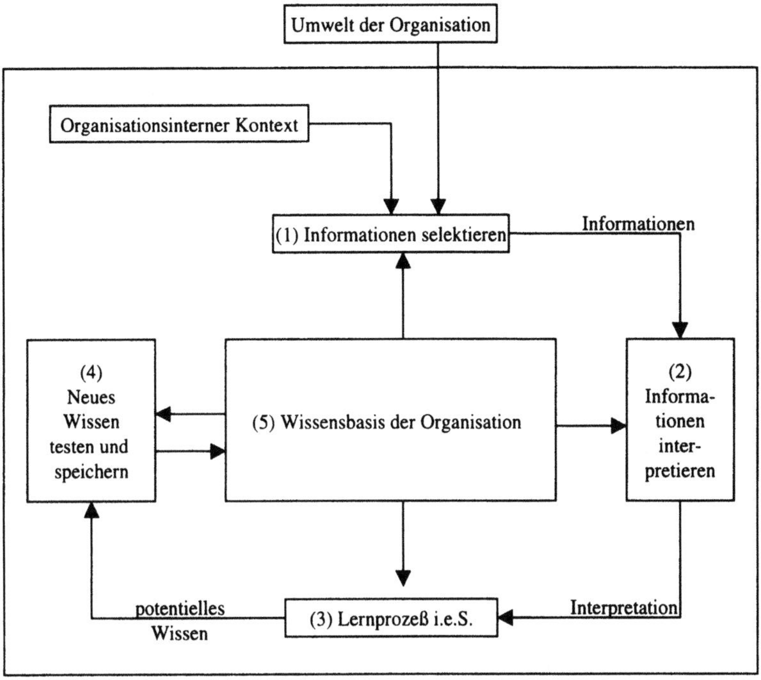

Abbildung 3-17: Zyklus des Organisationalen Lernens [in Anlehnung an Wahr96, 98]

(1)

Grundlage jeglichen Organisationalen Lernens ist die **Selektion von Informationen** über die Umwelt der Organisation und über die Organisation selbst. Die Gewinnung von Information findet durch Beobachtung statt. Dabei sind zwei Typen von Beobachtungen zu unterscheiden [Wahr96, 110f]. Das **Beobachten erster Ordnung** beinhaltet im wesentlichen die Feststellung von Störungen, also der Abweichung des Ist- vom Sollzustand innerhalb und außerhalb der Organisation. Zur Begegnung der Abweichungen werden neue Lösungen gesucht, getestet und ggf. als neues Wissen abgespeichert. **Beobachtungen zweiter Ordnung** sind für das Organisationale Lernen jedoch von entscheidenderer Bedeutung. Sie umfassen, wie oder was nach erster Ordnung beobachtet wird und führen z.B. zu Erkenntnissen darüber, wie Störungen verarbeitet und Lösungen gesucht werden, also wie die Systemgrenzen aufrechterhalten werden. Daraus folgt, daß, wie in Abbildung 3-17 durch den Pfeil angedeutet, die Informationsselektion von der aktuellen Wissenbasis abhängig ist.

Neben dem bewußten Beobachten zweiter Ordnung kann die Beobachtungsleistung, und damit die Informationsgewinnung, auch durch deren Dezentralisierung durch Systemdifferenzierung erreicht werden. Die Lernprozesse werden effektiver, wenn die Teilsysteme Informationen eigenverantwortlich selektieren können und zu einer gemeinsamen Wissenbasis mit den anderen, lose gekoppelten Teilsystemen zusammengeführt werden.

(2)

Aus einer konstruktivistischen Perspektive ist sowohl die Selektion als auch die **Interpretation von Informationen** vom Subjekt abhängig. Daraus folgt, daß die Mitglieder einer Organisation eigene und damit unterschiedliche Bilder ihrer Organisation haben [Wahr96, 119ff]. Ziel einer Organisation muß es sein, zumindest teilweise zu einer gemeinsamen Konstruktion der Wirklichkeit zu kommen. Dabei werden *Lernprozesse* aktiviert, in denen Wissen überprüft, neues Wissen generiert und Wissen abgespeichert wird. Diese kollektiven Lernprozesse führen zur Überprüfung eigener Denkmuster und zum Wissen über die Beziehungen von Handlungsfolgen im kollektiven Miteinander.

(3)

Ein verbreitetes Modell des Lernens besteht aus den Schritten: Problem abgrenzen, Problemursachen definieren und Ziele festlegen, Wissen zusammenführen und Maßnahmen festlegen [Wahr96, 145]. Dieser Lernprozeß ist von der Selektion (1) und Interpretation (2) von Informationen abhängig. Ziel dieses **Lernprozesses im engeren Sinne** ist die Entwicklung gemeinsamer Lösungen unter beständiger Bezugnahme auf die individuelle und kollektive Wissensbasis.

Lernprozesse i.e.S. können auf drei Ebenen betrachtet werden [ArSc78, 18ff]. **Single-loop-Lernprozesse** (Anpassungslernen) basieren auf Beobachtungen erster Ordnung. Beobachtungen zweiter Ordnung führen zu **double-loop Lernprozessen** (Veränderungslernen). Hier wird die Wissensbasis durch die Überprüfung von Grundannahmen, Normen, Werten und bestehenden Denkmustern verändert. Eine noch höhere Ebene des Lernens, das **Deutero-Lernen** (Problemlösungslernen), wird erreicht, wenn die Lernprozesse selber Gegenstand der Überprüfung sind. Ein bedeutender Wandel von Organisationen hängt wesentlich von der Qualität der Lernprozesse auf der zweiten und dritten Ebene ab.

(4)

Von zentraler Bedeutung für Organisationen sind die dem Lernen i.e.S. nachgelagerten Prozesse der Aufbereitung, Überprüfung, Speicherung, Löschung und Verteilung von Wissen. Diese Prozesse werden i.d.R. unter dem Begriff **Wissensmanagement** subsummiert. Ziel ist es, das vorhandene und erforderliche Wissen so zu aktivieren und koordinieren, daß es innerhalb der Organisation zum richtigen Zeitpunkt an der richtigen Stelle problemlos zur Erfüllung der Ziele der Organisation verwendet werden kann [Will95, 288]. Erst so ein Wissensmanagement kann zur Umsetzung des Wissens in *Kernkompetenzen* führen, da Wissen erst durch dessen zielgerichtete Anwendung zu einer *Ressource* wird (vgl. [Pran96, 170]).

(5)

Der Bezugspunkt jeglichen Organisationalen Lernens ist die **Wissensbasis** einer Organisation. Lernen bedeutet somit eine Veränderung der Wissensbasis. Die Wissensbasis wird hierbei in Analogie zum menschlichen Gedächtnis als ein Speicher für Wissen aufgefaßt. Grundsätzlich werden zwei unterschiedliche Formen des Wissens unterschieden: materialisiertes und damit dokumentiertes (*explizites*) sowie mentales (*implizites*) Wissen. Typische Wissensspeicher sind die Sprache, Zeichen- und Symbolsysteme, Computersysteme, Fertigungstechnologien, Verfahren, Routinen und Organisationsstrukturen [SyWe96, 208]. In Organisationen läßt sich weiterhin Wissen dahingehend unterscheiden, ob es zwischen mehreren oder allen Mitgliedern der Organisation geteilt wird, oder lediglich bei einem Mitglied vorliegt. Die Beziehung zwischen den daraus resultierenden vier Feldern der Wissensbasis sind vielfältig (vgl. Abbildung 3-18). Sinnvoll ist z.B., daß Expertenwissen von einzelnen Personen gelöst wird [SyWe96, 207] und somit aus individuellem mentalem Wissen zumindest individuelles dokumentiertes Wissen gemacht wird. Ein geeignetes Wissensmanagement kann weiterhin dazu führen, daß schließlich daraus kollektives dokumentiertes Wissen entsteht. Die Verbreitung von Normen, Visionen, Werten oder Zielen bedeutet die Überführung von individuellem mentalem Wissen in kollektives mentales Wissen; ggf. unter Verwendung von dokumentiertem kollektivem Wissen (z.B. Unternehmensphilosophie). Die Wissensgenerierung in Netzwerken findet überwiegend durch die Übertragung von und durch die Bezugnahme auf Wissen statt und weniger durch die Schaffung von Wissen, das für alle neu ist.

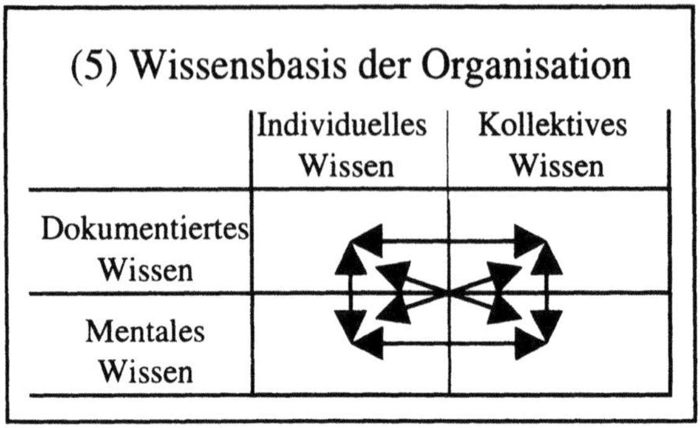

Abbildung 3-18: Wissensbasis [Wahr96, 182]

Implikationen für Netzwerkorganisationen (Mesoebene)

Im Zusammenhang mit Organisationalem Lernen werden meistens Lernprozesse in einzelnen Organisationen fokussiert. Erst in den letzten Jahren gewinnt die Möglichkeit des **interorganisationalen Lernens**, z.B. durch Kooperationen, an Bedeutung. Die Ursache hierfür ist im wesentlichen darin zu suchen, daß das Potential des interorganisationalen Lernens zunehmend als Erfolgsfaktor erkannt wird. Komplexität und Dynamik der Umwelt bewirken, daß sich insbesondere kleinere und mittlere Unternehmen zunehmend externe Lernmöglichkeiten erschließen müssen. Bei der Verwendung eines instrumentellen Organisationsbegriffs sind die obigen Ausführungen zum Organisationalen Lernen unmittelbar auch auf interorganisationales Lernen anwendbar. Die Elemente sind einzelne Unternehmen und das Kollektiv das Unternehmensnetzwerk. Allerdings ergeben sich neue Aspekte, die im folgenden erläutert werden sollen.

In Anlehnung an die Unterscheidung der single-loop und double-loop learning-Ebenen können grundsätzlich zwei Perspektiven des interorganisationalen Lernens unterschieden werden (vgl. [Bada91], [Pran96, 174f]). Die untere Ebene beinhaltet die Perspektive auf den *Transfer von Wissen oder Leistungen* zwischen kooperierenden Organisationen. Zielsetzung aus dieser Perspektive ist somit der Erwerb von Produkten, die in Kombination mit eigenen Ressourcen zu einem ökonomischen Vorteil führen, oder der Erwerb von Wissen, das in der eigenen Organisation dauerhaft gespeichert wird. Um welche Form von Wissen es sich hierbei handelt, ist prinzipiell unbestimmt und hängt von der Art der Kooperation ab. So unterscheidet sich beispielsweise die Kooperation eines Unternehmen mit einer Universität von der Kooperation zwischen zwei Unternehmen dahingehend, daß im ersten Fall das Unternehmen weniger befürchten muß, daß eigene Kernkompetenzen kopiert werden, wodurch zukünftig ggf. Konkurrenz entsteht.

Netzwerke, bei denen dieser Transfer von Wissen im Vordergrund steht und die dadurch ihre Wissensbasis dauerhaft verbessern können, werden als wissensintensive Netzwerke bezeichnet [SyWe96, 193].

Sydow und van Well weisen darauf hin, daß der faktische Wissenstransfer zur Ausnutzung sämtlicher Wissensressourcen im Netzwerk nicht unbedingt erforderlich ist, sondern z.B. auch lediglich der *Bezug auf Wissen im Netzwerk* ausreichen kann [SyWe96, 197]. Hierzu ist es jedoch erforderlich, daß der Träger des Wissens eine hohe *Reputation* besitzt. Netzwerke ermöglichen also, daß Ressourcen nicht nur entwickelt und additiv zusammengeführt, sondern auch synergetisch verknüpft werden und beispielsweise Wiederverwendung möglich ist. Dem Wissensmanagement im Netzwerk kommt die Aufgabe zu, geeignete Rahmenbedingungen hierfür zu schaffen. Das beinhaltet die Schaffung einer geeigneten Infrastruktur und Netzwerkkultur zur Entfaltung von Netzwerkwissen. Die Problematik des bloßen Wissenstransfers liegt jedoch darin, daß Wissen nur teilweise dokumentiert und damit transferierbar ist [MüOs96, 18].

Auf der Ebene des double-loop learning wird eine interorganisationale Kooperation als *Initiator von Veränderungsprozessen* betrachtet. Das gemeinsame Handeln mit Partnern ermöglicht den Erwerb von ansonsten schwer transferierbarem impliziten Wissen, welches in Kombination mit dem eigenen Wissen die Generierung neuen Wissens ermöglicht. Die Interaktion mit anderen Organisationen führt somit zum ständigen Anstoß interner Veränderungsprozesse. Ein mögliches Wechselspiel zwischen organisationalen und interorgansiationalen Veränderungsprozessen kann anhand der folgenden Schritte skizziert werden [Pran96, 179]. Ausgangspunkt ist eine Organisation, die permanent Störungen ausgesetzt ist. Diese führen im Rahmen des single-loop learning zu internen Veränderungen, die jedoch zur Bewältigung der Störungen nicht ausreichen. Double-loop learning Prozesse haben das Eingehen von Kooperationen zum Ergebnis. Jedoch unterliegt auch die Kooperation der Veränderung durch die Umsetzung des single-loop learning auf organisationaler und interorganisationaler Ebene. Wird eine dauerhafte Begegnung der Störungen dadurch nicht erreicht, was in einer dynamischen Umwelt wahrscheinlich ist, werden durch die Kooperation double-loop learning Prozesse initiiert, die konsequenterweise Auswirkungen auf die Kooperationsstruktur haben. Denkbar sind eine Variation der Interorganisationsbeziehungen oder deren Auflösung, wie z.B. der Übergang von einer Kooperationsstrategie zu einer Wettbewerbsstrategie.

Netzwerkorganisationen fördern auch das deutero-Lernen, also das *Lernen zu lernen.* Durch den Kontakt mit unterschiedlichen Partnern können für das eigene Lernverhalten wichtige Erkenntnisse gewonnen und damit zukünftige Beziehungen zu Partnern beeinflußt werden.

Zusammenfassend läßt sich feststellen, daß sowohl das Eingehen als auch die Veränderung und Auflösung einer Kooperationsbeziehung das Lernen zweiter Ordnung verstärken, wodurch die Bedeutung interorganisationaler Beziehungen für den Wandel von Organisationen deutlich wird.

IMPLIKATIONEN FÜR PARTNERUNTERNEHMEN (MIKROEBENE)

Interorganisationales Lernen ist für die Weiterentwicklung von Organisationen von zentraler Bedeutung. Aus einer Gestaltungsperspektive ist es somit erforderlich, Lernprozesse auf allen Ebenen zu fördern und zu ermöglichen.

Hamel hat in einer umfangreichen Untersuchung strategischer Allianzen drei zentrale Determinanten des Erfolgs von inter-partner learning herausgefunden: „intent", „receptivity" und „transparency" [Hame91]. Die erste Determinante zielt auf die Einstellung, mit der ein Partnerunternehmen eine Kooperation eingeht. Der Erfolg der Kooperation hängt davon ab, inwieweit sie als Möglichkeit des Veränderungslernens gesehen wird. Der zweite Aspekt betont die notwendige Lernfähigkeit oder -kapazität. Die dritte Determinante problematisiert schließlich die Verfügbarkeit des Wissen von anderen Partnern. Diese wird nicht nur durch die Offenheit der Partner beeinflußt, sondern auch durch die Implizität des Wissens mittels Einbettung in einen komplexen Kontext. Ziel des Managements muß es sein, diese Determinanten bei der Gestaltung des eigenen Unternehmens zu berücksichtigen.

3.2.3.4 Zusammenfassung

Im folgenden werden die wesentlichen dynamischen Eigenschaften von Netzwerken stichpunktartig zusammengefaßt:

- Netzwerke sind *strukturdynamisch.*
- Netzwerke haben *definierte Grenzen*, können sie jedoch permanent verändern.
- Es kann ein *Lebenszyklus* von Netzwerkorganisationen beschrieben werden.
- Der Lebenszyklus von Netzwerkorganisationen wird durch Produkt-, Technologie-, Interorganisations- und Erfolgspotentiallebenszyklen beeinflußt.
- Lernen ist konstitutiv für den Wandel von Organisationen.
- *Interorganisationales Lernen* hat eine steigende Bedeutung.

3.3 Ressourcenorientierte Sicht auf Netzwerkorganisationen

3.3.1 Einleitung

Im vorhergehenden Kapitel wurde das Organisationale Lernen eher allgemein unter dem Blickwinkel seiner Bedeutung für den Wandel von Organisationen beschrieben. Im folgenden soll auf das Ziel von Lernprozessen eingegangen werden, den Erwerb und den Ausbau von Kompetenzen. Unter **Kompetenz** wird hierbei eine Ressource mit erheblichen wissensbasierten und nicht-tangiblen Anteilen verstanden.

Die Kernaufgabe der strategischen Unternehmensführung ist die Entwicklung von Erfolgspotentialen als Grundlagen für langfristige Existenzsicherung (vgl. [Gälw87]. Der bisher dominierende Ansatz zur Erklärung von unternehmerischem Erfolg ist die *Industrieökonomik* (vgl. z.B. [Port97]). Dieser betont insbesondere Umweltmerkmale, wie die Branchenstruktur und die Wettbewerbsintensität, als Erklärung für Unternehmenserfolg. In den letzten Jahren hat sich jedoch ein neuer Ansatz, der **Ressourcenansatz** (vgl. z.B. [Wern84], [Conn91]), herausgebildet. Dieser Ansatz betont die Bedeutung der unternehmensinternen Ressourcen für die Erzielung von langfristigen Erfolgen. Es wird die Perspektive von der Fragestellung „Was ist unser Geschäft?“ zu der Frage „Zu welchem Geschäfts sind wir fähig?“ verändert [ReBe95, 35]. Das Unternehmen wird als Bündel einzigartiger Ressourcen gesehen, das ihm damit eine unverwechselbare Identität verleiht [HiFr97, 993].

3.3.2 Statische Sicht auf Kernkompetenzen

Obwohl der Ressourcenansatz erst in den letzten Jahren an Bedeutung gewonnen hat, existieren bereits zahlreiche unterschiedliche Ansätze (vgl z.B. [Wern84], [Itam87], [Aake89], [Stal+92], [AmSc93]). Zwei der bedeutendsten Vertreter sind Prahalad und Hamel, die maßgeblich den Begriff der *Kernkompetenz* geprägt haben (vgl. [PrHa90], [HaPr95]). Im folgenden sollen auf der Basis ihres Ansatzes die Grundlagen des Ressourcenansatzes erläutert werden (vgl.Abbildung 3-19).

Wesentlich für das Verständnis des Ressourcenansatzes ist die nähere Betrachtung und Differenzierung des Ressourcenbegriffes[17]. Die Vertreter des Ressourcenansatzes fassen den Begriff der Ressource recht weit. So können zunächst drei unterschiedliche Typen von Ressour-

---

[17] Hinterhuber und Friedrich sprechen von einer semantischen Anarchie in der Literatur zum Begriff Ressource [HiFr97, 1015].

cen unterschieden werden: *Produktionsfaktoren*, *unternehmensspezifische Aktivposten*[18] und durch organisationale Routinen *gebündelte Ressourcen*.

Produktionsfaktoren werden hier im klassischen Sinne als firmenunspezifische Eingangsfaktoren verstanden, die in disaggregierter Form auf den Faktormärkten verfügbar sind. Typische Beispiele sind Boden, Kapital oder Arbeit. Die Verfügungsrechte für diese Faktoren sind gut definiert.

Handelt es sich um unternehmensspezifische Faktoren, die schwer zu imitieren, transferieren und substituieren sind, wird von **Aktivposten** gesprochen [HiFr97, 995]. Hierzu zählen insbesondere *intangible Ressourcen*, wie beispielsweise Patente, Reputation, interorganisationale Beziehungen, technologische Fähigkeiten aber auch die finanzielle Ausstattung oder spezielle Produktionseinrichtungen (vgl. [Hall94]; [VeWi94, 79ff]; [Gran95, 121ff]; [BaWr96, 132f]). Solche Ressourcen sind aufgrund prohibitiv hoher Transaktionskosten und dem beinhalteten *impliziten Wissen* (tacit knowledge) [Pola67] kaum übertragbar und entziehen sich häufig einer bilanziellen Bewertung [RaWo94, 502].

Der Begriff der **Kompetenz**[19] ist auf einer höheren Aggregationsebene angesiedelt und beinhaltet eine für das Unternehmen wettbewerbsrelevante Kombination unterschiedlicher Aktivposten. Die Verknüpfung der Aktivposten wird durch ihrer Verankerung in Geschäftsprozessen, d.h. in der Struktur und dem Verhalten der Organisation erreicht. Kompetenzen sind mehr als die Summe der aggregierten Aktivposten, sie sind immer im Zusammenhang mit (sozialen) Verhaltensmustern von Organisationen zu sehen.

Diejenigen Kompetenzen, die für das Überleben und den langfristigen Erfolg des Unternehmens kritisch sind, werden als **Kernkompetenzen** bezeichnet. Prahald und Hamel beschreiben die Merkmale von Kernkompetenzen folgendermaßen (vgl. [PrHa90, 83f], [HaPr95, 309ff]):

1. **Einzigartigeit**: Kernkompetenzen sind nur schwer imitierbar oder substituierbar, was auf die Unvollkommenheit der Faktormärkte zurückzuführen ist.

2. **Kundennutzen**: Aus Kundensicht entsteht durch die Kernkompetenz ein überdurchschnittlicher Zusatznutzen in Form einzigartiger Produkte.

3. **Ausbaufähigkeit**: Kernkompetenzen eröffnen den Zugang zu einem weiten Spektrum von Märkten durch ihren simultanen Einsatz in mehreren Produkten.

---

[18] Im englischen : Asset

[19] In der Literatur werden synonym u.a. die Begriffe skill (Fertigkeit), capability (Fähigkeit), critical know-how (kritisches Know-how) oder intangible/invisible asset (vager/unsichtbarer Aktivposten) verwendet [Rasc94, 113].

Die Interpretation einer Kernkompetenz hängt vom situativen Kontext ab. D.h. Kernkompetenzen können aufgrund von Umweltveränderungen sowohl an Bedeutung für die Organisation gewinnen als auch verlieren.

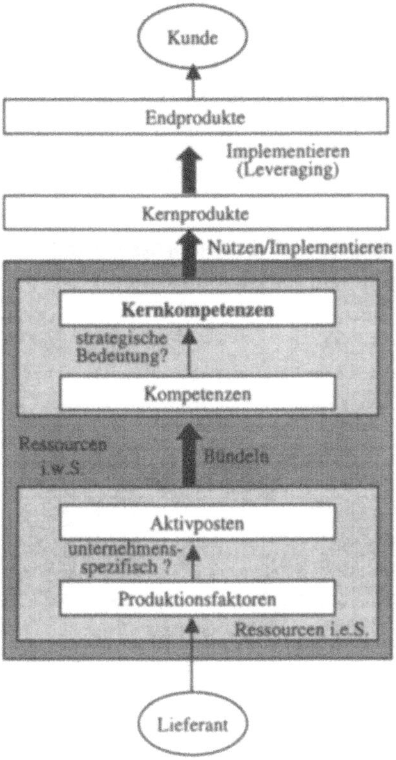

Abbildung 3-19: Statische Sicht auf Kernkompetenzen

Bei der Implementierung bzw. dem Leveraging von Kernkompetenzen unterscheiden Hamel und Prahalad zwischen Kern- und Endprodukten [PrHa90, 85]. Kernprodukte fungieren als Bindeglied zwischen Kernkompetenzen und Endprodukten. So kann eine Kernkompetenz für mehrere Kernprodukte verwendet werden und ein Kernprodukt wiederum in mehreren Endprodukten. Kernprodukte sind beispielsweise Motoren oder Laserdrucker-Aggregate.

Die Unterscheidung der unterschiedlichen Ebenen verdeutlicht den unterschiedlichen Fokus des Ressourcenansatzes gegenüber der Industrieökonomik. Während dort die Positionierung von Endprodukten im Markt Ausgangspunkt strategischer Überlegungen ist, verdeutlicht der Ressourcenansatz, daß erstens der Wettbewerb auf allen Ebenen stattfindet [DeLe94, 39ff]. Zweitens determiniert die Ressourcenausstattung eines Unternehmens erheblich dessen Erfolg. Diese Sicht resultiert aus der Annahme, daß die Ressourcen eines Unternehmens historisch gewachsen und somit nicht beliebig und rasch veränderbar und aufgrund ihres spezifischen Charakters auch nicht auf Faktormärkten erhältlich sind. Dieser Zusammenhang kann anschaulich anhand der Baummetapher veranschaulicht werden. Die Wurzeln eines Unternehmens, die Ressourcen, versorgen die Äste und Blätter, also die Kern- und Endprodukte, ständig mit Nährstoffen. Die Erneuerung der Wurzeln geschieht weniger schnell als die der Äste und die wiederum langsamer als die der Blätter.

3.3.3 Dynamische Sicht auf Kernkompetenzen

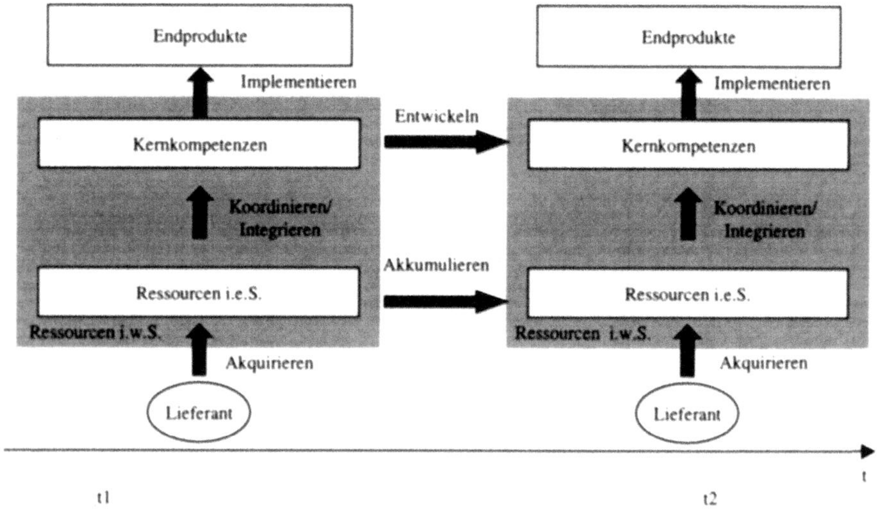

Abbildung 3-20: Dynamische Sicht auf Kernkompetenzen

Das im vorhergehenden Kapitel beschriebene Schichtenmodell ist für das grundlegende Verständnis des Ressourcenansatzes fundamental, stellt jedoch nur die statische Dimension des Ansatzes dar. In einer dynamischen Dimension wird zum einen der Entwicklungspfad der Ressourcen thematisiert. Zum anderen ist die Kombination der Aktivposten durch Geschäftsprozesse Gegenstand der Betrachtung (vgl. Abbildung 3-20).

Wie bereits erwähnt, führt der Ressourcenansatz die Heterogenität von Unternehmen auf ihre spezifische Ressourcenausstattung zurück. Sie spiegelt zum einen die bisherige Entwicklung der Unternehmung wider. Zum anderen gibt sie Restriktionen für den weiteren strategischen Pfad vor [Kle+91, 2f]. Diese Aussage impliziert, daß die Entwicklung der Ressourcen eines Unternehmens nicht nur konkreten Vorgaben folgt, sondern auch durch die *Selbstreferenz von Organisationen* geprägt ist. Eine Steuerung der Entwicklung kann vorwiegend über die Beeinflussung des Lernverhaltens der Organisation erreicht werden. Weiterentwicklung auf der Ebene der Aktivposten bedeutet in erster Linie die Aquisition und Akkumulation von Aktivposten, was mit dem *Lernen erster Ordnung* korrespondiert. Die Weiterentwicklung von Kernkompetenzen ist stark von *Lernprozessen zweiter Ordnung* abhängig [Lei+96].

Während der Entwicklungspfad die Aspekte der Strukturdynamik betont und eine vergleichsweise längerfristige Perspektive einnimmt, ist die Betrachtung der Geschäftsprozesse auf die Abläufe in einer gegebenen Struktur ausgerichtet. Geschäftsprozesse beschreiben die organisationalen Routinen, die interne und externe Aktivposten zu Kompetenzen bündeln und daraus Leistungen generieren. Sie beschreiben somit im wesentlichen Aspekte der Koordination. Geschäftsprozesse sind auch Gegenstand von Lernprozessen. Aus einer umfassenden Sicht wird in den Geschäftsprozessen die Kultur einer Organisation sichtbar und manifestiert.

3.3.4 Implikationen für Netzwerkorganisationen

Kooperationen werden häufig aus wettbewerbsorientierten (vgl. [PoFu89]) oder transaktionstheoretischen[20] (vgl. [Will85]) Blickwinkeln betrachtet.

Ein wesentliches Analyse- und Gestaltungsinstrument der Industrieökonomie ist das Konzept der Wertschöpfungskette, das neben der Unternehmensebene auch auf Geschäftseinheits- und Branchenebene Anwendung findet. Eine Wertschöpfungskette kann in einzelne, strategisch relevante Leistungssprozesse zerlegt werden. Gegenstand der Analyse und Gestaltung der Wertschöpfungskette ist die geeignete Kopplung und Koordination der Leistungsprozesse zur Erwirtschaftung eines Wertes. Zentrales Kriterium für die Analyse und Gestaltung von Leistungsprozessen ist demnach ihr Beitrag zur Maximierung dieses Wertes.

Ausgehend von dieser Sicht nennen Porter und Fuller vier Gründe für die Bildung von Koalitionen (vgl. [PoFu89, 375f.]). Erstens entstehen Skalenvorteile und Lerneffekte durch die Bündelung von Leistungsprozessen. Zweitens ermöglichen sie verbreiteten Zugang zu Fachwissen. Drittens können Risiken verringert werden, und viertens wird eine direkte Einfluß-

[20] vgl Kapitel 3.1.2.1

nahme auf den Wettbewerb gesehen. Die Gestaltung von Unternehmensnetzwerken orientiert sich somit am Output von Prozessen.

Aus transaktionstheoretischer Sicht wird ein betriebliches System als ein Bündel von Verträgen modelliert. Unter Vertrag wird eine Transaktion verstanden, die auf der Grundlage einer rechtlichen Vereinbarung oder eines ähnlichen Arrangements Rechte, Gegenleistungen und Verantwortlichkeiten festlegt. Nachdem viele Ressourcen sich aufgrund ihrer Spezifität nicht oder kaum transferieren lassen, greift dieser Ansatz aus ressourcenorientierter Sicht zu kurz [Tec+97, 517].

Der Ressourcenansatz ergänzt diese Perspektiven um zwei Aspekte. Zum einen werden Chancen und Restriktionen der Ressourcenausstattung, zum anderen wird der Zeitfaktor berücksichtigt.

Aus einer ressourcenorientierten Perspektive kann die Entscheidung über den Eintritt eines Unternehmens in ein Netzwerk weniger von der Erzielung eines direkten Markterfolges abhängig sein, sondern kann unter dem Aspekt des Erwerbs und der *Weiterentwicklung von Ressourcen durch interorganisationale Lernprozesse* stehen. Diese Sicht wird somit der Entwicklung gerecht, daß die Kooperationen zur Erweiterung des Marktzugangs gegenüber Kooperationen zum Zugang zu Ressourcen an Bedeutung verlieren (vgl. [Doz92]). Viele Unternehmen benötigen beispielsweise den Zugang zu technologischen Fähigkeiten anderer Unternehmen, da sie diese selbst nicht in der erforderlichen Zeit entwickeln können [DoHa94, 3ff].

Eine Kooperation aus ressourcenorientierter Sicht ist für diejenigen Ressourcen von Interesse, die nicht ohne Probleme auf Faktormärkten erworben werden können.

Aus einer zeitpunktbezogenen Perspektive ist die Nutzung von Ressourcen eines oder mehrerer Partner in einem Netzwerk von Interesse. In Abbildung 3-21 ist dieser Sachverhalt anhand einer bilateralen Kooperation vereinfacht dargestellt (t1). Auf der Ebene der Aktivposten nutzt das Unternehmen 2 (U2) einen Aktivposten des Unternehmens 1 (A2U1), z.B. eine technologische Fähigkeit, um seine Kernkompetenz (KK2U2) auszubauen.

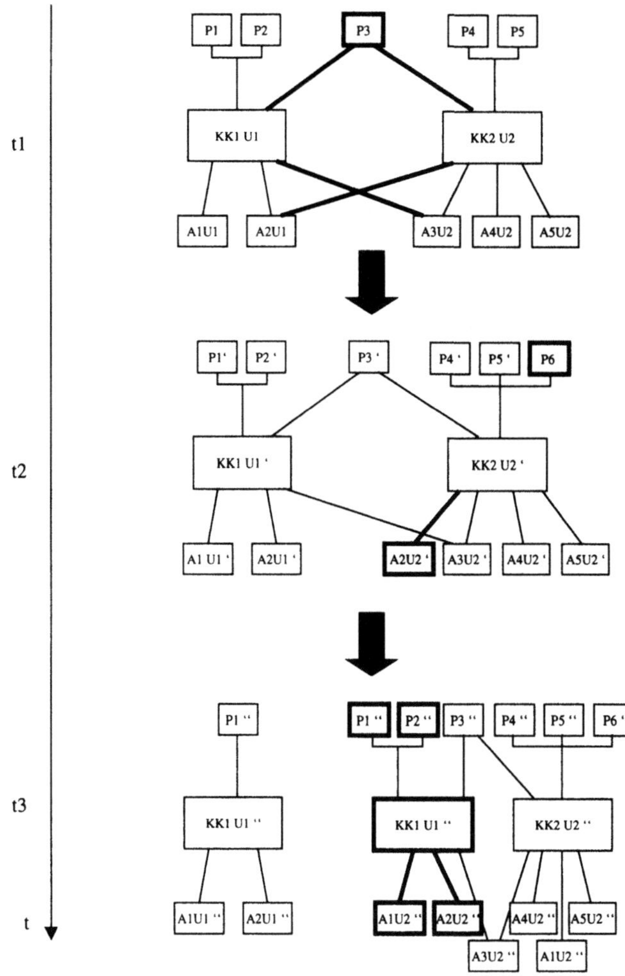

Legende: A: Aktivposten, KK: Kernkompetenz, U: Unternehmen, P: Produkt. Mit ' oder '' wird die zeitliche Veränderung dargestellt.

Abbildung 3-21: Dynamische Sicht auf Kernkompetenzen in einer bilateralen Kooperationsbeziehung

Auf der Ebene der Kernkompetenzen können komplementäre Kernkompetenzen kombiniert und in einer neuen Produkt/Marktkombination (P3) implementiert werden. Unter Hinzunahme einer zeitraumbezogenen Betrachtung werden weitere Aspekte deutlich. Zum einen besteht durch die Ausnutzung des interorganisationalen Lernpotentials die Chance der Weiterentwicklung der Ressourcen und folglich auch der Produkte (in der Abbildung durch ' angedeutet). Eine längere Kooperation kann zum andern aber auch zur Internalisation einer Ressource (A2U2) des Partners führen. Internalisation bedeutet dabei sowohl die Aquisition der Ressource, als auch deren Implementation [Rasc94,236ff]. Die neue Ressourecenausstattung kann zu einer neuen Produkt/Marktkombination (P6) führen. Während die Internalisation von Aktivposten in Netzwerken durchaus gewollt sein kann, ist der Abfluß von Kernkompetenzen zu verhindern. In einer langfristigen Kooperation und mit fehlenden Schutzmechanismen ist dies durchaus möglich (t3). In diesem Fall verwandelt sich der eine Partner in einen Konkurrenten.

IMPLIKATIONEN FÜR DAS MANAGEMENT

Aus ressourcenorientierter Sicht besteht der kritische Erfolgsfaktor von Unternehmen in der Schaffung einer Kongruenz zwischen den eigenen Kompetenzen und der verändernden Umwelt. Dies wird erreicht durch eine zielgerichtete Akkumulation, Integration und Rekonfiguration von Ressourcen. Mahoney formuliert das folgendermaßen: „[...] the key to the management of resources is the resource of management" [Maho95, 92]. Diese Managementfähigkeiten werden auch als „metaskills" [Kle+91, 4] oder „dynamic capabilities" [Tec+97] bezeichnet. Insbesondere der von Teece et al. gewählte Begriff der **„dynamic capabilities"** soll verdeutlichen, daß das Ressourcenprofil nicht allein das entscheidende Erfolgspotential des Unternehmens ist, sondern vielmehr die Kompetenz, es in Antizipation von Umweltveränderungen weiterzuentwickeln [HiFr97, 998].

Strategisch relevante Ressourcen lassen sich aufgrund von Faktormarktunvollkommenheiten fast ausschließlich durch Lernprozesse weiterentwickeln. Insbesondere interorganisationale Lernprozesse sind dabei von großer Bedeutung, so daß *Kernkomptenzmanagement* immer explizit die Schaffung und Erhaltung von Kooperationsmöglichkeiten beinhaltet.

Es können fünf wichtige Aufgaben des **Kernkompetenzmanagements** unterschieden werden [PrHa95, 337ff].

1. Die unmittelbare und vermeintlich triviale Voraussetzung für ein erfolgversprechendes Kernkompetenzmanagement ist die *Identifikation* dessen, was gemanagt werden soll. Aufgrund des komplexen und diffusen Charakters von Kernkompetenzen ist diese Aufgabe i.d.R. sehr schwierig. Die Identifikation von Kernkompetenzen unterstützt die Systemabgrenzung und Beschreibung von Schnittstellen sowie die Identitätsbildung, Motivation und Zielausrichtung der Organisation. Im Hinblick auf den Eintritt in Netzwerke bedeutet dies die Möglichkeit einer klaren Darstellung des möglichen Beitrages innerhalb des Netzwerks und verhindert den unbeabsichtigten Transfer der Kernkompetenz [PrHa90, 89].

2. Unter Berücksichtigung der Umweltbedingungen muß der *Einsatz der bestehenden Kernkompetenzen geplant werden.* Von besonderer Bedeutung ist dabei, wie sie in bestehenden Märkten besser genutzt werden können, welche neue Märkte angegangen werden, aber auch welche neuen Kernkompetenzen für bestehende und zukünftige Märkte entwickelt werden können.
3. Da der Aufbau von Kernkompetenzen sehr langwierig ist, besteht für das Management die Aufgabe, die *internen Kräfte langfristig hierfür zu kanalisieren* und externe Potentiale zu entdecken und zu nutzen [BaWr96, 141f].
4. Die Existenz und Identifikation von Kernkompetenzen in einem Unternehmen ist zur Erzielung von Markterfolgen allein nicht ausreichend. Erst ihre richtige Nutzung für Produkte führt zu ihrer Entfaltung, die sich in Erfolg für das Unternehmen niederschlägt. Das Management ist für das *Leveraging der Kernkompetenzen* durch ihren geeigneten internen aber auch für ihren Einsatz in Unternehmensnetzwerken verantwortlich.
5. Kernkompetenzen sind der ständigen Erosion ausgesetzt, so daß sie geschützt und verteidigt werden müssen. Das Management ist für ihre *permanente Weiterentwicklung und die Schaffung von Imitationsbarrieren* [BaWr96, 142] gegenüber Konkurrenten oder Partnern verantwortlich.

3.3.5 Zusammenfassung

Der Ressourcenansatz lenkt die Aufmerksamkeit der Analyse und Gestaltung von betrieblichen Systemen auf den bisher vernachlässigten Aspekt der mit der Ressourcenausstattung verbundenen Chancen und Risiken. Er leistet einen wichtigen Beitrag zu den Aspekten der Entwicklung, der Verwertung und des Schutzes wettbewerbsrelevanter Ressourcen in Netzwerkorganisationen. Dieser Ansatz kann als komplementär zu anderen theoretischen Ansätzen betrachtet werden. Die Industrieökonomik behandelt schwerpunktmäßig die Frage der richtigen Produkt/Marktkombination und liefert somit einen Beitrag zur Verwertung von Ressourcen. Fragen der Entwicklung von Ressourcen werden in evolutionären Managementansätzen (vgl. z.B. [Kli+94a]) behandelt.

Hinweise zur Analyse und Gestaltung interorganisationaler Beziehungen liefern die Transaktionskostentheorie, der Principal-Agent-Ansatz, der Property-Rights-Ansatz (vgl. Kapitel 3.1.2) und der Netzwerkansatz (vgl. Kapitel 3.2). Aspekte des Schutzes von Ressourcen lassen sich aus dem Netzwerkansatz, der Transaktionskostentheorie, sowie dem Property-Rights-Ansatz ableiten [BaWr,150].

3.4 Das betriebliche Informationssystem von Netzwerkorganisationen

Die Lösung des Organisationsproblems, also die Wahl der richtigen Optionen der Arbeitsteilung, der Spezialisierung, des Tauschs und der Abstimmung, ist in erster Linie ein *Informationsproblem*. Die zur Überwindung der Informationsprobleme notwendigen Anstrengungen und Opfer werden als Transaktionskosten bezeichnet [Pico82, 267]. Somit kommt der geeigneten Gestaltung des betrieblichen Informationssystems einer Organisation eine entscheidende Bedeutung zu.

In Kapitel 3.4.1 werden zunächst das betriebliche Informationssystem als Teilsystem des betrieblichen Systems abgegrenzt und die Aufgaben des Informationssystems beschrieben. Allgemein unterschiedliche Sichten auf das Informationssystem werden abgegrenzt. Gegenstand von Kapitel 3.4.2 ist die Unterscheidung der Aufgaben- und Aufgabenträgerebene von Informationssystemen. Anwendungssysteme als automatisierte Teilsysteme von Informationssystemen ist Inhalt von Kapitel 3.4.3. Kapitel 3.4.4 führt in die Architektur betrieblicher Informationssysteme ein und in Kapitel 3.4.5 wird die für diese Arbeit zentrale SOM-Unternehmensarchitektur vorgestellt.

3.4.1 Das betriebliche Informationssystem als Teilsystem betrieblicher Systeme

Der für einen bestimmten Zweck betrachtete relevante Teil der betrieblichen Realität wird als Diskurswelt bezeichnet. In dieser Arbeit stehen Unternehmungsnetzwerke (Mesoebene) und einzelne Unternehmen (Mikroebene) als **Diskurswelt** im Vordergrund. Der hier relevante Teil der **Umwelt** von Unternehmungsnetzwerken sind (potentielle) Kunden. Aus Einzelunternehmenssicht besteht die Umwelt aus den anderen Partnern sowie die von der Netzwerkbeziehung unabhängige eigene Umwelt. Die relevante Umwelt und die Diskurswelt werden zusammen als **Objektsystem** bezeichnet [FeSi98, 4].

Innerhalb des Objektsystems können anhand von drei Kriterien Teilsysteme gebildet werden [FeSi98, 5] (vgl. Abbildung 3-22):

OBJEKTPRINZIP

Ein wesentliches Beschreibungsmerkmal einer *Aufgabe* ist das Objekt, auf dem sie operiert ([Kosi76], [FeSi98, 87ff]). In betrieblichen Systemen können grundsätzlich zwei unterschiedliche Arten von Aufgabenobjekten unterschieden werden: informationelle und materielle. Sämtliche Aufgaben mit informationellen Aufgabenobjekten und deren Aufgabenträger konstituieren das **betriebliche Informationssystem**. Es ist somit das gesamte informationsverarbeitende Teilsystem des Objektsystems.

Die primäre Zielsetzung des betrieblichen Informationssystems besteht in der *Planung, Steuerung und Kontrolle* der betrieblichen Prozesse einschließlich der Interaktionen mit der relevanten Umwelt. Analog zum Nervensystem eines Lebewesens kann das betriebliche Informationssystem als das Nervensystem eines betrieblichen Systems verstanden werden, das zur Lenkung sämtlicher Aktivitäten benötigt wird. Darüber hinaus erzeugt das betriebliche Informationssystem betriebliche Leistungen, sofern diese aus Informationen bestehen [Sinz96, 8f].

Betriebliche Informationssysteme sind in dieser Arbeit von Informationssystemen im Sinne datenbankgestützter Anwendungssysteme des Information-Retrievals zu unterscheiden.

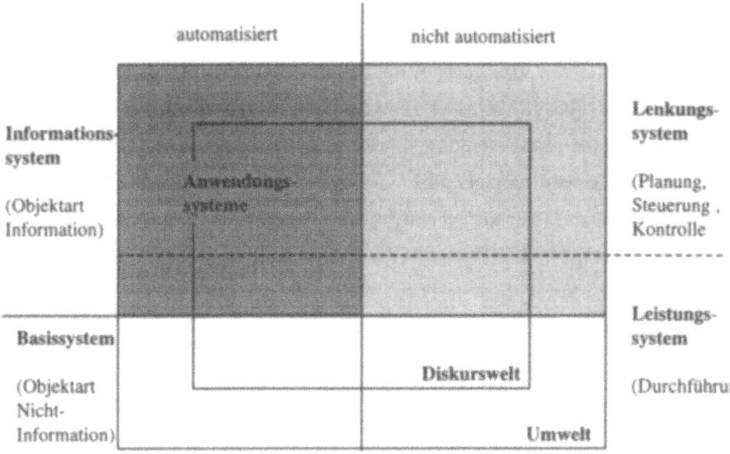

Abbildung 3-22: Teilsysteme betrieblicher Systeme [FeSi98, 4]

PHASENPRINZIP

Nach dem Phasenprinzip kann ein betriebliches System in ein *Lenkungssystem* und ein *Leistungssystem* zerlegt werden. Das **Leistungssystem** umfaßt die Aufgaben der Durchführung der Leistungserstellung. Das **Lenkungssystem** umfaßt die Phasen der Planung, Steuerung und Kontrolle der Leistungserstellung. Die Abgrenzung beruht auf dem Regelkreisprinzip, wobei das Leistungssystem die Rolle der Regelstrecke einnimmt und das Lenkungssystem die Rolle des Reglers. Lenkungsaufgaben haben ausschließlich informationelle Aufgabenobjekte, so daß das Lenkungssystem Teil des Informationssystems ist. Der Teil des Leistungssystems, der informationelle Leistungen erstellt, ist ebenfalls Bestandteil des Informationssystems.

AUFGABENTRÄGER

Die Differenzierung nach personellen und maschinellen Aufgabenträgern führt zur Unterscheidung zwischen einem automatisierten und einem nicht-automatisierten Teilsystem des Objektsystems.

3.4.2 Aufgaben- und Aufgabenträgerebene betrieblicher Informationssysteme

In Kapitel zwei wurden allgemeine Systeme als eine Menge von Elementen, die miteinander in Beziehung stehen, beschrieben. Bei der Betrachtung von betrieblichen Informationssystemen können als Elemente *Aufgaben* und *Aufgabenträger* und als Beziehungen *Informationsbeziehungen zwischen Aufgaben*, *Kommunikationsbeziehungen* zwischen Aufgabenträgern und *Zuordnungsbeziehungen* zwischen Aufgaben und Aufgabenträgern betrachtet werden (vgl. Abbildung 3-23) [FeSi98, 2f]. Der zentrale Gestaltungsgegenstand auf der Aufgabenebene orientiert sich an den Fragestellungen, welche Leistung erbracht werden soll (**Sachziel**) und unter welchen Nebenbedingungen dies geschehen soll (**Formalziel**). Die Zuordnungsbeziehung zwischen Aufgabe und Aufgabenträgern beinhaltet das Entscheidungsproblem, wer welche Aufgaben durchführt. Die Gestaltung der Aufgabenträgerebene richtet sich im Idealfall nach den zu erfüllenden Aufgaben. Dabei sollten jedoch auch ad hoc auftretende Aufgaben und damit verbundene unbekannte Anforderungen an die Aufgabenträger antizipiert werden. Als **Kommunikationssysteme** zwischen Aufgabenträgern werden Computer-Computer (C-C)-, Mensch-Computer (M-C)- und Mensch-Mensch (M-M) Kommunikationssysteme unterschieden [FeSi98, 3] (vgl. Abbildung 3-24).

Aufgaben können durch folgende Merkmale beschrieben werden [Kosi76]:

- **Verrichtung**: Jede Aufgabe bedarf zu ihrer Erfüllung der Durchführung einer Tätigkeit.
- **Objekt**: Jede Aufgabe bezieht sich auf ein Objekt (reales oder abstraktes), an dem die Verrichtung vollzogen wird.
- **Aufgabenträger**: Jede Aufgabe erfordert einen Aufgabenträger, der die Verrichtung durchführt und damit die Aufgabe erfüllt bzw. zur Aufgabenerfüllung beiträgt. Als Aufgabenträger können grundsätzlich maschinelle und personelle Aufgabenträger unterschieden werden. Maschinelle Aufgabenträger des Informationssystems sind Rechner oder

Rechnersysteme, des Basissystems beispielsweise Werkzeugmaschinen oder Transportsysteme [FeSi98, 5].

- **Sachmittel**: Bei einer Tätigkeit setzt der Aufgabenträger Sachmittel ein, ohne deren Einsatz die Tätigkeit nicht möglich ist, bzw. durch deren Einsatz die Effektivität der Tätigkeit erhöht wird.
- **Raum**: Die Aufgabenerfüllung findet an einem bestimmten Ort statt.
- **Zeit**: Zeitpunkt, Zeitdauer und Wiederholung der Aufgabenerfüllung.

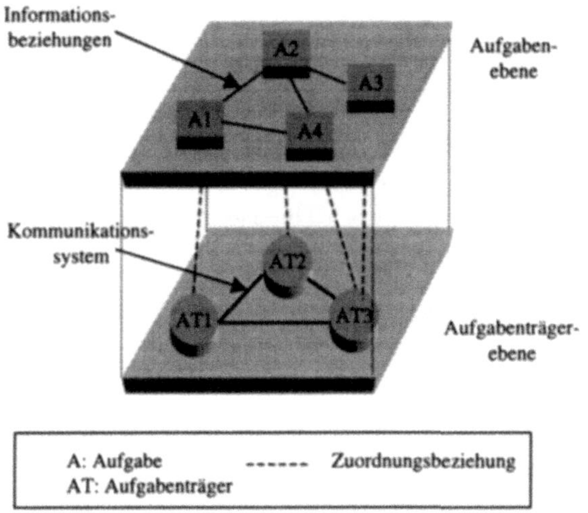

Abbildung 3-23: Aufgaben- und Aufgabenträgerebene des Informationssystems (vgl. [FeSi98, 2]

Die analytische Trennung von Aufgaben- und Aufgabenträgerebene eines betrieblichen Informationssystems bringt hinsichtlich der Analyse und Gestaltung betrieblicher Systeme wesentliche Vorteile:

- Die Analyse und Gestaltung kann auf bestimmte Blickwinkel fokussiert werden: Zerlegung der betrieblichen Gesamtaufgabe in (Teil-)Aufgaben, Zuordnung von Aufgaben zu Aufgabenträgern und Aspekte der Aufgabenträgerebene. Dies ermöglicht *Freiheitsgrade bei der Gestaltung* und trägt zur Lokalisierung von Problemen bei.

- Die Konzentration auf die Aufgabenebene fördert eine konsequente *Orientierung am Sachziel* des Systems. Dieser Aspekt ist im Hinblick auf Unternehmungsnetzwerke insofern von Bedeutung, als sich das Sachziel erst kurzfristig und unabhängig von den zu diesem Zeitpunkt verfügbaren Aufgabenträgern aus einer Marktchance ergeben kann.
- Die analytische Trennung von Analyse und Gestaltung der beiden Ebenen führt zu einer *Reduzierung der Abhängigkeit der Aufgabendurchführung vom Aufgabenträger*. Dies unterstützt beispielsweise die Loslösung impliziten Wissens von personellen Aufgabenträgern.
- Die gesonderte Betrachtung der Zuordnung von Aufgaben zu Aufgabenträgern führt zu einer *Ausschöpfung des Potentials der Informationstechnologie*. Jede Aufgabe kann gezielt auf Automatisierbarkeit überprüft werden [FeSi98, 87ff].
- Die *Dynamik in Organisationen* kann differenziert nach der Veränderung von Aufgaben, Aufgabenträgern und den Kommunikationssystemen zwischen der Aufgabenträgern betrachtet werden. So können beispielsweise neue Entwicklungen im Bereich der Kommunikationssysteme in ihrer Auswirkung auf die anderen Elemente und Beziehungen des Informationssystems analysiert werden.
- Die getrennte Betrachtung unterstützt die *dynamische Zuordnung* von Aufgaben zu Aufgabenträgern. Aufgabenträger können situativ aufgrund ihrer Kapazität, Qualität oder zeitlichen Verfügbarkeit ausgewählt werden.

3.4.3 Betriebliche Anwendungssysteme

Der Begriff **betriebliches Anwendungssystem** bezeichnet das gesamte automatisierte Teilsystem eines betrieblichen Informationssystems (vgl. [FeSi98, 3ff]) (vgl. Abbildung 3-22). Im allgemeinen besteht das betriebliche Anwendungssystem aus einem integrierten Verbund oder mehreren isolierten (Teil-)Anwendungssystemen. Anwendungssysteme umfassen Rechner- und Kommunikationssysteme einschließlich der zugehörigen System- und Anwendungssoftware (vgl. Abbildung 3-24). Die Informationsbeziehungen zwischen den durch das Anwendungssystem durchzuführenden Aufgaben und den Aufgaben der Umgebung determinieren den Bedarf an Interaktionen und damit die Schnittstellen des Anwendungssystems.

Ein betriebliches Anwendungssystem stellt in seiner Außensicht eine Nutzermaschine für die automatisierte Durchführung betrieblicher Aufgaben dar, die in der Innensicht über Anwendungssoftware gegebenenfalls mehrstufig mit der vorgesehenen Systemplattform als Basismaschine verknüpft ist. Der Einsatz von Anwendungssystemen ist für alle (teil)automatisierbaren betrieblichen Aufgaben sinnvoll, bei denen der wirtschaftliche Nutzen bei der automatisierten Durchführung den Gestaltungs- und Entwicklungsaufwand rechtfertigt. Weitere Nutzeffekte ergeben sich aus den Eignungsmerkmalen maschineller Aufgabenträger, wie zeitliche Verfügbarkeit, weitgehend frei wählbare Kapazitäten, Zuverlässigkeit der Aufgabendurchführung und Transparenz der Aufgabenbearbeitung.

Anwendungssysteme werden in betrieblichen Systemen für die unterschiedlichsten betrieblichen Anwendungsbereiche eingesetzt. Aufgrund der Vielfalt sind unterschiedliche Klassifikationen geläufig. Eine nach Wertschöpfungsstufen horizontale Klassifikation unterscheidet Anwendungsbereiche nach betrieblichen Funktionen (z.B. Beschaffung, Produktion, Absatz, Verwaltung) und nach Branchen (z.B. Banken, Versicherungen, Industrie). Eine nach Lenkungsebenen vertikale Klassifikation unterscheidet nach dem Verwendungszweck, z.B. Anwendungssysteme im *operativen, Steuer- und Kontroll- sowie Planungssystem.* Anwendungssysteme im **operativen Informationssystem** ermöglichen die automatisierte unmittelbare Planung, Steuerung und Kontrolle des betrieblichen Leistungssystems. Innerhalb des **Steuer- und Kontrollsystems**, das das operative Informationssystem mit dem Planungssystem, verbindet, sind Reporting- und Dokumentations-Systeme (Data Warehouse) typische Anwendungssysteme. Zur Ebene des **Planungssystems** können rechnergestützte Führungsinformations- und Entscheidungsunterstützungssysteme zugerechnet werden.

Die Anwendungssoftware wird nach dem Grad der Standardisierung weiter in *Standardsoftware* (Standardanwendungssystem) und *Individualsoftware* (Individualanwendungssystem) unterteilt.

Der Grad der Spezialisierung und des Leistungsumfangs (funktionsspezifisch bis unternehmensweit sowie unternehmensübergreifend) ist ein weiteres Klassifikationsmerkmal.

Als Sammelbegriff für alle unternehmensübergreifenden Anwendungssysteme wird der Begriff des **Interorganisationssystems** verwendet (vgl. [CaKo85], [Klei96], [Cath96]). Diese können nach der unterstützten Koordinationsform in elektronische Hierarchien (z.B. Just-In-Time-Kopplungen zwischen Zulieferer und Produzent), elektronische Netzwerke (z.B. Interbankensysteme) und elektronische Märkte (z.B. elektronische Auktionen) differenziert werden (vgl. [Mal+87]).

Die hier vorgenommene Klassifizierung von Anwendungssystemen dient als Grundlage ihrer Einordnung in den Gestaltungsrahmen im fünften Kapitel.

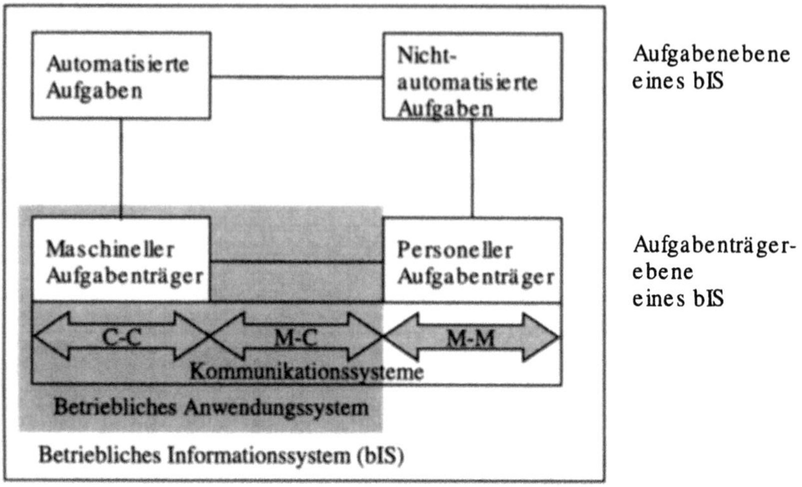

Abbildung 3-24: Betriebliches Anwendungssystem und betriebliches Informationssystem (in Anlehnung an [FeSi98, 3])

3.4.4 Architekturen betrieblicher Informationssysteme

Architektur als Wissenschaft der Baukunst beschäftigt sich mit der Einheit von Zweck und Form des betrachteten Objekts. Architekturen sollen helfen, komplexe Probleme zu strukturieren, so daß die Problemteile für sich analysiert und gelöst sowie zu einer ganzheitlichen Lösung zusammengeführt werden können. Eine **Architektur betrieblicher Informationssysteme** kann in Analogie zur Architekturlehre im Bauwesen charakterisiert werden durch (vgl. [Sinz97], [FeSi98, 177]):

- den **Bauplan** des Informationssystems im Sinne einer Spezifikation und Dokumentation seiner Komponenten und ihrer Beziehungen unter allen relevanten Blickwinkeln sowie
- die **Konstruktionsregeln** für die Erstellung des Bauplans.

Der **Bauplan** stellt ein Modell (ein Abbild) des betrieblichen Informationssystems dar. Die Konstruktionsregeln sind Vorschriften für die Erstellung des Modells; sie werden in Form von Metamodellen angegeben. Metamodelle spezifizieren die verfügbaren Arten von Modellbausteinen, die Modellbeziehungen zwischen den Bausteinen sowie Konsistenzbedingungen für die Verwendung von Bausteinen und Beziehungen.

Informationssystem-Architekturen stellen ein wichtiges Hilfsmittel zur ganzheitlichen Analyse und Gestaltung sowie zur zielgerichteten Nutzung betrieblicher Informationssysteme dar. Beispiele für Einsatzbereiche sind die strategische Informationssystemplanung, die Auswahl und Einführung von Standardanwendungssystemen, die Spezifikation der Ablauforganisation und das Qualitätsmanagement. Diese bilden insbesondere die Grundlage für die Konstruktion von rechnergestützten Informationssystemen.

Die Modelle von betrieblichen Informationssystemen weisen im allgemeinen eine hohe Komplexität auf. Um die Komplexität der Modelle beherrschbar zu machen, werden diese in Modellebenen und zugehörige (Modell-) Sichten strukturiert. Die Art der Strukturierung des Modellsystems und die Beschreibungsformen für die Modellebenen und Sichten werden durch den jeweils verwendeten Architekturrahmen (Architekturansatz) bestimmt. Ein Beispiel für einen konkreten Architekturrahmen ist die SOM-Methodik.

3.4.5 Architekturrahmen der SOM-Methodik

Die **SOM-Methodik** verwendet aus Gründen der Komplexitätsbeherrschung einen Architekturrahmen, der als **Unternehmensarchitektur** bezeichnet wird. Die Unternehmensarchitektur stellt eine Erweiterung einer Informationssystem-Architektur dar, da sie auch die Leistungserstellung eines betrieblichen Systems einbezieht. Die Unternehmensarchitektur unterteilt komplexe Modelle in Teilmodelle, die jeweils einer Modellebene zugeordnet werden (vgl. [FeSi95], [FeSi97a], [Sinz97], [FeSi98, 176ff]).

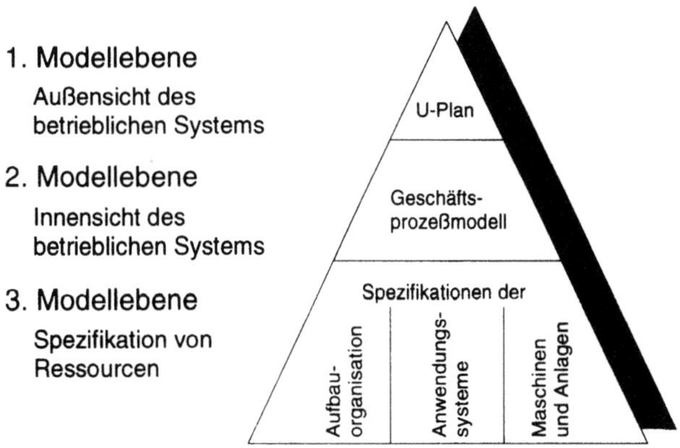

Abbildung 3-25: Unternehmensarchitektur der SOM-Methodik [FeSi98, 177]

Die Unternehmensarchitektur der SOM-Methodik unterscheidet drei Modellebenen (vgl. Abbildung 3-25):

- **Unternehmensplan**: Der Unternehmensplan ist das Teilmodell der Außensicht eines betrieblichen Systems. Die verwendete Metapher ist eine Sicht auf die *globale Unternehmensaufgabe*. Die Aufstellung des Unternehmensplans ist Gegenstand der Unternehmensplanung. Anhand einer Umweltanalyse (Chancen und Risiken) und einer Diskursweltanalyse (Stärken und Schwächen) wird die Spezifikation der Unternehmensaufgabe evaluiert.
- **Geschäftsprozeßmodell**: Das Geschäftsprozeßmodell ist das Teilmodell der Innensicht eines betrieblichen Systems. Es spezifiziert das Lösungsverfahren für die Realisierung des Unternehmensplans. Der Modellbildung wird die Metapher eines *verteilten Systems*, bestehend aus autonomen und lose gekoppelten Komponenten, die sich in bezug auf eine gemeinsame Zielerfüllung koordinieren, zugrunde gelegt. Demnach spezifiziert das Geschäftsprozeßmodell ein System von Haupt- und Serviceprozessen, die durch Leistungsbeziehungen miteinander verbunden sind. Es wird eine mehrstufige Verfeinerung von Geschäftsprozeßmodellen unterstützt.
- **Ressourcenmodell**: Ressourcen[21] zur Durchführung von Geschäftsprozessen sind Personal, Anwendungssysteme sowie Maschinen und Anlagen. Die Ressource Personal wird in Form einer Spezifikation der Aufbauorganisation modelliert. Entsprechend werden Anwendungssysteme sowie Maschinen und Anlagen in Form von zugehörigen Spezifikationen modelliert. Als generelle Metapher dient der Systemtyp eines *sozio-technischen Systems*, bei dem eine teilautomatisierte Unternehmensaufgabe von Mensch und Maschine durchgeführt wird.

Die Unternehmensarchitektur umfaßt darüber hinaus die Beziehungen zwischen den Teilmodellen, anhand derer die Teilmodelle untereinander abgestimmt werden. Mittels der Unternehmensarchitektur ist zudem die übergeordnete Metapher des SOM-Ansatzes erkennbar. Ein betriebliches System wird aus Außensicht als offenes, zielgerichtetes und sozio-technisches System betrachtet. Aus Innensicht liegt ein verteiltes System vor, bestehend aus einer Menge autonomer, lose gekoppelter Objekte, die im Hinblick auf die Erreichung übergeordneter Ziele kooperieren.

[21] Gemeint sind in erster Linie Ressourcen i.e.S. (vgl. Kapitel 3.3.2).

Die hier vorgestellte Unternehmensarchitektur bildet eine wichtige Grundlage für den im fünften Kapitel vorgeschlagenen Gestaltungsrahmen für das betriebliche Informationssystem Virtueller Organisationen.

3.4.6 Gestaltung betrieblicher Informationssysteme

Gemäß der systemorientierten Betriebswirtschaftslehre besteht die Managementaufgabe in der Gestaltung und Lenkung zweckorientierter sozialer Systeme (vgl. [Blei91, 35ff], [Ulri84, 99ff]). **Lenkung** umfaßt dabei das Bestimmen von Zielen sowie das Festlegen, Auslösen und Kontrollieren zielgerichteter Aktivitäten des betrieblichen Systems. Damit verfolgt das Management eine zielorientierte Verhaltensbeeinflussung des betrieblichen Systems zur Sicherstellung der langfristigen Lebensfähigkeit.

Gestaltung hingegen bedeutet die Schaffung geeigneter Strukturen des betrieblichen Systems, die eine dauerhafte Lenkungsfähigkeit auch unter sich verändernden Bedingungen sicherstellen. Bei zunehmender Turbulenz der Umwelt gewinnt die Gestaltungsaufgabe somit an Bedeutung.

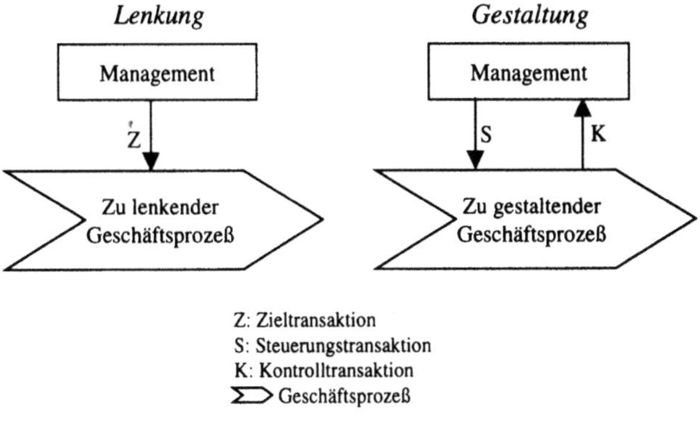

Abbildung 3-26: Gegenüberstellung von Lenkung und Gestaltung

In Abbildung 3-26 werden die beiden Managementaufgaben gegenübergestellt. Im Fall eines lenkenden Eingriffs in das betriebliche System (vgl. Abbildung 3-26, links) werden durch das Management (Regler) Zielvorgaben für das hierarchisch untergeordnete Objekt (Regelstrecke) generiert. Der zu lenkende Geschäftsprozeß erhält Zielvorgaben, die er bei seinen Entscheidungen berücksichtigen muß; die zu treffenden Maßnahmen zur Zielerreichung werden jedoch von dem Objekt autonom festgelegt [FeMa95, 451].

Im Fall eines gestaltenden Eingriffs in das betriebliche System erhalten sämtliche untergeordnete Objekte eine verbindliche Steueranweisung, die als Gestaltungsvorgabe aufzufassen ist [Stro96, 18]. Durch eine Steuertransaktion werden dem zu gestaltenden Geschäftsprozeß zu erfüllende Sach- und Formalziele und Anweisungen zur Aufgabendurchführung übergeben [FeMa95, 451].

Aus der Sicht des übergeordneten Managements kommen bei den beiden Aufgaben *Lenkung* und *Gestaltung* zwei unterschiedliche *Hilfsregelstrecken* zum Einsatz. **Hilfsregelstrecken** dienen der Reduktion der Komplexität. Da es dem Regler im allgemeinen nicht möglich ist, die Regelstrecke direkt zu steuern, steuert er eine Hilfsregelstrecke, die das relevante Verhalten und die relevante Struktur modellhaft abbildet [FeSi98, 27].

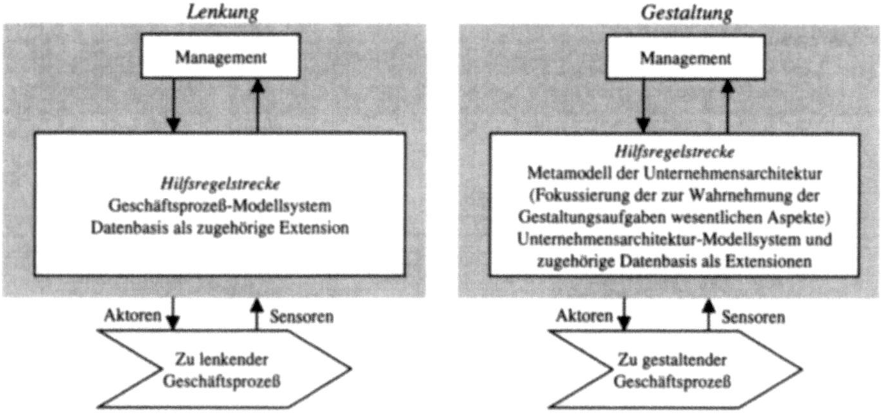

Abbildung 3-27: Gegenüberstellung der Hilfsregelstrecken zur Gestaltung und Lenkung (in Anlehnung an [Mehl96, 86])

Für die Lenkungsaufgabe benötigt das Management ein struktur- und verhaltenstreues Modell der Elemente und Beziehungen des zu lenkenden Objekts. Dies kann durch ein System von *Geschäftsprozeßmodellen* und der zugehörigen Datenbasis als Extension[22] des Modellsystems bereitgestellt werden (vgl. Abbildung 3-27, links). Die Datenbasis enthält insbesondere In-

[22] Unter einer Extension wird allgemein die Ausprägung eines Relationstyps verstanden [FeSi98, 161].

formationen hinsichtlich der einem betrieblichen System zur Verfügung stehenden *Ressourcen* [Mehl96, 86f]. Die Durchführung der Lenkungsaufgabe bewirkt keine strukturelle Änderung des Geschäftsprozeß-Modellsystems, sondern verursacht lediglich Änderungen an der entsprechenden Datenbasis [Stro96, 19].

Die Hilfsregelstrecke für die Gestaltungsaufgabe ist komplexer. Die Gestaltung erfordert Wissen über das gesamte betriebliche System und seine relevante Umwelt. Dieses beinhaltet zum einen das Metasystem als Gesamtheit aller Regeln[23] als auch zum andern ihre konkreten Ausprägungen. Für eine adäquate Durchführung der Gestaltung umfaßt die Hilfsregelstrecke ein korrespondierendes (ggf. lediglich gedankliches) *Metamodell der Unternehmensarchitektur* und die zugehörigen Instantiierungen [Mehl96, 87]. Die Instanzen können neben dem aktuellen Modell der Unternehmensarchitektur auch Gestaltungsalternativen enthalten. Im Vordergrund dieser Arbeit stehen die mit den Phasen des Lebenszyklus von Netzwerkorganisationen korrespondierenden Instanzen. Die Berücksichtigung des Modells des Lebenszyklusses unterstützt das Management somit bei der Planung der notwendigen Strukturveränderungen aufgrund des Eintritts in eine neue Phase.

Die Gegenüberstellung der beiden Hilfsregelstrecken verdeutlichet, daß die Lenkungsaufgabe als Spezialfall der Gestaltungsaufgabe betrachtet werden kann: die Hilfsregelstrecke im Fall der Lenkungsaufgabe stellt einen Ausschnitt der Hilfsregelstrecke im Fall der Gestaltungsaufgabe dar und bezieht sich somit auf eine einzelne Phase. Die Lenkung kann als Gestaltung ohne Strukturveränderung aufgefaßt werden [Mehl96, 86]. Die Gestaltungsaufgabe dagegen muß durchgeführt werden, wenn eine Strukturänderung, also der Übergang zwischen Phasen, notwendig ist.

Im Vordergrund dieser Arbeit steht die Gestaltung der informationsverarbeitenden Aufgabenanteile von Geschäftsprozessen, die in ihrer Gesamtheit das betriebliche Informationssystem ergeben. Der in Kapitel 5 vorgeschlagene Gestaltungsrahmen unterstützt hierbei die Bildung der Hilfsregelstrecke.

---

[23] vgl. Kapitel 2.2

4 Literatursynopse und theoretische Fundierung Virtueller Organisationen

Gegenstand dieses Kapitels ist das theoretische Erkenntnisziel der Erklärung des Phänomens der Virtuellen Organisation. Dabei beinhaltet die Erklärung das Angeben von Gründen für das Auftreten von Phänomenen [Pic+97, 32]. Erklärung ist innerhalb einer angewandten Wissenschaft kein Selbstzweck, sondern ist die Voraussetzung für Gestaltungsempfehlungen, wie sie in Kapitel fünf erarbeitet werden.

Im ersten Teil des Kapitels (Abschnitt 4.1) wird zunächst die Literatur zu Virtuellen Organisationen im Hinblick auf Erklärungs- und insbesondere Gestaltungsansätze analysiert. In Abschnitt 4.2 wird versucht, Elemente einer theoretischen Erklärung Virtueller Organisationen zu entwickeln.

4.1 Literatursynopse

Die intensive Beschäftigung in der Literatur mit Virtuellen Organisationen findet erst seit wenigen Jahren statt. Entsprechend diffus und lückenhaft stellt sich das Theoriegebäude dar. In diesem Kapitel wird in Abschnitt 4.1.1 die Entwicklungslinie des Begriffs der Virtuellen Organisation nachgezeichnet. In Abschnitt 4.1.2 und Abschnitt 4.1.3 werden die Entstehung bzw. das Prinzip der Virtuellen Organisation beschrieben. In den Abschnitten 4.1.4 bis 4.1.8 werden schließlich ausgewählte Erklärungs- und Gestaltungsansätze der Literatur bewertet.

Anstelle des Begriffs „Virtuelle Organisation“ wird in der Literatur auch teilweise der Begriff „virtuelles Unternehmen“ verwendet. Im folgenden soll einheitlich der umfassendere Begriff der Virtuellen Organisation verwendet werden. Falls nicht anders gekennzeichnet, wird er jedoch synonym zum Begriff des virtuellen Unternehmens genutzt.

4.1.1 Entwicklungslinie

Der Begriff der Virtuellen Organisation wurde nach eigenem Bekunden von Mowshowitz [Mows86, 389] geprägt. Ausgangspunkt dieser ersten Überlegungen war die Analogie zur virtuellen Speicherverwaltung in der Informatik (vgl. Abbildung 4-1). Dabei wird zwischen logischem (Arbeitsspeicher) und physikalischem (Haupt- und Hintergrundspeicher) Speicherplatz unterschieden.

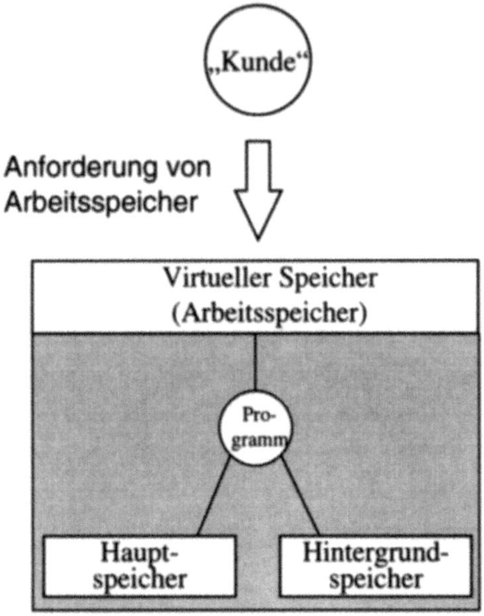

Abbildung 4-1: Prinzip des virtuellen Speichers

Das Vorhalten ausreichender physikalischer Hauptspeicherressourcen für alle eventuellen Anforderungen der Programme kann unwirtschaftlich sein. Die Lösung ist ein virtueller Hauptspeicher, der einen logischen Adreßraum mit Hilfe des physischen Adreßraums des knappen und teuren Hauptspeichers und dem Adreßraum eines prinzipiell unbegrenzt verfügbaren Hintergrundspeichers realisiert. Durch die dynamische Allokation des realen Speichers können sowohl umfangreiche, als auch mehrere gleichzeitig auftretende Anforderungen bedient werden. Angewendet auf Virtuelle Organisationen bedeutet dies *„die dynamische und flexible Zuordnung von abstrakten Leistungsanforderungen zu Leistungsträgern und dem konkreten Ort der Leistungserbringung“* [Klei94, 167] (vgl. Abbildung 4-8). Je teurer der Hauptspeicher wird, desto höher wird die Abhängigkeit vom Hintergrundspeicher[24], d.h. der Analogie folgend, je höher die Transaktionskosten der Vorhaltung von Leistungspotential sind, desto eher ist ein Unternehmen auf den Rückgriff auf andere Leistungsträger angewiesen, mit denen es einen virtuellen Verbund gegenüber dem Kunden bildet. Der Kunde bemerkt aus seiner Außensicht nicht, von welchen physischen Leistungsträgern er seine angeforderte Leistung tatsächlich erhält.

Die breite Diskussion in Theorie und Praxis des Konzepts der Virtuellen Organisation wurde erst 1992/93 durch die Beiträge von Davidow/Malone [DaMa92][25] und Byrne et al. [Byr+93] ausgelöst. Weitere Arbeiten dieser Phase „übertriebener Euphorie“ [Scho97, 327] sind [NaDo91], [Venk91], [RoSh91] und im deutschsprachigen Raum [Grie92] oder [Mert94].[26] Viele dieser frühen Beiträge verfolgen in erster Linie das Ziel der Beschreibung und Erklärung des Phänomens der Virtuellen Organisation und somit der Abgrenzung des Erkenntnisobjektes. Perspektiven für die Entwicklung und Gestaltung von Virtuellen Organisationen wurden kaum aufgezeigt. Eine wesentliche Ursache liegt in der überwiegend institutionellen Sicht auf Virtuelle Organisationen und den damit verbundenen Definitionsproblemen sowie in der Abgrenzungsproblematik gegenüber anderen Organisationsformen.

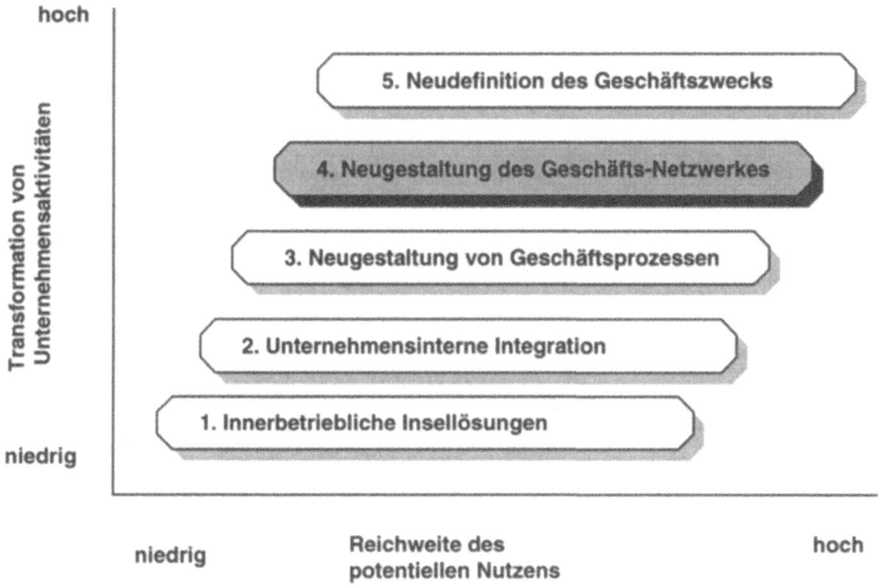

Abbildung 4-2: Fünfebenenmodell der Unternehmensveränderungen durch IT [Venk91, 127]

Recht schnell wurde erkannt, daß die Virtuelle Organisation kein neuer Strukturtyp im institutionellen Sinne ist, der aus einer Menge von Organisationsformen, wie Konzern, Unternehmen, strategische Allianz oder Markt ausgewählt werden kann. Vielmehr wird die Virtuelle Organisation zunehmend als eine Strategie verstanden, in schnell beweglichen, *hochdynami-*

[24] Diese Annahme entspricht nicht der aktuellen Entwicklung, die genau gegenläufig ist.
[25] vgl. Kapitel 4.1.4.
[26] Für eine umfangreiche Literaturanalyse vgl. [ArHä95]

schen Umfeldern eine ausreichende *Flexibilität, Schnelligkeit und Anpassungsfähigkeit* bereitzustellen. Ist die Reaktions- und Anpassungsfähigkeit größer als die Veränderungsdynamik der Märkte, entstehen für Unternehmen neue Chancen, z.B. durch die rechtzeitige Erschließung neuer Märkte und die Einführung neuer Produkte. Andersherum betrachtet können jedoch auch erhebliche Risiken entstehen, wenn die verfügbare Reaktionsdauer eines Unternehmens nicht mehr ausreicht, um sich auf die Marktveränderungen adäquat einstellen zu können. Ein in den letzten Jahren von vielen Unternehmen vollzogener Schritt zur Reduzierung dieser Reaktionsdauer ist der Einsatz *moderner Informationstechnologien* im Rahmen grundlegender *Reorganisationsmaßnahmen* (Business Process Redesign (vgl. [Bac+96]), vgl. Stufe 3 in Abbildung 4-2). Ergebnis dieser Maßnahmen sind häufig modulare Einheiten mit individuellen Kernkompetenzen. Diese Neugestaltung der Geschäftsprozesse ist aber auf die Optimierung des Einsatzes der vorhandenen Ressourcen ausgerichtet. Ein zusätzlicher Nutzen aus den Informationstechnologien kann durch die Wahrnehmung von Marktchancen, deren Erfüllung außerhalb des Potentials eines Moduls liegt, erreicht werden. Für den Zugang zu dem erforderlichen Ressourcenpotential sind die Technologien für den Aufbau neuer Strukturen in Form eines *Geschäfts-Netzwerkes* einzusetzen (vgl. Stufe 4 in Abbildung 4-2). Vertraglich fixierte Kooperationen, wie Joint Ventures oder strategische Allianzen, kommen unter der Prämisse der Reaktionsschnelligkeit in einer turbulenten Umwelt in diesem Netzwerk nicht in Betracht. Ihr Aufbau und Abbau dauert zu lange und verursacht zu hohe Transaktionskosten. Die geeignete Struktur ist eine lose Kopplung von Organisationen, die gegenüber den Kooperationsformen mit engerer Kopplung zwar zeitpunktbezogen Transaktionskostennachteile haben kann, jedoch transaktionskostengünstige Kopplungs- und Entkopplungsvorgänge im Zeitverlauf ermöglicht.

Die Entstehung der Idee der Virtuellen Organisation ist aus dieser Perspektive nicht nur allein auf die Entwicklung der Informationstechnologien zurückzuführen, sondern wird vielmehr als eine logische Konsequenz eines co-evolutorischen Prozesses ökonomischer und informationstechnologischer Entwicklungen in der betrieblichen Umwelt gesehen. Die beiden Entwicklungsströme sind in höchstem Maße interdependent, werden hier jedoch zur besseren Darstellung analytisch unterschieden (vgl. Abbildung 4-3). Dieser Erklärungsansatz beinhaltet eine instrumentelle Perspektive, aus der die Aufmerksamkeit darauf gelenkt wird, für welche Chancen und Risiken die Virtuelle Organisation ein Instrument sein kann. Im Vordergrund steht also nicht ein weiterer Versuch der normativen Beschreibung, sondern vielmehr das strategische Problem, das gelöst werden soll.

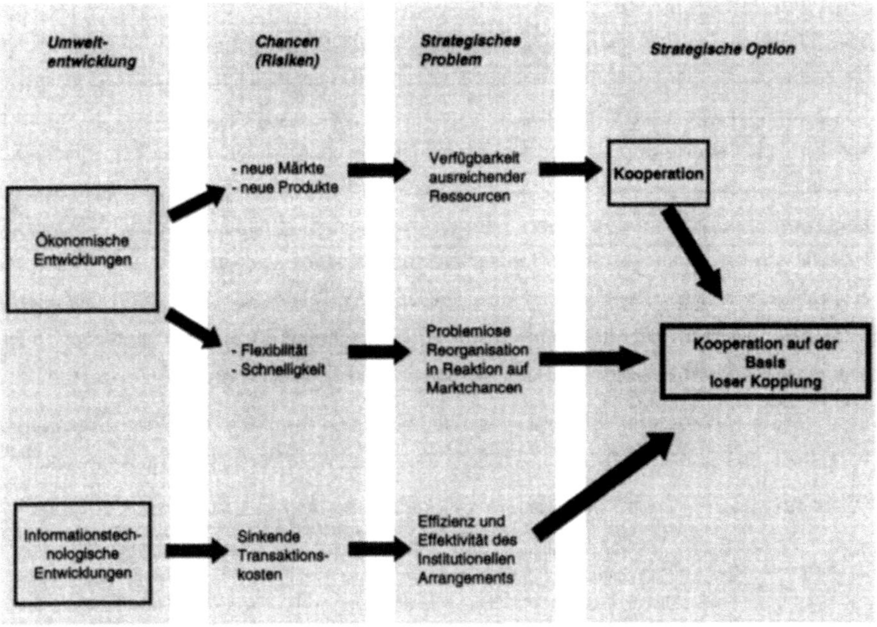

Abbildung 4-3: Co-Evolution Virtueller Organisationen

Die konzeptionellen Vorschläge zur Entwicklung und Gestaltung von Virtuellen Organisationen konzentrieren sich somit auf die erforderlichen Verhaltens- und Strukturmuster zur Erreichung dieser Strategie. Die meisten dieser Vorschläge sind dabei auf eine bestimmte Perspektive eingeschränkt. Die Perspektive der Organisationstheorie betont [Scho94], die des Human-Ressource- Managements [Hilb97], die technologische Perspektive [SzKl93] und [MeFa95], und die strategische Perspektive [VeHe96] und [Müll97]. Konzeptionelle Vorschläge zur Lenkung von Virtuellen Organisationen sind bisher kaum zu finden. Scholz thematisiert das Controlling von Virtuellen Organisationen [Scho95], und Zimmermann formuliert allgemeine Anforderungen an das Management Virtueller Unternehmen [Zimm97].

Es finden sich zunehmend auch zahlreiche kritische Beiträge zu Virtuellen Organisationen. Zum einen wird dem Konzept vorgeworfen, daß es keinen Neuigkeitsgehalt hat [Olbr94, 29], [Gome93, 778]. Zum anderen wird die Techniklastigkeit des Konzepts kritisiert, wodurch vor allem personelle und kulturelle Aspekte von Unternehmen vernachlässigt werden ([Reiß96], [Kies97]).

Insgesamt muß festgestellt werden, daß die fehlende theoretische Untermauerung zu einer eher problemgetriebenen als theoriegeleiteteten Auseinandersetzung geführt hat. Einen Überblick über ausgewählte Definitionen, Merkmale und Beschreibungen Virtueller Organisationen in der Literatur liefert Abbildung 4-4.Auf eine weitere pragmatisch orientierte Definition von Virtuellen Organisationen wird hier verzichtet. Vielmehr wird hier unter dem Begriff der Virtuellen Organisation eine Liste von Eigenschaften verstanden, die anwendungsspezifisch in einem Prozeß der Virtualisierung in unterschiedlichen Ausprägungen erreicht werden sollen. Dieser Prozeß kann abhängig von der Ausgangssituation stark variieren. Virtualisierung ausgehend von einem Großunternehmen bedeutet beispielsweise die Auflösung starrer Strukturen, während Virtualisierung ausgehend von mehreren kleinen und mittleren Unternehmen deren lose Kopplung bedeutet (vgl. den folgenden Abschnitt 4.1.2).

In Abschnitt 4.1.9 werden Elemente einer möglichen Theorie der Virtuellen Organisation vorgestellt, und das Profil Virtueller Organisationen wird aus theoretischer Sicht entwickelt.

[ArHä95, 21]	„Ein Virtuelles Unternehmen ist eine Kooperationsform *rechtlich unabhängiger* Unternehmen, Institutionen und/oder Einzelpersonen, die eine Leistung auf der Basis eines *gemeinsamen Geschäftsverständnisses* erbringen. Die kooperierenden Einheiten beteiligen sich an der horizontalen und/oder vertikalen Zusammenarbeit vorrangig mit ihren *Kernkompetenzen* und wirken bei der Leistungserstellung gegenüber Dritten als *einheitliches Unternehmen*. Dabei wird auf die *Institutionalisierung zentraler Funktionen weitgehend verzichtet* und der notwendige Koordinations- und Abstimmungsbedarf durch geeignete *Informations- und Kommunikationssysteme* realisiert. Das Virtuelle Unternehmen besteht solange, bis sein *Geschäftszweck* erfüllt oder hinfällig geworden ist.“
[Blei96, 14f]	„Reduktion der Komplexität durch Beschränkung der eigenen Aktivitäten auf *Kernkompetenzen*, die einen *überdurchschnittlichen Nutzen* gegenüber Anspruchsgruppen und die Entwicklung von strategischen Erfolgspositionen im Wettbewerb versprechen. • *Kundenbezogene Problemlösung* mittels Systemgeschäften, deren Komponenten weit über das eigene Aktivitätenspektrum hinausgreifen. • Zur Erarbeitung der Problemlösung entstehen projektgebundene *ad-hoc-Strukturen* („ad-hoc-racy“) auf Zeit. • Die Zusammenarbeit von internen und externen Projektmitarbeitern erfolgt *teamförmig* in lateraler Kommunikation und Kooperation. • Die Entwicklung der erfolgsbestimmenden Kernkompetenzen verlangt zugleich eine *konzentrische Betreuung*. Dies führt zu hybriden Formen der Organisation und Arbeit. Dezentraler Projektverantwortlichkeit steht die zentrale Entwicklungsverantwortung für Markt-, Technologie- und Human- (mit besonderem Gewicht auf den unternehmerisch orientierten Management-) Potentialen gegenüber. • Es entstehen *grenzüberschreitende Netzwerke*, die bedarfsweise aktiviert werden. Um eine derartige Zusammenarbeit in Partnerschaft zu ermöglichen, bedarf es einer abgestimmten *Informationstechnik*, damit eine schnelle Einsatzbereitschaft der im Netzwerk verstreuten Ressourcen sichergestellt werden kann. • Die Art der Steuerung von Projekten erfolgt *marktwirtschaftlich* und nicht bürokratisch.“

[Bul+95, 18f]	„Virtuelle Unternehmen stellen also keine neuen Unternehmensformen dar, sondern sind ein *spezieller Typus unternehmensübergreifender Koordination.* Virtuelle Unternehmen sind *temporäre* horizontale und/oder vertikale *standortübergreifende* Kooperationen von *selbständigen* Unternehmen mit unterschiedlichen Autonomiegraden. In einem Virtuellen Unternehmen werden Aufgaben unabhängig von der gesellschaftsrechtlichen Zugehörigkeit an derjenigen Stelle innerhalb der logistischen Kette angesiedelt, an der sie unter Effizienzgründen am besten auszuführen sind. Ein virtuelles Unternehmen, das sich nach außen (aus Kundensicht) hin zur Erfüllung eines Auftrags als *Einheit* präsentiert, besteht intern aus einem *flexiblen, projektabhängigen Kooperationsverbund* von unterschiedlichen Unternehmen."
[Byr+93]	„The virtual corporation is a *temporary network* of *independent* companies – suppliers, customers, even erstwhile rivals – linked by *information technology to share skills, costs, and access* to one another's markets. It will have *neither central office nor organization chart.* It will have *no hierarchy, no vertical integration.* [...] In the concept's purest form, each company that links up with others to create a virtual corporation will be stripped to its essence. It will contribute only what it regards as its *core competencies"*
[DaMa93, 15]	„Der Betrachter sieht ein *fast konturenloses Gebilde* mit durchlässiger und ständig wechselnder Trennlinie zwischen Unternehmung, Lieferanten und Kunden."
[Klei94, 166]	„In einer funktionalen Perspektive ist virtuelle Organisation *ein Prinzip der (intra-) organisatorischen Gestaltung.* [...] Es handelt sich dabei um die Fortführung von Konzepten der Heimarbeit mit einem weitreichenden Zugang zu Unternehmensdatenbanken[...], kombiniert mit der Möglichkeit, den typischen Informationsfluß in einem Büro zwischen den verschiedenen Abteilungen durch zentral verfügbare Informationen [...] zu koordinieren. [...] In institutionaler Perspektive ist virtuelle Organisation ein – *häufig kooperatives, flexibles – Netzwerk rechtlich selbständiger Unternehmen,* die Ressourcen gemeinsam nutzen und in die gemeinsame Organisation ihre jeweiligen Stärken einbringen".
[Klei94a, 309f]	„Unternehmen fokussieren nur noch einzelne *Kernfähigkeiten* und bilden in allen anderen vor- und nachgelagerten Bereichen der Wertschöpfungskette essentielle Partnerschaften mit anderen Unternehmen, die dort über Kernfähigkeiten verfügen. Dabei wird *von permanent wechselnden, temporären* Unternehmensnetzwerken ausgegangen, die sich aus der Grundhaltung heraus bilden, flexibel jede sich bietende Marktchance auszuschöpfen".
[MeFa95, 62]	„Viele aktuelle Managementtechniken und Trends der Unternehmensgestaltung bilden Anknüpfungspunkte für VU, doch heben sich VU insbesondere durch sechs Merkmale ab: • *Netzwerkartige* Partnerschaften, • *Knowledge Networks,* • Konzentration auf *Kernkompetenzen* • Neue Formen der Leistungserstellung, • Einsatz von *IKT* sowie • *Individualisierung* von Produkten und Lösungen"
[Mert94, 169]	„[...] extreme Dominanz der Ablauf- über die Aufbauorganisation und als konsequente Fortsetzung der *prozeßorientierten* Organisationsstrukturen, aber auch der zwischenbetrieblichen Integration der Informationsverarbeitung." „[...] überbetriebliche Kooperation zur Durchführung von *Missionen,* wobei man auf die zeitraubende Gründung neuer Einrichtungen, etwa vertraglich abgesicherte Joint Ventures oder Konsortien, den Kauf neuer Tochtergesellschaften oder die Einrichtung eines Gemeinschaftsunternehmens zweier Konzerne verzichtet."
[Ollb94, 28]	„[...] Modell für eine Organisationsform [...], durch die Unternehmenskooperationen ebenso *schnell* aufgebaut wie auch anschließend abgebaut werden können. Dominierende Zielsetzung der Errichtung von Virtuellen Unternehmen ist *die Realisierung zeitlich begrenzter Marktpotentiale* durch Kooperationen ohne den üblicherweise damit verbundenen Aufwand, zum Beispiel durch die Einrichtung von Gemeinschaftsunternehmen."

[Pic+98, 398]	„Virtuelle Unternehmen können als „Weiterentwicklung" hybrider Koordinationsformen im Spektrum zwischen Markt und Hierarchie auf der Basis veränderter rechtlicher und technologischer Rahmenbedingungen verstanden werden. Sie stellen arbeitsteilige Verflechtungen zwischen Unternehmen dar." Die Virtuelle Unternehmung stellt sich als *dynamisches Netzwerk* dar. Netzknoten können gleichermaßen durch einzelne Aufgabenträger, Organisationseinheiten oder Organisationen gebildet werden. Die Verknüpfungen zwischen den Netzknoten konfigurieren sich *dynamisch* und problembezogen. Die *individuelle Aufgabe determiniert damit zu jedem Zeitpunkt die Struktur einer virtuellen Unternehmung*."
[VeHe96, 4]	„We view virtual organization not as a distinct type, instead, we treat virtualness as *an organizational characteristic* applicable to every organization." „.. the concept of virtual organizing is best seen through three distinct, yet interdependent vectors: a) *market interactions* – dealing with the redefined nature of interactions with customers to deliver solutions to specific requirements; b) *competency leverage* – dealing with different approaches to source complementary competencies from other firms in the business network through multiple forms of interorganizational business arrangements; and c) *work configuration* – dealing with different processes to leverage diverse sources of expertise within – and across – organizational boundaries."
[Zimm97, 2]	"The term "virtual" usually stands for something that is *seemingly existing* despite the lack of some distinguishing attributes. Thus, for example "virtual reality" or "virtual products" do not have any physical structure. They are only existing in computers. For the observer the reality or the product is "existing in the mind, especially as a product of imagination" (American Heritage Dictionary). The term "enterprise" generally associates a bounded and durable object, consisting of people and buildings and basing on a legal framework. Accordingly a virtual enterprise is an enterprise which is *lacking some structural characteristics* of real enterprises, but nevertheless *functions like an enterprise in the imagination of the observer*."

Abbildung 4-4: Ausgewählte Definitionen, Merkmale und Beschreibungen Virtueller Organisationen in der Literatur

4.1.2 Entstehung Virtueller Organisationen

Bei der Verwendung des Begriffs Virtuelle Organisation in der Literatur herrscht in der Regel Unklarheit über die Entstehung der Virtuellen Organisation. Wird von der konsensfähigen strukturellen Eigenschaft Virtueller Organisationen ausgegangen, daß sie aus einzelnen autonomen Einheiten bestehen, die durch eine *Kernkompetenz* ausgezeichnet sind, können grundsätzlich zwei unterschiedliche Formen der Herkunft dieser Einheiten unterschieden werden (vgl. Abbildung 4-5).

(1) Zum einen kann die Virtuelle Organisation die **Modularisierung einer Unternehmung** oder einer Holding, also der Weg von enger zu loser Kopplung der Einheiten, beinhalten. In diesem Fall wird unter einer Virtuellen Organisation die flexible unternehmensinterne Zusammenarbeit von Profit-Centern, Abteilungen oder Mitarbeitern nach dem Prinzip einer Zelt- oder Projektorganisation verstanden (z.B. [Blei96]). Diese Form der Entwicklung wird häufig als **Virtualisierung** bezeichnet (z.B. [Byr+93]).

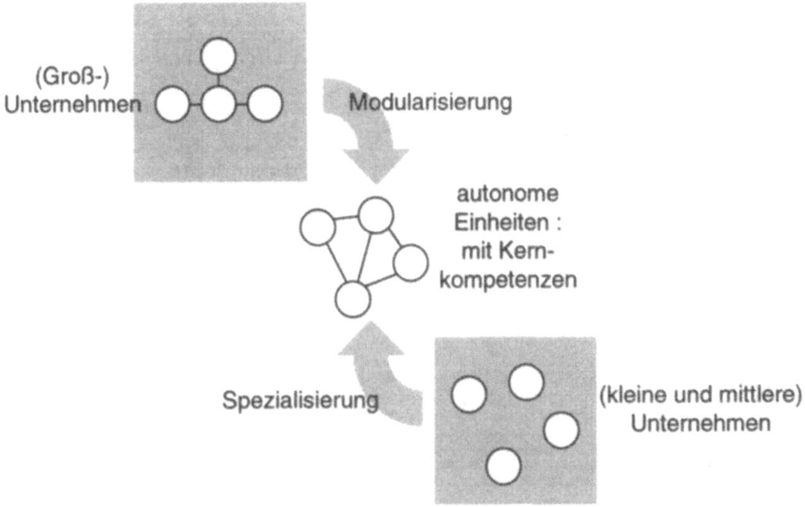

Abbildung 4-5: Entstehung von Virtuellen Organisationen

Arnold et al. beschreiben diesen Entstehungsprozeß anhand der Evolution vom traditionellen zum Virtuellen Unternehmen in vier Entwicklungsstufen [Arn+95] (vgl. Abbildung 4-6). Voraussetzung für die Entwicklung ist die umfangreiche Ausnutzung von Automatisierungspotentialen. Die Aufgaben der ersten Phase können unter dem Begriff des Business Process Redesign zusammengefaßt werden. Die Wertschöpfungskette wird optimiert und die einzelnen Wertschöpfungsaktivitäten unabhängig von ihrem Standort integriert. In der zweiten Entwicklungsstufe werden einzelne Teile der Wertschöpfungskette ausgegliedert (A3, B4, C3, E2) und der Leistungserstellungsprozeß dadurch auf mehrere autonome Unternehmen verteilt. In der dritten Phase wird die Optimierung der Wertschöpfungskette auf Lieferanten und Kunden im Rahmen des Business Network Redesign (vgl. Abbildung 4-2) ausgeweitet. Das ursprüngliche Unternehmen besteht in Phase vier schließlich nur noch aus den Kernaktivitäten, die mit Hilfe eines *Information-Brokers* im Rahmen der Virtuellen Unternehmung mit den anderen Aktivitäten koordiniert werden. Die Entstehung von Virtuellen Unternehmen aus noch nicht gekoppelten Unternehmen wird in diesem Ansatz nicht thematisiert. Sieber weist später darauf hin, daß Netzwerke aus kleinen und mittleren Unternehmen (KMU) direkt versuchen, die vierte Entwicklungsstufe zu erlangen [Sieb97, 18].

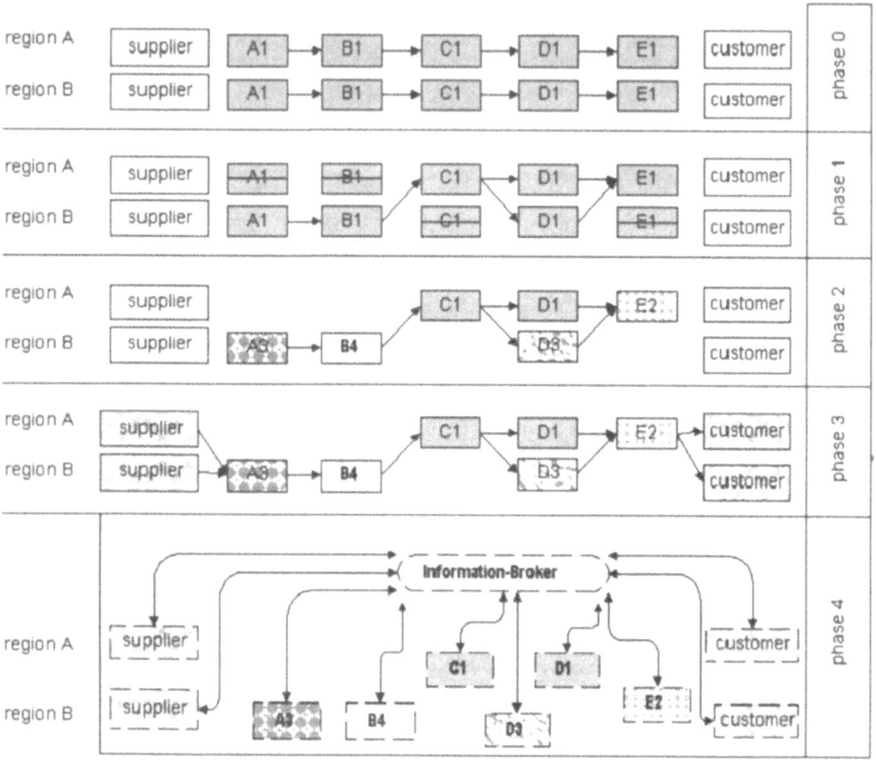

Abbildung 4-6: Entwicklungsphasen eines Virtuellen Unternehmens [Arn+95, 13]

(2) Zum andern entsteht eine Virtuelle Organisation durch das Verbinden von **spezialisierten autonomen Einheiten** unterschiedlicher Organisationen. Diese Einheiten grundsätzlich auch Module von Großunternehmen sein. Der Weg führt also von keiner Kopplung zu einer losen Kopplung. Gegenstand dieser Arbeit ist die zweite Form der Entstehung von Virtuellen Organisationen.

Eine weitere Differenzierung der zweiten Form der Entstehung Virtueller Organisationen führt zu drei unterschiedlichen Typen (vgl. Abbildung 4-7) (vgl. [Mert97, 111f]). Die Differenzierung beruht auf der Höhe des *Beziehungspotentials* zwischen möglichen Partnern. Die Höhe des Beziehungspotentials richtet sich zum einen nach der Komplementarität der Leistungen der einzelnen Partner, aber zum andern auch nach der Art der Vertrauensbeziehung zwischen den Partnern. Eine ausgeprägte *Vertrauensbeziehung* kann beispielsweise durch umfangreiche gemeinsame Erfahrungen aus Projekten, aber auch durch soziale Beziehungen von einzelnen Personen - wie die gemeinsame Mitgliedschaft in einem Alumni-Club einer Universität - entstehen. Das Netz von Partnern mit einem hohen Beziehungspotential wird im folgenden als **Beziehungsnetzwerk**[27] bezeichnet. Virtuelle Organisationen entstehen im Idealfall vollständig aus einem solchen Beziehungsnetzwerk (A). Ist jedoch eine benötigte Kernkompetenz in dem Beziehungsnetzwerk nicht vorhanden, werden „externe" Partner hinzugezogen (B). Eher unwahrscheinlich ist die Entstehung von Virtuellen Organisationen ausschließlich aus Partnern mit geringem Beziehungspotential (C).

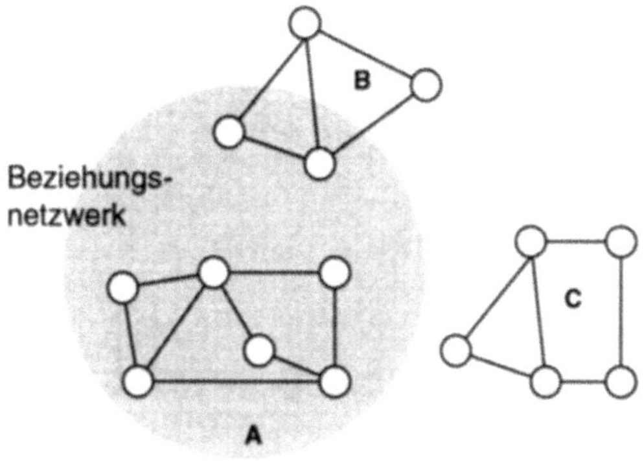

Abbildung 4-7: Typen Virtueller Organisationen [Mert97, 111]

4.1.3 Prinzip Virtueller Organisationen

Das Prinzip der Virtuellen Organisation läßt sich in Anlehnung an das Prinzip des virtuellen Speichers folgendermaßen erklären (vgl. [Zimm97]) (vgl. Abbildung 4-8).

---

[27] Andere verwendete Begriffe in diesem Zusammenhang sind „Pool" [Mert97, 111], „Business Network" [Sieb98, 150ff] oder „stabiles Netzwerk" [GöSc97, 64]. Allerdings beziehen sich diese Begriffe ausschließlich auf die bereits bestehenden ökonomischen Beziehungen zwischen Partnern, aufgrund gemeinsamer Projekte in der Vergangenheit. Darüber hinaus wird unter Pool und stabilem Netzwerk eine relativ geschlossene Gruppe von Partnern verstanden. Hier wird das Beziehungsnetzwerk als Quasi-System interpretiert (vgl. Kapitel 3.2.1).

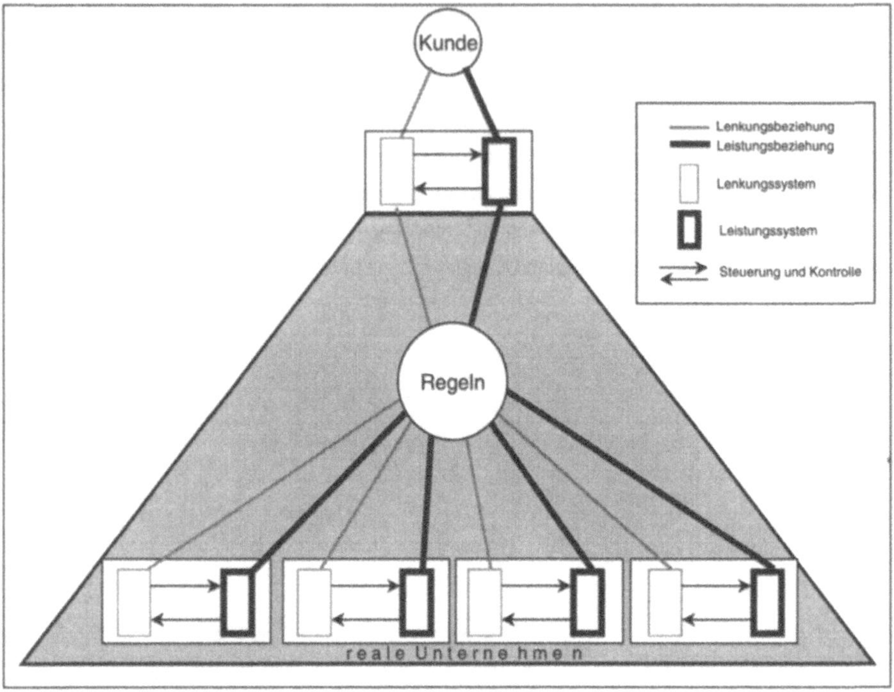

Abbildung 4-8: Prinzip der Virtuellen Organisation

Betriebliche Systeme - das sind Unternehmensnetzwerke, Unternehmen und Unternehmensteile - lassen sich rekursiv in Lenkungs- und Leistungssysteme unterteilen. Grundlage dieser Differenzierung ist das Verständnis eines betrieblichen Systems als Regelkreis. Das Lenkungssystem plant, steuert und kontrolliert als Regler die Regelstrecke, das Leistungssystem des Unternehmens. [FeSi94, 29]. Auch in Virtuellen Organisationen lassen sich auf der obersten Rekursionsebene ein Lenkungs- und ein Leistungssystem unterscheiden. Diese Sicht auf ein betriebliches System ist rein aufgabenorientiert. Die Existenz eines Lenkungssystems in einer Virtuellen Organisation ist nicht gleichzusetzen mit der Existenz einer Institution Unternehmensführung. Das Lenkungssystem und das Leistungssystem der Virtuellen Organisation werden situativ auf reale Lenkungs- und Leistungssysteme abgebildet [FeSi96, 12]. Diese dynamische Abbildung wird gemäß explizit oder implizit vorhandener Regeln in der Virtuellen Organisation durchgeführt.

Betrifft die Lenkung interne Aspekte der Virtuellen Organisation, übernehmen normalerweise alle oder viele reale Lenkungssysteme die Funktion des Lenkungssystems der Virtuellen Organisation. So werden Rahmenvereinbarungen, wie beispielsweise die schon erwähnten expliziten Abbildungsregeln, üblicherweise in strategischen Arbeitskreisen beschlossen. Werden Lenkungsaufgaben in Bezug auf externe Partner wahrgenommen, schlüpfen in der Regel nur ein oder wenige Lenkungssysteme nichtvirtueller[28] Organisationen in die Rolle des Lenkungssystems der Virtuellen Organisation. Dies ist z.B. der Fall, wenn es darum geht, mit einem Kunden ein Geschäft anzubahnen oder zu vereinbaren. Der Kunde sieht sich nur einem realen Lenkungssystem gegenüber.

Bezüglich der Leistungsabwicklung mit einem Kunden können prinzipiell drei Phasen unterschieden werden: Anbahnung, Vereinbarung und Durchführung des Leistungsaustauschs [FeSi95].[29] Bezüglich der Gestaltung der Regeln müssen in den einzelnen Phasen u.a. folgende Überlegungen angestellt werden:

Anbahnung: Wie findet die Kontaktaufnahme der Virtuellen Organisation mit den Kunden statt? Wie wird die Werbung organisiert? Betreibt jedes Unternehmen selbst Werbung für das Leistungsspektrum der Virtuellen Organisation? Gibt es ggf. einen Partner in der Virtuellen Organisation, der für das Marketing zuständig ist?

Vereinbarung: Wer schließt mit dem Kunden einen Vertrag ab? Wie ist die Generalunternehmerschaft geregelt?

Durchführung: Wie findet die Verknüpfung unterschiedlicher Leistungen statt? Wer tritt gegenüber dem Kunden auf? Wie wird die Vergütung der Leistung intern verrechnet?

Ähnliche Fragestellungen lassen sich auch für die Beziehungen zu Lieferanten entwickeln. Beim Einbezug weiterer externer Partner, wie dem Staat (Steuern), Banken (Kredite) oder Verbänden (Mitgliedschaft) wird deutlich, daß hierfür das Prinzip der Virtuellen Organisation keinen Bestand hat.

4.1.4 Das virtuelle Unternehmen nach Davidow/Malone

Wie bereits erwähnt, erreichte der Begriff des virtuellen Unternehmens mit dem Buch „The Virtual Corporation“ von Davidow/Malone [DaMa92] seinen Durchbruch. Allerdings hat der dort geprägte Begriff nur noch am Rande etwas mit dem aktuellen Verständnis virtueller Unternehmen gemeinsam. Im Mittelpunkt ihrer Ausführungen steht das **virtuelle Produkt** als

---

[28] Häufig wird der Begriff „reale Organisation“ als Abgrenzung zu „virtueller Organisation“ verwendet. Dem wird hier nicht gefolgt, da „real“ als Gegenteil von „nicht real“ interpretiert wird, und dieses Attribut nicht auf Virtuelle Organisationen zutrifft.

[29] Diese Phasen beziehen sich auf den Leistungsautausch mit einem externen Kunden (Makroebene), der im Lebenszyklusmodell einer Virtuellen Organisation in der Durchführungsphase stattfindet.

Keimzelle des virtuellen Unternehmens. Es ist dadurch gekennzeichnet, daß es jederzeit, überall und in jeder Form und Größe verfügbar gemacht werden kann [DaMa92, 10f]. Um ein virtuelles Produkt marktfähig zu machen, bedarf es umfangreicher Reorganisationsmaßnahmen im Unternehmen unter intensiver Ausnutzung von Informationstechnologien, die insbesondere zu neuen Formen der Organisation der Leistungserstellung führen. Am Ende dieses Prozesses steht das virtuelle Unternehmen. Es wird nach außen als fast konturenloses Gebilde mit durchlässigen und ständig wechselnden Trennlinien zwischen Unternehmung, Lieferanten und Kunden betrachtet [DaMa92, 15f]. Einen weitergehenden konzeptionellen Beitrag zur Erklärung und Gestaltung virtueller Unternehmen liefern Davidow und Malone jedoch nicht.

4.1.5 Virtual Organizing nach Henderson/Venkatraman

Venkatraman und Henderson sehen in dem Begriff der Virtuellen Organisation eine generelle und zusammenfassende Bezeichnung für neuere Organisationsformen. Einen unterscheidbaren Typ im institutionellen Sinne erkennen sie dabei nicht. Zur Vermeidung der institutionellen Interpretation von Organisation führen sie den Begriff des **Virtual Organizing** ein, der grundsätzlich auf jede Organisationsform anwendbar ist. Virtualität ist *„the ability of an organization to consistently obtain and coordinate critical competencies through its design of value-adding business processes and governance mechanisms involving external and internal constituencies to deliver differential, superior value in the marketplace"* [VeHe96, 4].

Die Architektur des Virtual Organizing wird durch drei interdependente Vektoren beschrieben (vgl. Abbildung 4-9):

1. **Market Interactions**: Redefinition der Beziehungen zwischen Kunden und Unternehmen.
2. **Competency Leverage**: Aufbau von Kompetenzen durch vielschichtige interorganisationale Beziehungen.
3. **Work Configuration**: Prozeß der Verwertung diverser Quellen von Expertise in- und außerhalb der Grenzen.

Jeder der drei Vektoren ist in drei Stufen unterteilt: Von einem vorherrschenden Fokus auf die Effektivität des aktuellen Geschäftsmodells (Stufe 1) in Richtung eines Fokus auf die Kreation eines neuen Geschäftsmodells (Stufe 2) für die zukünftige Erreichung von neuer Effektivität (Stufe 3). Das virtuelle Organisieren wird durch die strategische Positionierung entlang der drei Vektoren unterstützt. Außerdem gibt diese Architektur Implikationen für den unterstützenden Einsatz von Informationstechnologie, wodurch die symbiotische Interdependenz zwischen strategischem Management und Informationstechnologie deutlich gemacht werden soll.

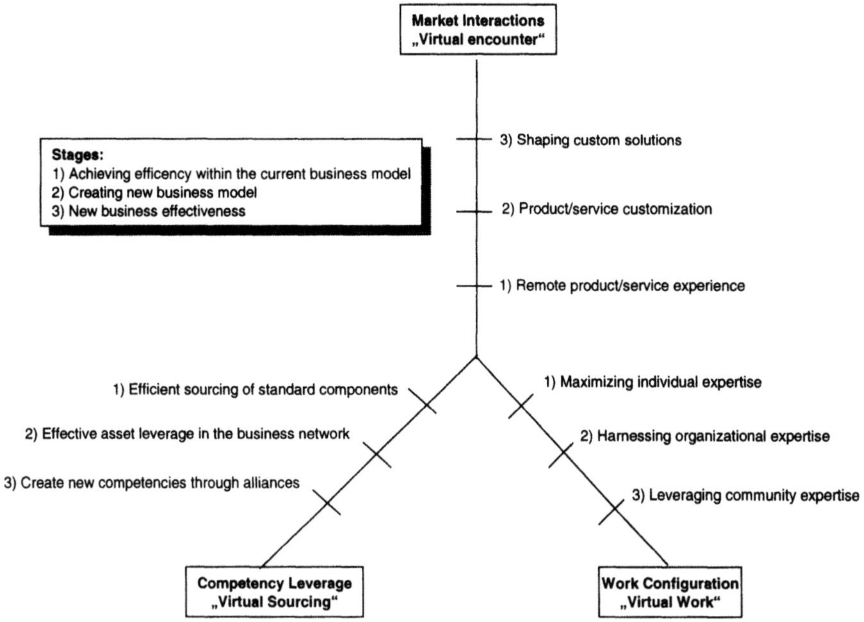

Abbildung 4-9: Virtual Organizing nach Henderson/Venkatraman

Im folgenden wird auf die drei Vektoren etwas genauer eingegangen (vgl. auch Abbildung 4-10):

1. **Market Interactions**

Dieser Vektor berücksichtigt die sich verändernden Interaktionen zwischen Unternehmen und Kunden. So wird der Kontakt zum Kunden immer unabhängiger von Ort und Zeit. Möglich wird diese Entwicklung durch den Einsatz von Multimedia, da Kunden Produkte und Unternehmen asynchron und räumlich ungebunden erleben können.

Die erste Stufe dieses Vektors bezieht sich auf Kaufentscheidungen, die getroffen werden, ohne das entsprechende Produkt anzufassen. Insbesondere die Möglichkeit der Interaktion gegenüber dem passiven Lesen von Produktbeschreibungen gewinnt hierbei an Bedeutung. In der zweiten Stufe wird die undifferenzierte Behandlung von Kunden überwunden. Mit Hilfe eines Modulkonzepts wird den Kunden eine individuelle Lösung angeboten, ohne dabei jedoch die Kosten zu erhöhen. Die dritte Stufe wird durch Einbezug der Dynamik der Kundenbeziehung erreicht. Ziel ist die interaktive, dauernd weiterentwickelnde und gegenseitig verstärkende virtuelle Begegnung mit dem Kunden. Dies wird durch den Einbezug des Kunden bereits beim Produktdesign möglich. Hierzu ist die Sammlung umfangreichen Wissens über den Kunden notwendig. Dieser Vektor korrespondiert mit der Idee des virtuellen Produkts.

2. **Competency Leverage**

Dieser Vektor beschäftigt sich im Kern mit einem geeigneten Kernkompetenzmanagement. Er beschreibt drei Stufen von Strategien der Akkumulation und Entwicklung von Kompetenzen von der vertikalen Integration zur Kooperation.

Die erste Stufe beinhaltet Aufgaben, die weitestgehend mit Business Process Reengineering oder Supply Chain Management übereinstimmen. Ziel ist die Optimierung der Geschäftsprozesse und insbesondere der Beschaffung von Ressourcen. Die hierfür typische Fokussierung auf wenige zertifizierte Lieferanten wird in Stufe zwei durch den Einbezug vielfältiger Netzwerkbeziehungen erweitert. Der Fokus wandert von der effizienten Beschaffung von Produktionsfaktoren zum Aufbau von Kompetenzen durch die Verwertung kritischer Aktivposten im Netzwerk. In der dritten Stufe werden nicht nur Ressourcen transferiert bzw. wird nicht nur von Partnern gelernt, sondern Kompetenzen werden gemeinsam mit Partnern virtuell entwikkelt oder genutzt.

3. **Work Configuration**

Mit diesem Vektor werden die sich verändernden Arbeitsgewohnheiten einbezogen. Im Mittelpunkt steht dabei die Ermöglichung des Lernens und der Verwertung von Expertise auf unterschiedlichen Ebenen. Die Effekte der Automatisierung von Aufgaben, wie die zunehmende Unabhängigkeit der Aufgabendurchführung von Zeit und Ort und die verbesserte Möglichkeit der Steuerung und Kontrolle von Aufgabendurchführungen, werden als Voraussetzung aber nicht als dominantes Ziel dieses Vektors angesehen. So steht im Zentrum der ersten Stufe dieses Vektors die Priorität der Schaffung von Freiräumen für das individuelle Lernen zur effektiven Aufgabendurchführung vor der Prozeßoptimierung zur Verfolgung einer economy-of-scale. Auf der zweiten Stufe geht es dann darum, das in der gesamten Organisation verfügbare Wissen für bestimmte Chancen oder Herausforderungen verwertbar zu machen. Die dritte Stufe beinhaltet die Nutzbarmachung von Wissen auch außerhalb von Unternehmungsnetzwerken. Hier kommen in erster Linie Communities (*Beziehungsnetzwerke*), wie beispielsweise Berufsverbände (z.B. Gesellschaft für Informatik e.V.) in Betracht.

<table>
<tr><th></th><th></th><th>Stufe 1</th><th>Stufe 2</th><th>Stufe 3</th></tr>
<tr><td rowspan="2">Market Interactions</td><td>Gegenstand</td><td>Virtuelle Mechanismen zur Erfahrung der Leistung durch den Kunden unabhängig von Zeit und Raum</td><td>Virtuelles Customizing von Leistungen für unterschiedliche Kundenanforderungen</td><td>Einbezug der Kunden in die Entwicklung ihrer individuellen Lösungen</td></tr>
<tr><td>Key Enablers</td><td>Kataloge
gebührenfreie Rufnummern
Home-Shopping
Internet-Auftritt</td><td>Modulares Design und Produktion
Produktsimulation</td><td>Effizientes Management der Kundenexpertise
kontextspezifische Produktsimulation
Management von Leistungspatterns</td></tr>
<tr><td rowspan="2">Competency Leverage</td><td>Gegenstand</td><td>Kosten/Nutzen-Maximierung der Beschaffung, insbesondere tangibler Ressourcen</td><td>(Temporäre) Nutzung externer Ressourcen zur Weiterentwicklung von Kompetenzen und zur Gewinnung operationeller Flexibilität</td><td>Zusammenarbeit zur Entwicklung von Kompetenzen
Gemeinsames Pooling von Kompetenzen</td></tr>
<tr><td>Key Enablers</td><td>Allokation von Ressourcen
Optimierung der Geschäftsprozesse</td><td>gegenseitige Abhängigkeit von Partnern
interorganisationales Management von Beziehungen
Infrastruktur für informationelle Integration zwischen Partnern</td><td>gemeinsame Entwicklung von Kompetenzen
Customizing von Geschäftsprozessen und Expertise
Dynamisierung der Beziehungen</td></tr>
<tr><td rowspan="2">Work Configuration</td><td>Gegenstand</td><td>Effektivität der individuellen Aufgabendurchführung</td><td>Optimale Verwertung verteilter Quellen von Expertise in der Organisation</td><td>Verwertung der Expertise in einer Community für die Effektivität der Organisation</td></tr>
<tr><td>Key Enablers</td><td>unterscheidbare aber verknüpfbare Aufgaben
Output-orientierte Messung von Aufgabenerfüllungen
IT-Infrastruktur</td><td>Kenntnis der Quellen von Expertise
Teamwork fördernde Kultur
Multimedia - Plattform für kooperatives Arbeiten</td><td>Expliziter Fokus auf Fähigkeiten und Expertise
unternehmenspolitische Verankerung der Nutzung externen intellektuellen Kapitals
Globale Plattformen (WWW)</td></tr>
</table>

Abbildung 4-10: Vektoren und Stufen des Virtual Organizing (vgl. [VeHe96])

Dieser Ansatz von Venkatraman und Henderson unterscheidet sich erheblich von anderen Ansätzen. So beschreibt er weniger strukturelle Aspekte einer Virtuellen Organisation, sondern mehr verhaltensbezogene. Virtualität wird mit bestimmten Fähigkeiten gleichgesetzt, für die die Informationstechnologie ein entscheidender Erfolgsfaktor ist. Mit diesem deskriptiven Ansatz haben die Autoren ein operationalisierbares Instrumentarium zur Messung von Virtualität entwickelt und damit zur Konkretisierung des Virtualitäts-Begriffs im Zusammenhang mit Organisationen beigetragen. Dem Anspruch einer Architektur, wie sie den Ansatz nennen, kann er jedoch nicht gerecht werden. Unter einer Architektur wird allgemein ein Bauplan und die Konstruktionsregeln für die Erstellung des Bauplans verstanden.[30] Durch die fehlende Festlegung von konstituierenden Strukturmerkmalen einer Virtuellen Organisation ist nicht erkennbar, wie Virtualität erreicht werden kann. Zudem wird durch das Stufenmodell Virtualisierung allein aus der Perspektive eines einzelnen Unternehmens beschrieben. Die Bildung von Netzwerken wird nicht explizit berücksichtigt, sondern lediglich als Erreichen der letzten Stufe angesehen. Damit können auch phasenspezifische Gestaltungsaspekte und der temporäre Charakter Virtueller Organisationen nicht berücksichtigt werden.

4.1.6 Virtuelles Unternehmen nach Müller-Stewens

In der Konzeption nach Müller-Stewens werden vier Dimensionen beschrieben, durch die Virtualisierung aus der Sicht eines einzelnen Unternehmens betrieben werden kann (vgl. Abbildung 4-11) [Müll97, 33f]:

1. Dauer der Wertschöpfungspartnerschaft: Die typische Dauer ist eher kurz, also beispielsweise nur für einen definierten Geschäftszweck. Eine langfristige Zusammenarbeit in virtuellen Unternehmen ist aber nicht grundsätzlich ausgeschlossen.

2. Wertschöpfungstiefe: Das Ausmaß des Bezugs von Fremdleistungen reicht von der Vergabe äußerst selektiver Wertschöpfungsaktivitäten der Partner bis zur Assemblierung vieler unterschiedlicher Leistungen.

3. Zentralisierungsgrad: Dieser wir daran gemessen, wieviel Eigenverantwortung den in- und externen Beteiligten übertragen wird.

4. Integrationsintensität: Diese reicht von einer losen Partnerschaft über technische Schnittstellen bis hin zu engen, beispielsweise räumlichen und prozessualen Verzahnungen.

Anhand der Ausprägung dieser Dimensionen lassen sich unterschiedliche Profile der Virtualisierung unterschieden. Die extremste Form ist eine geringe Ausprägung sämtlicher Vektoren.

---

[30] vgl. Kapitel 3.4.4

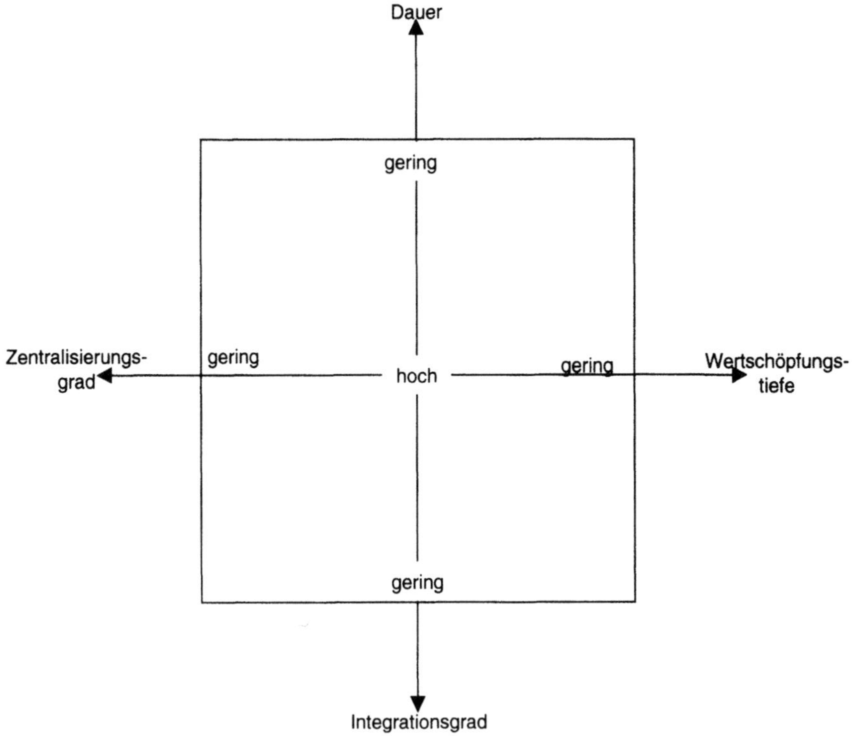

Abbildung 4-11: Dimensionen der Virtualisierung [Müll97, 37]

Das Beschreibungsmodell Virtueller Organisationen von Müller-Stewens verwendet wie Venkatraman und Henderson Vektoren zur Messung und Beschreibung von Virtualität. Als Kriterien werden dabei allerdings nur Strukturmerkmale verwendet. Dadurch wird einerseits vermieden, Virtualität aufgrund der Existenz bestimmter Strukturmerkmale zu reduzieren, da ein Grad der Virtualität angeben werden kann. Andererseits kann aufgrund der Reduzierung auf strukturelle Aspekte nicht erkannt werden, in welchem Kontext welche Form der Ausprägungen relevant ist. Dieser Ansatz liefert für die Gestaltung Virtueller Organisationen somit nur einen geringen Beitrag.

4.1.7 Strategische Organisation nach Scholz

Ausgangspunkt für die Entwicklung von Gestaltungsperspektiven für Virtuelle Organisationen ist die Beschreibung der Virtuellen Organisation als eine Perspektive auf das komplexe Phänomen der Organisation [Scho97, 42f]. Diese Perspektive fokussiert die Auflösung herkömmlicher Organisationsgrenzen und die Schaffung neuartiger Gestaltungsformen, insbesondere unter Ausnutzung informationstechnologischer Potentiale. Weitere Perspektiven sind nach Scholz (vgl. Abbildung 4-12):

- Zielorientierung (Strategische Organisation)
- Struktur und Verhalten (Mechanische Organisation)
- Dynamik (Organische Organisation)
- Kultur (Kulturelle Organisation)
- Lernfähigkeit (Intelligente Organisation)

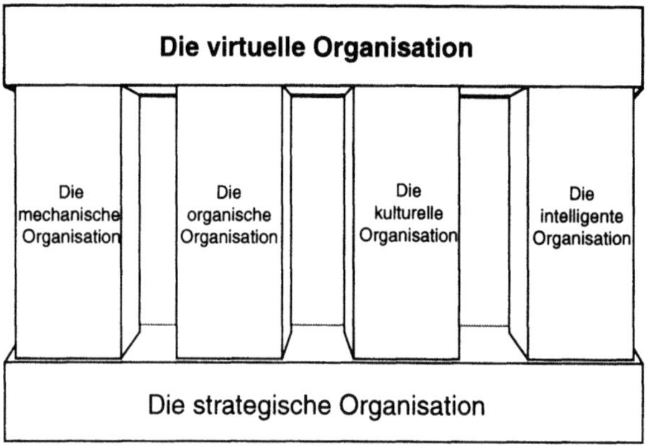

Abbildung 4-12: Strategische Organisation [Scho97, 42]

Scholz beschreibt Virtualität anhand der Merkmale konstituierende Charakteristika, fehlende physikalische Attribute, spezielle Zusatzspezifikation und Nutzeneffekte [Scho94, 19]. Angewendet auf Virtuelle Organisation ergibt dieses Vier-Merkmal-Schema folgendes:

- Konstituierende Charakteristika
  - Einheitliches Auftreten gegenüber Kunden
  - Gesamtoptimierung der ganzen Wertschöpfungskette
- Fehlende physikalische Attribute
  - Kein gemeinsames juristisches Dach
  - Keine gemeinsam geteilte Verwaltung
- Spezielle Zusatzspezifikation
  - Ausgereifte Informationstechnologie zur Verbindung der einzelnen Einheiten
  - Gefühl des absoluten gegenseitigen Vertrauens zwischen den Akteuren
- Nutzeneffekte
  - Vorhandensein individueller Kernkompetenzen
  - Synergetische Kombinierbarkeit der Kernkompetenzen, also keine Konkurrenzsituation

Die Gestaltung Virtueller Organisationen bzw. die Virtualisierung von Organisationen bedeutet die Berücksichtigung der vier Merkmale. Die oben beschriebene Perspektive auf Organisationen als Virtuelle Organisationen wird dabei in vier Gestaltungsperspektiven unterteilt [Scho96, 31ff]. Die Anwendung der Gestaltungsanforderungen führt zur Ausbildung der Merkmale. Erstens wird aus einer *Technologieperspektive* die Informationstechnologie als Nährboden der Entwicklung von Virtuellen Organisationen angesehen. Das Potential des Internets ist hier von zentraler Bedeutung. Die *Prozeßperspektive* berücksichtigt Aspekte der Dynamik. Dabei wird zwischen zwei Prozessen unterschieden (Abbildung 4-13). Der erste Prozeß berücksichtigt die unterschiedlichen Phasen von virtuellen Unternehmen. Der zweite Prozeß beschreibt den Verlauf der Leistungserstellung. Die beiden simultan verlaufenden Prozesse müssen entsprechend synchronisiert werden.

In der dritten Perspektive wird die Schaffung einer *Unternehmenskultur* thematisiert. Durch den Wegfall herkömmlicher Koordinierungs-, Motivierungs- und Profilierungsinstrumente in Virtuellen Organisationen gewinnt das Werte- und Normensystem an Bedeutung. Schließlich ist es aus einer *Stimmigkeitsperspektive* notwendig, die drei vorher beschriebenen Perspektiven und die Unternehmensstrategie untereinander und mit den Anforderungen der Umwelt abzustimmen.

Im Unterschied zu Venkatraman und Henderson betrachtet Scholz die Virtuelle Organisation anhand von sowohl Struktur- als auch Verhaltensaspekten. So wird versucht, konstituierende Merkmale einer Virtuellen Organisation zu erarbeiten. Diese Merkmale werden aus einer Evolution von Virtualisierungskonzepten abgeleitet [Scho97, 323ff]. Durch diese Herangehensweise werden Empfehlungen hinsichtlich der organisatorischen Gestaltung sichtbar. Kaum Berücksichtigung findet in dem organisationstheoretischen Ansatz das Informationssystem. Die Informationstechnik wird zwar als „Enabler" der Virtuellen Organisation bezeichnet, eine weitergehende Konkretisierung findet jedoch nicht statt. Darüber hinaus werden auch der Lebenszyklus von Virtuellen Organisationen und die damit verbundenen phasenspezifischen Gestaltungsaspekte nicht thematisiert.

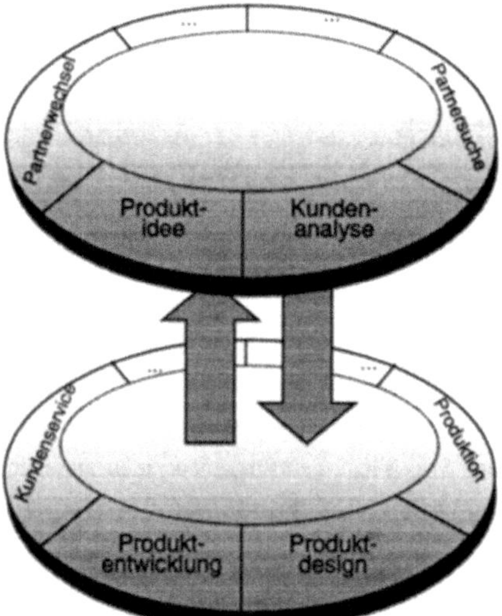

Abbildung 4-13: Prozeßstruktur Virtueller Unternehmen [Scho96, 32]

4.1.8 Nolan/Croson: IT-enabled Network Organization

Nolan und Croson [NoCr95] spannen einen Gestaltungsrahmen - insbesondere für das normative und strategische Management von Netzwerkorganisationen. Der Gestaltungsrahmen basiert im wesentlichen auf drei Grundideen. Erstens werden Organisationen als spontane Ordnungen betrachtet, deren Strukturen somit nicht detailliert gestaltbar sind. Zweitens wird von der Möglichkeit eines uneingeschränkten Austauschs von Informationen mit Hilfe moderner Informationstechnologien ausgegangen. Drittens können Organisationen nur über vergleichsweise abstrakte Zielvorgaben gelenkt werden. Die Lösungsverfahren zur Erreichung der Ziele werden von den untergeordneten Organisationseinheiten selbst bestimmt. In diesem Ansatz bestehen reaktionsschnelle Netzwerke aus mehreren selbstorganisierenden Teams von Wissensarbeitern[31]. Entscheidend für die Funktionsfähigkeit dieser Teams ist zum einen eine geeignete Infrastruktur, auf die die Teams zur Koordination und für Ressourcen zugreifen ([EcNo93, 64ff], [NoCr95, 189ff]). Zum anderen bedarf es - im Unterschied zu hierarchischen Organisationsformen - der Anwendung neuer netzwerkspezifischer Managementprinzipien [NoCr95, 195ff] (vgl. Abbildung 4-14). Ihre Anwendung konzentriert sich auf die Gestaltung und der Betrieb einer geeigneten Infrastruktur.

Die Gesamtinfrastruktur besteht nach Nolan und Croson aus sieben unterschiedlichen Infrastrukturen:

1. **Information technology infrastructure**: Basis der anderen sechs Infrastrukturen. Sie stellt eine geeignete Lenkung und Leistungserbringung durch das Informationssystem sicher.
2. **Shared knowledge and database infrastructure**: Ermöglichung der Pflege einer Wissensbasis und Unterstützung des Wissensmanagements, insbesondere in verteilten Umgebungen.
3. **Human asset infrastructure**: Sicherstellung der Verfügbarkeit der personellen Aufgabenträger, insbesondere der Wissensarbeiter.
4. **Project tasking infrastructure**: Unterstützung der geeigneten Gestaltung der Aufgabenebene und Zuordnung der Aufgaben zu den Aufgabenträgern.
5. **Performance management infrastructure**: Ermöglichung des Monitoring der Nutzung von Ressourcen und der geeigneten Gestaltung von Anreizsystemen.
6. **Ressource allocation infrastructure**: Sicherstellung der Verfügbarkeit und optimalen Nutzung der Ressourcen.
7. **Core competencies infrastructure:** Entwicklung, Management und Schutz der Kernkompetenzen.

[31] Übersetzt aus dem Englischen „knowledge worker".

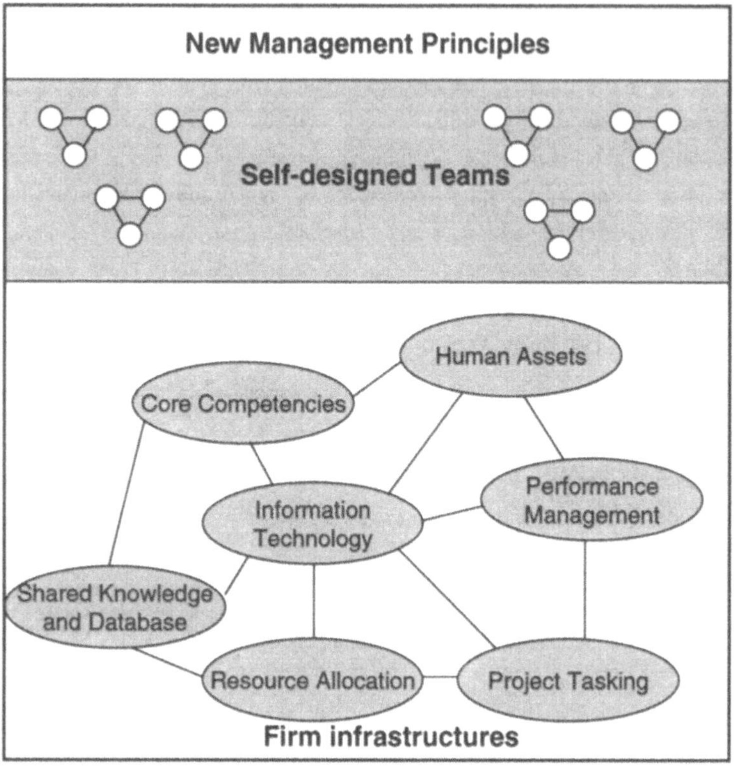

Abbildung 4-14: „IT-enabled Network Organization“ [NoCr95, 36]

Grundlage für die Gestaltung einer Netzwerkorganisation sind im Vergleich zum Management im industriellen Zeitalter zwanzig neue „information ecnonomy management principles“ [NoCr95, 195ff]. Als weitere Gestaltungshilfe werden sechs Stufen des Transformationsprozesses einer hierarchischen Organisation zur Netzwerkorganisation beschrieben [NoCr95, 38ff].

Der Ansatz von Nolan und Croson bietet die umfassendsten Gestaltungsempfehlungen für Virtuelle Organisationen. Allerdings beschränkt sich ihre Perspektive ausschließlich auf die Virtualisierung einer Oranisation und berücksichtigt die Netzwerkbildung aus autonomen Unternehmen nicht. Hierdurch werden einerseits phasenspezifische Aspekte nicht berücksichtigt und andererseits der temporäre Charakter Virtueller Organisationen nicht einbezogen.

4.1.9 Zusammenfassung

In der folgenden Tabelle werden die vier Ansätze von Müller-Stewens, Nolan/Croson, Scholz und Venkatraman/Henderson hinsichtlich ihres Beitrags zur Gestaltung[32] Virtueller Organisationen zusammenfassend dargestellt. Als Kriterien werden die Berücksichtigung der grundlegenden systemtheoretischen Merkmale Struktur, Verhalten, Dynamik (Lebenszyklus, temporärer Charakter) sowie die explizite Berücksichtigung der Gestaltung des betrieblichen Informationssystems verwendet.

Autoren → **Kriterium (Berücksichtigung von)**	**[Müll97]**	**[NoCr95]**	**[Scho94] [Scho96], [Scho97]**	**[VeHe96]**
Strukturmerkmale	✓	✓	✓	0
Verhaltensmerkmale	0	0	✓	✓
Lebenszyklus	0	0	✓	0
Temporärer Charakter	0	0	0	0
Explizite Berücksichtigung des Informationssystems	0	✓	0	0

Legende: ✓: wird berücksichtigt, 0: wird nicht berücksichtigt

Abbildung 4-15: Zusammenfassende Bewertung von Gestaltungsansätzen

[32] Die vier Ansätze sind zum Teil nicht explizit für die Gestaltung Virtueller Organisationen konzipiert. Da spezifische Gestaltungsansätze jedoch kaum verfügbar sind, wurden sie hinsichtlich ihres Beitrags zur Gestaltung analysiert.

4.2 Elemente einer Theorie Virtueller Organisationen

Die bisherigen Ausführungen zur Erklärung, Analyse und Gestaltung Virtueller Organisationen in diesem Kapitel verdeutlichen eine bislang eher pragmatische denn theoriegeleitete Auseinandersetzung mit dieser Thematik. Vor dem Hintergrund der theoretischen Grundlagen der beiden vorhergehenden Kapitel soll im folgenden ausgehend von der Netzwerkorganisation ein spezialisiertes *Merkmalprofil der Virtuellen Organisation* aus unterschiedlichen theoretischen Perspektiven entwickelt werden.

4.2.1 Institutionenökonomische Fundierung

Die Neue Institutionenökonomik liefert den ökonomischen Rahmen zur Erklärung, Analyse und Gestaltung Virtueller Organisationen. Sie ist außerdem hilfreich bei der Untersuchung des Einflusses neuer Informationstechnologien auf die Bildung Virtueller Organisationen und liefert damit konkrete Hinweise für die Gestaltung des betrieblichen Informationssystems.

4.2.1.1 Transaktionskostenansatz

Der Transaktionskostenansatz beinhaltet die Typologie und Effizienzbeurteilung institutioneller Organisationsformen wie Märkte, Hierarchien und hybride Kooperationsformen. Beurteilungskriterium sind die Transaktions- und Produktionskosten, die einerseits von den Transaktionscharakteristika (Spezifität, Unsicherheit, Häufigkeit, Atmosphäre) und andererseits von den Charakteristika des institutionellen Arrangements (Anreizintensität, Kontrollintensität, Anpassungsfähigkeit) beeinflußt werden. Um eine Erklärung für die Entstehung Virtueller Organisationen zu liefern, muß der Transaktionskostenansatz zeigen, unter welchen Bedingungen diese Organisationsform anderen überlegen ist[33].

Hybride Kooperationsformen wie die Virtuelle Organisation werden in der Transaktionskostentheorie grundsätzlich bei *mittlerer Spezifität* und *mittlerer Unsicherheit* des Leistungsaustausches als vorteilhaft betrachtet. **Mittlere Spezifität** bedeutet, daß eine Leistung nicht als Standardleistung auf dem Markt bezogen werden kann und Kostenvorteile durch die Spezialisierung eines Lieferanten aus dieser Leistungserbringung entstehen. Der eigene Aufbau entsprechender Kompetenzen ist aufgrund der erforderlichen Beschaffung von fehlendem Kapital und Know-how sowie der Notwendigkeit hierarchischer Sanktions- und Kontrollin-

[33] Für eine ausführliche transaktionskostentheoretische Untersuchung zwischenbetrieblicher Kooperation vgl. [Rote93], [Sydo92, 129ff].

strumente zur Begegnung des Opportunismus und der damit verbundenen prohibitiv hohen Kosten nicht möglich [Pic+, 266ff].

Die Wahl einer hybriden Kooperationsform kann allerdings auch bei **hoher Unsicherheit** der Transaktionsbeziehung sinnvoll sein. Die aufgrund einer dynamischen Umwelt hervorgerufene ständige Veränderung der Bedingungen der Leistungsbeziehung erhöht aufgrund ihrer potentiell nur relativ kurzen Lebensdauer das Risiko spezifischer Investitionen, so daß eine Risikoteilung angestrebt wird. Weiterhin erfordern diese Unsicherheiten reaktionsschnelle Organisationsstrukturen zur Anpassung an die neuen Bedingungen. Aus einer Zeitraumbetrachtung heraus kann es somit sinnvoll sein, zu einem bestimmten Zeitpunkt gegenüber der Hierarchie höhere Transaktionskosten zur Wahrung von Risikobegrenzung und Flexibilität in Kauf zu nehmen, da das Eingehen von hohem Risiko und fehlende Flexibilität zu einem späteren Zeitpunkt hohe Kosten verursachen kann. Zunehmend werden hybride Kooperationsformen auch bei *hoher Spezifität* und *hoher Unsicherheit* sinnvoll. So können unter solchen Bedingungen externe Partner beispielsweise für Forschungs- und Entwicklungskooperationen oder Produktionsallianzen einbezogen werden. Diese Form der Kooperationen ist jedoch eher langfristig angelegt und nicht geeignet, auf kurzfristig auftretenden Bedarf zu reagieren.

Ein weiterer wichtiger Einflußfaktor für die Wahl der richtigen Organisationsform ist die *Transaktionsatmosphäre*. Hierzu gehören alle für die Koordination einer Leistungsbeziehung relevanten sozialen, rechtlichen und technologischen Bedingungen [Pic+98, 44]. Der stärkste Impuls zur Bildung von Virtuellen Organisationen geht von den Fortschritten in der *Informationstechnologie* aus [Wind95, 190ff]. Die Transaktionskosten können durch eine geeignete Gestaltung des Informationssystems mit modernen Informationstechnologien erheblich beeinflußt werden.[34] Das Spektrum der ökonomischen Sinnhaftigkeit hierarchischer Koordinationsformen verkleinert sich, während der Anwendungsbereich marktlicher oder hybrider Organisationsformen sich verfgrößert - z.B. unter Bedingungen hoher Unsicherheit und Spezifität [Pic+98, 270ff] (vgl. Abbildung 4-16). Transaktionskosten lassen sich weiterhin durch die Existenz einer *Vertrauensatmosphäre* oder durch gemeinsame Werthaltungen und Ziele reduzieren. Diese Ansicht wird auch durch den von Ouchi [Ouch80] modifizierten Transaktionskostenansatz bestätigt. In diesem Ansatz werden die Eindeutigkeit der Leistungszurechnung und die Zielkongruenz zwischen den Partnern als weitere Transaktionskosteneinflußgrößen hinzugenommen. Geringe Zielkongruenz und eindeutige Leistungszurechnung sind demzufolge typisch für den Markt. Mittlere Ausprägungen für die Hierarchie sowie niedrige Eindeutigkeit und hohe Zielkongruenz führen zu kooperativen Koordinationsformen, die Ouchi

Clan-Strukturen nennt [Ouch80, 135]. Gegenseitiges Vertrauen und die Zielkongruenz führen zu einer Reduzierung des opportunistischen Verhaltens der Mitglieder und somit zur Vermeidung der Spezifizierung umfangreicher Vereinbarungen [Ouch80, 136f]. Vertrauensbeziehungen entstehen typischerweise durch den direkten Kontakt über einen längeren Zeitraum hinweg. Da in Virtuellen Organisationen diese Voraussetzung normalerweise nicht gegeben ist, müssen andere Formen - insbesondere eine kurzfristige Vertrauensbildung - Anwendung finden. So besteht z.B. die Möglichkeit, die Vertrauenswürdigkeit von potentiellen Transaktionspartnern über Trusted Third Parties zu überprüfen.

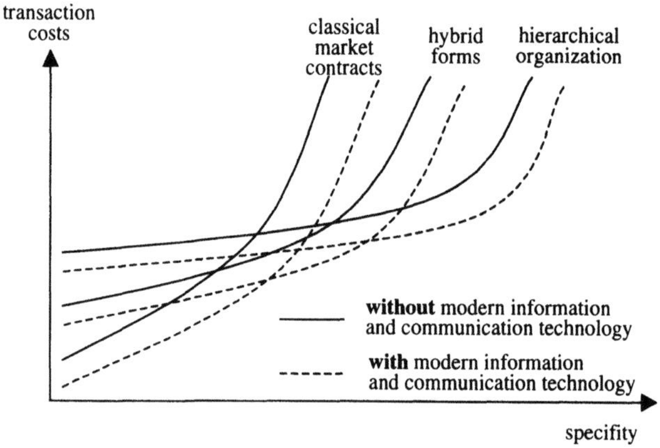

Abbildung 4-16: Einfluß moderner Informationstechnologie auf die Transaktionskosten [Pico93a, 733]

Nachdem aus der Sicht der Charakteristika der Transaktion die mögliche Anwendung der Virtuellen Organisation auf Transaktionen von mindestens mittlerer Spezifität und Unsicherheit, möglichst basierend auf Vertrauensverhältnissen und informationstechnologischer Unterstützung, herausgearbeitet wurde, werden nun die Bedingungen für die Bildung einer Virtuellen Organisation aus der Sicht der Charakteristika des institutionellen Arrangements dargestellt [Scho97, 341f].

Die *Anreizintensität* eines institutionellen Arrangements beschreibt den immanenten Anreiz einer optimalen Ressourcenallokation und die Vermeidung opportunistischen Verhaltens

[34] Für eine ausführliche Darstellung der informationstechnischen Unterstützung von Transaktionen vgl. [Geba96]

durch dessen Kopplung mit Kosten [Scho97, 341]. In Virtuellen Organisationen wird der Ressourceneinsatz auf der Basis von Effizienzkriterien von den Mitgliedern selbst entschieden und eine Überlagerung dieser ökonomischen Entscheidungen durch politische, wie sie in hierarchischeren Koordinationsformen vorkommen, vermieden. Weiterhin besteht durch die lose Kopplung ein ständiges Sanktionspotential gegen einen ressourcenverschwendenden Partner durch dessen Ausschluß aus der Organisation. Ein weiterer Anreiz Virtueller Organisationen zur Vermeidung opportunistischen Verhaltens besteht in der Vorteilhaftigkeit einer hohen Varietät durch die flexible Kombination von Leistungsmodulen. Die einzelnen Partner haben somit wenig Motivation, Leistungsmodule zurückzuhalten.

Die *Kontrollmechanismen* in Virtuellen Organisationen basieren auf Vertrauen, modernen Informationstechnologien und marktlichen Elementen. Eine konkrete Überwachung und Durchsetzung von Leistungsvereinbarungen ist aufgrund ihrer wenig detaillierten Spezifikation kaum möglich. Die damit verbundene Unsicherheit über die Qualität der Leistungserbringung eines Partners muß durch eine geeignete Transaktionsatmosphäre, die Vertrauen und geeignete Informationstechnologien (automatisiertes betriebliches Informationssystem) enthält, kompensiert werden. Hilfreich ist außerdem die Kontrolle über den Markt.

Die *Anpassungsfähigkeit* eines institutionellen Arrangements ist in sehr dynamischen Umwelten von Bedeutung. So entstehen beispielsweise Transaktionskosten bei der Anpassung der Vereinbarung eines Leistungsaustauschs aufgrund neuer marktlicher Erfordernisse an die Leistung. Virtuelle Organisationen bieten hier den Vorteil einer guten Anpassungsfähigkeit im Vergleich zu institutionellen Arrangements, die detaillierte Spezifikationen der Vereinbarung vorsehen [Scho97, 342]. Vereinbarungen lassen sich zwischen den Partnern entweder ohne hohe Transaktionskosten anpassen oder durch Vereinbarungen mit neuen Partnern ersetzen.

Grundsätzlich deutet die Transaktionskostentheorie Vorteile hybrider Organisationsformen gegenüber der rein marktlichen Koordination, aufgrund von Kostenvorteilen durch Spezialisierung, geringe Anbahnungs- und Vereinbarungskosten, Vermeidung von opportunistischem Verhalten, einer geringeren Informationsasymmetrie und der Vermeidung von Doppelaufgaben an. Gegenüber der Hierarchie werden im wesentlichen die größere Flexibilität bei Umweltveränderungen und Effizienz durch echte Marktpreise anstelle von Verrechnungspreisen angeführt.

Die Transaktionskostentheorie liefert Hinweise zur Erklärung der Existenz hybrider Organsiationsformen. Für die Gestaltung von Organisationsformen ist sie jedoch, neben der Unterstützung bei der Wahl einer globalen Organisationsform, weniger geeignet [Sydo92a, 299]. Bezogen auf Virtuelle Organisationen hilft der Transaktionskostenansatz zur Erklärung ihrer

Entstehung, kann aber zu ihrer konkreten Ausgestaltung wenig beitragen.[35] Vor allem vernachlässigt sie den dynamischen Aspekt von Organisationen, indem die Organisation ausschließlich als Ergebnis geplanter und nicht auch spontaner Ordnungsprozesse angesehen werden [Sydo92, 165].

4.2.1.2 Principal-Agency-Theorie

Die Principal-Agency-Theorie befaßt sich mit der Erklärung, Analyse und Gestaltung von Auftraggeber- und Auftragnehmer-Beziehungen. Sie wurde zwar ursprünglich für innerbetriebliche Beziehungen entwickelt, läßt sich jedoch problemlos auch auf Interorganisationsbeziehungen anwenden [Sydo92, 172]. In Virtuellen Organisationen bestehen zwischen den Mitgliedern zahlreiche Leistungsbeziehungen. Dabei kann sich jedes Mitglied situationsabhängig sowohl in der Rolle des Principals als auch des Agenten befinden. Die Beziehungen zwischen Principal und Agent sind in Virtuellen Organisationen im wesentlichen durch drei Merkmale geprägt.

Erstens *divergieren die Ziele* der Mitglieder, da die Autonomie der Mitglieder einer Virtuellen Organisation auch automatisch individuelle Zielfunktionen beinhaltet. Die Principal-Agency-Theorie unterstellt opportunistisches Verhalten und somit die Nutzenmaximierung jedes Mitglieds. Aus der Sicht der Leistungsbeziehung gilt es, den Nutzen beider Partner derart zu maximieren, daß der geringste Wohlfahrtsverlust entsteht.

Zweitens weisen die Mitglieder *unterschiedliche Risikoneigungen* auf. Die Risikoaversion der Agenten führt zum Versuch der Abwälzung von Risiko auf den Principal. Im Extremfall bedeutet dies die Übernahme sämtlicher Kosten der Leistungserbringung einschließlich der Zahlung eines Gewinnzuschlags durch den Principal. Die möglichen Konsequenzen einer derartigen Vereinbarung werden besonders in einer Zeitraumbetrachtung deutlich. Auf der einen Seite hat der Principal für die Vertragsdauer keinen Einfluß auf eine Preissenkung oder Leistungsverbesserung durch den Agenten. Der Agent findet auf der anderen Seite keinen Anreiz, effizient am Markt zu agieren und kann somit auf Dauer an Wettbewerbsfähigkeit verlieren. Diese Form der Abhängigkeit zwischen Partnern würde der Zielsetzung einer Virtuellen Organisation widersprechen, Konkurrenzfähigkeit durch die flexible Kombination von Partnern zu gewinnen. Wird das Risiko bei einem risikoaversen Principal im anderen Extremfall weitestgehend auf den Agenten verlagert, führt dies zu einem Verlust der Kontroll-, Anreiz- und Sanktionsinstrumente und letztlich zum Verlust der Vertrauensbasis zwischen Principal und Agent [Sydo92, 172]. Die Vertragsgestaltung verfolgt somit die optimale Trade-Off

[35] Für eine ausführliche Diskussion der Grenzen der transaktionskostentheoretischen Erklärung von Organisati-

Beziehung zwischen Risikoübernahme und Anreizgestaltung der involvierten Unternehmen [Männ96, 87f].

Drittens bewirkt insbesondere das für Virtuelle Organisationen typische dynamische Umfeld eine erhebliche *Informationsasymmetrie* zwischen Auftraggeber und Auftragnehmer. Den Mitgliedern einer Virtuellen Organisation ist es aufgrund zu hoher Kontrollkosten kaum möglich, vollständige Informationen über den Leistungswillen und die Leistungsfähigkeit anderer oder potentiell neuer Mitglieder zu bekommen. Auf der anderen Seite ist auch ein möglichst vollständiges Signalling eines Agenten sehr aufwendig. Es ist grundsätzlich denkbar, daß Unternehmen sich durch Zertifizierungen (z.B. ISO 9000) oder Gütesiegel differenzieren, die Kosten des Beweises der Fähigkeit zur Erfüllung einer bestimmten Leistungsspezifikation zu einem bestimmten Zeitpunkt können jedoch prohibitiv hoch werden. Weiterhin kann eine hohe Umweltdynamik zu Veränderungen der Bedingungen zum Zeitpunkt der Leistungsvereinbarung eintreten. Die Vereinbarungen zwischen Principal und Agent sollten folglich Instrumente zur Aufhebung der Informationsasymmetrie bzw. ihrer Kompensation enthalten.

Neben der Erklärung der Vorteilhaftigkeit von Netzwerken durch die Minimierung von Agency-Kosten liefert die Principal-Agency-Theorie Hinweise für die Analyse und Gestaltung der Vereinbarung des Leistungsaustausches zwischen Auftraggebern und Auftragnehmern unter Berücksichtigung minimaler *Agency-Kosten* und minimalen *Wohlfahrtsverlusts.* Da jedoch nicht alle in Zukunft auftretenden Handlungsmöglichkeiten ex ante in einem Vertrag geregelt werden können, lassen sich die Agency-Kosten nur durch zusätzliche Instrumente reduzieren.

Informationsasymmetrie ist eine wichtige Ursache für die Schwierigkeiten der Gestaltung von Leistungsbeziehungen. Folglich sind Instrumente zu deren Reduzierung von zentraler Bedeutung. Informationsasymmetrien hängen unmittelbar mit der *Gestaltung des betrieblichen Informationssystems* einer Virtuellen Organisation zusammen. Die Probleme der „Hidden information" und „Hidden action" können hiermit gemildert werden. Allerdings müssen natürlich die Kosten der adäquaten Gestaltung des Informationssystems mit dem Nutzen der Reduzierung der Informationsasymmetrie abgewogen werden.

Die Instrumente des Interessenausgleichs erscheinen für Virtuelle Organisationen weniger geeignet. Instrumente wie Bürgschaften, Pfande und vor allem Beteiligungen verursachen Kosten für ihren Aufbau, führen zu langfristiger institutioneller Integration und widersprechen somit dem Flexibilitätsziel.

---

onsformen vgl. [Sydo92, 145ff] und die dort angegebene Literatur.

Die Principal-Agency-Theorie rückt *Vertrauen* als Instrument zur Reduzierung von Agency-Kosten in den Mittelpunkt. Insbesondere der Agent kann durch freiwillige Maßnahmen das Vertrauen des Principals gewinnen. Eine besondere Rolle spielt hierbei die Glaubwürdigkeit von Selbstverpflichtungen. Voraussetzung für die Aufnahme eines Partners in eine Virtuelle Organisation, bzw. für die Vergabe eines Auftrags an einen Partner, sollten somit beispielsweise erkennbare spezifische Investitionen in die **Reputation** sein. Die Reputation eines Partners, und damit ein „blindes Vertrauen" in seine Leistungsfähigkeit, kann umfangreiche Kosten zu deren Überprüfung ersetzen. Außerdem wird dadurch eine rasche Leistungsvereinbarung ermöglicht, was für den Charakter einer Virtuellen Organisation wesentlich ist.

Als Analyse- und Gestaltungshilfe zeigt die Principal-Agency-Theorie das Agency-Problem bei Vereinbarungen auf, beschreibt institutionelle Arrangements zur Lösung des Agency-Problems und unterstützt somit die Entwicklung effizientester Vereinbarungen und Instrumente zu deren Durchsetzung unter Berücksichtigung der spezifischen Merkmale der Agency-Beziehung. Dabei bietet die Principal-Agency-Theorie allerdings eher eine Strukturierung des Problems als eine konkrete Problemlösung.

4.2.1.3 Property-Rights-Theorie

Die Property-Rights-Theorie fokussiert die Verteilung der Handlungs- und Verfügungsrechte innerhalb einer Organisation. Die zentralen Effizienzkriterien sind sowohl die Transaktionskosten als auch die entstehenden positiven und negativen externen Effekte.

Transaktionskosten entstehen bei der Herausbildung, Zuordnung, Übertragung und Durchsetzung von Property Rights. Sie setzen sich insbesondere aus *Kosten der Information und Kommunikation* zusammen. Die Property-Rights-Theorie empfiehlt daher, möglichst vollständige Rechtsbündel dem Handelnden selbst zuzuschreiben, da dadurch gegenüber einer fallweisen Übertragung der Rechte, wie sie in Hierarchien vorkommen, Transaktionskosten vermieden werden können. Weiterhin schafft diese Rechteverteilung, die unmittelbar mit der Nutzung von Ressourcen verbunden ist, einen Anreiz zu effizientem und selbstverantwortlichem Handeln. Je nach Umfang der Rechte der Handelnden liegt eine mehr oder weniger starke *Modularisierung* und damit Bindung zwischen den einzelnen Partnern vor. In Virtuellen Organisationen sind die Rechte aufgrund der rechtlichen Selbständigkeit möglichst vollständig den einzelnen Partner zugeordnet. D.h. sie haben das Recht zum Gebrauch der zur Verfügung gestellten Ressourcen (usus) und das Recht zur Einbehaltung von Gewinnen, was jedoch auch die Pflicht zum Tragen von Verlusten (usus fructsu) beinhaltet sowie eingeschränkt auch das Recht, Form und Substanz des Gutes zu verändern (abusus).

Das selbständige Wirken am Markt kann für potentielle Partner auch **externe Effekte** erzeugen. Ein zur Verdeutlichung häufig verwendetes Beispiel ist ein Imker, der sich die externen Effekte einer angrenzenden Obstplantage zunutze macht, oder umgekehrt der Landwirt, der die Bienen zur Befruchtung der Obstbäume benötigt. Für Virtuelle Organisationen ist dieses Beispiel jedoch unpassend, da eine Zeitraumbetrachtung keine explizite Anwendung findet, und typischerweise von langfristiger Zusammenarbeit ausgegangen wird. Virtuelle Organisationen internalisieren externe Effekte, die nur für einen bestimmten Geschäftszweck bestehen. Das ist z.B. der Fall, wenn ein Unternehmen eine besondere Kernkompetenz besitzt, die nicht imitierbar ist und auch für andere Unternehmen von Nutzen sein kann. Wenn mehrere Organisationen erkennen, daß sie mehr Gewinn durch Koordinierung ihrer Leistungserbringung erreichen, werden sie sich zusammenschließen, also Transaktionskosten sparen und somit die externen Effekte internalisieren [Scho97, 178]. Die Internalisierung darf jedoch nicht soweit gehen, daß der Anreiz, die Realisierung von Erträgen, verloren geht. So muß gewährleistet sein, daß Wissen, d.h. Rechte der Verwertung von Informationen, geschützt ist. Die Verfügungsrechte an Informationen und die Durchsetzung der Rechte ist eine wichtige Voraussetzung für die Wissensproduktion.

Aus der Sicht der Property-Rights-Theorie kann auch der fördernde Charakter der modernen Informationstechnologien auf die Bildung Virtueller Organisationen erklärt werden [Garb98]. Hart betrachtet den Einfluß neuer Technologien folgendermaßen: „*The increased flexibility in technology means that assets are becoming less complementary. (An asset can more easily be modified to be suitable for a new trading partner)*" [Hart 1995, 53]. Die Property-Rights-Theorie schlägt bei einer hohen Komplementarität von Aktivposten die Zuordnung der Verfügungsrechte sämtlicher dieser Aktivposten zu einem einzigen Eigentümer vor. Unter Komplementarität wird hierbei eine hohe Spezifität und damit eine sehr begrenzte Kombinierbarkeit der Aktivposten verstanden. Der Einsatz moderner Informationstechnologien kann zu einer Reduktion der Spezifität und damit zu einer Reduzierung der Komplementarität von Aktivposten führen, weil diese einfacher und schneller an neue Anwendungen angepaßt werden können. Da bei einer geringen Komplementarität der Aktivposten die Property-Rights-Theory eine Disintegration der Verfügungsrechte empfiehlt, kann eine Erweiterung des Anwendungsspektrums Virtueller Organisationen als Folge von informationstechnologischen Fortschritten angenommen werden.

Aus der Sicht der Property-Rights-Theorie erklären sich Virtuelle Organisationen neben der Kombination von Anreiz und Internalisierung temporärer externer Effekte folglich auch aus der technologischen Entwicklung. Für die Gestaltung von Organisationen liefert sie Hinweise, die Verfügungsrechte an Ressourcen so zu verteilen, daß die Ausnutzung externer Effekte zwar möglich wird, aber der Anreiz zur Weiterentwicklung der Ressourcen bestehen bleibt.

4.2.1.4 Zusammenfassung

Kategorie	Merkmal	Ausprägung
Transaktion	Spezifität der Leistung	niedrig
		mittel
		hoch
	Unsicherheit	niedrig
		mittel
		hoch
Institutionelles Arrangement	Vertrauen	**Vertrauensorganisation**
		Mißtrauensorganisation
	Automatisierungsgrad des Informationssystems	niedrig
		hoch
	Anreizintensität	niedrig
		hoch
	Anpassungsfähigkeit	niedrig
		hoch
Leistungsbeziehung zwischen Auftragnehmer und -geber	Kontrollkosten	**gering**
		hoch
	Wohlfahrtsverlust	**gering**
		hoch
	Risikoverteilung	asymmetrisch
		symmetrisch
	Informationsasymmetrie	**gering**
		hoch
	Reputation der Partner	gering
		hoch
Verfügungsrechte	Verteilung von Bündeln zwischen Partnern	unvollständig
		vollständig
	Internalisierung externer Effekte	**kurzfristig**
		langfristig

[grau hinterlegt] vorliegende Merkmalsausprägung [36]

Abbildung 4-17: Profil einer Virtuellen Organisation: Institutionenökonomische Sicht

[36] Systemmerkmale sind dichotomisch oder dimensional. Dichotomische Merkmale haben sich gegenseitg ausschließende Ausprägungen. Bei dimensionalen Eigenschaften handelt es sich um unterschiedliche, nur innerhalb einer Spanne zwischen Extremen darstellbare Abstufungen des Auftretens eines Merkmals [Ulri68, 112].

Aus institutionenökonomischer Sicht stellt die Virtuelle Organisation eine geeignete Organisationsform bei *mittlerer Spezifität* der ausgetauschten Leistung und *mittlerer oder hoher Unsicherheit* der Umwelt des Leistungsaustausches dar. Eine wichtige Grundlage der Virtuellen Organisation ist ein hoher *Automatisierungsgrad des Informationssystems* und eine Vertrauensbeziehung zwischen den Partnern, da dadurch geringe Transaktionskosten und eine *geringe Informationsasymmetrie* ermöglicht werden. Virtuelle Organisationen sind aufgrund *geringer Transaktionskosten* sehr anpassungsfähig und durch *fehlende Anreize zu opportunistischem Verhalten* und dadurch entstehenden Wohlfahrtsverlusten sehr leistungsfähig. Die Struktur einer Virtuellen Organisation ist durch die *Autonomie der Partner* gekennzeichnet, zwischen denen das *Risiko* eines Leistungsaustausches gleichmäßig verteilt ist. Bedingung für die kurzfristige Aufnahme eines Partners ist dessen hohe *Reputation*, die *Kontrollkosten* vermeiden und die *Vertrauensbildung* verstärken kann. Die Zusammenarbeit ist durch die Möglichkeit der kurzfristigen Internalisierung *externer Effekte* der Partner charakterisiert.

Die Institutionenökonomik liefert Hinweise auf eine ökonomische Erklärung Virtueller Organisationen. Im Hinblick auf ihre Gestaltung werden wichtige gestalterische Rahmenbedingungen - wie die Bedeutung von Informationstechnologien und Vertrauen - erarbeitet; eine für diese Arbeit nützliche Operationalisierung der Gestaltungsempfehlungen ist jedoch kaum ableitbar. Dies ist auf folgende Defizite zurückzuführen. Die Institutionenökonomik vernachlässigt zum einen den dynamischen Aspekt einer Organisation, wie er sich z.B. in ihrem Lebenszyklus widerspiegelt. Zum andern findet keine analytische Trennung zwischen der Aufgaben- und Aufgabenträgerebene statt. Organisationen werden lediglich aus der Perspektive des rationalen, opportunistischen und risikoaversen personellen Aufgabenträgers betrachtet.

4.2.2 Systemtheoretische Fundierung

In diesem Kapitel wird ein systemtheoretisches Merkmalsprofil Virtueller Organisationen entwickelt. Hierzu werden zunächst verschiedene Ebenen unterschieden (Abschnitt 4.2.2.1). Anschließend werden struktur- und verhaltensorientierte Merkmale erarbeitet (Abschnitt 4.2.2.2). Schließlich werden den Wandel unterstützende Merkmale Virtueller Organisationen analysiert (Abschnitt 4.2.2.3).

4.2.2.1 Systemdifferenzierung

Virtuelle Organisationen sind aufgrund ihrer netzwerkartigen Struktur und hohen Dynamik hochkomplexe betriebliche Systeme. Die ganzheitliche Erklärung, Analyse und Gestaltung solcher Systeme stellt damit eine herausfordernde Aufgabe dar. Diese Aufgabe wird durch das Hierarchiekonzept der Systemtheorie unterstützt. Es ermöglicht die Bewältigung der

Komplexität durch die Fokussierung bestimmter Aspekte, ohne dabei jedoch die Integritätsbedingungen zwischen den Aspekten zu verletzen.

Die *Boulding-Hierarchie* zeigt die vielen aufeinander aufbauenden Aspekte von soziotechnischen Systemen auf. Scholz vermutet, daß mit der Virtuellen Organisation erstmalig eine vollständige Abdeckung sämtlicher Ebenen gegeben ist, da durch sie möglicherweise eine teilweise organisatorische Entsprechung der neunten Ebene der Boulding-Hierarchie, des Systems der unspezifizierten Komplexität, existiert [Scho97, 25]. Eine ganzheitliche Analyse und Gestaltung Virtueller Organisationen sollte jedoch sämtliche Ebenen mit einbeziehen. Bei der Fokussierung einer bestimmten Ebene stellt die Boulding-Hierarchie einen Orientierungsrahmen zur *Wahrung der Integrität* mit den anderen Ebenen dar. So unterstützt sie die Einordnung konkreter Analyse- und Gestaltungsmodelle und -instrumente in den Gesamtzusammenhang von Systemen. Zur Erklärung von Virtuellen Organisationen soll hier exemplarisch die sechste Ebene, das Informationssystem, betrachtet werden. Wichtige „Enabler“ Virtueller Organisationen stellen nach allgemeiner Auffassung moderne Informationstechnologien dar. Mit ihrer Hilfe kann die Leistungsfähigkeit betrieblicher Informationssysteme erheblich gesteigert werden. Gemäß der Boulding-Hierarchie ist ein Informationssystem Voraussetzung für *Lernprozesse*. Ein besonders leistungsfähiges Informationssystem kann somit auch sehr positive Auswirkungen auf die Lernkapazität haben. Wie in Kapitel 3.2.3.3 festgestellt wurde, gewinnt *interorganisationales Lernen* an Bedeutung, wodurch die Relevanz der Bildung von Virtuellen Organisationen zunimmt.

Ein zur Boulding- Hierarchie orthogonales Konzept ist die Subsystembildung. Die Ausdifferenzierung von Systemen ist in einer komplexen Umwelt erforderlich. Dem System wird dadurch ein arbeitsteiliger Vollzug durch *Spezialisierung* und eine spezialisierte Interaktion mit der Umwelt ermöglicht. Ein wichtiger Vorteil der Systemdifferenzierung für die Analyse und Gestaltung komplexer Systeme ist die Unterscheidung zwischen Außen- und Innensicht über mehrere Systemebenen hinweg. Dabei erscheint es sinnvoll, verschiedene Modelle für jede Abstraktionsebene zu erstellen, ohne dabei die Integrität zwischen ihnen zu vernachlässigen [FeSi97, 398]. Für diese Arbeit sind zwei Ebenen von zentralem Interesse: Die des Systems Virtuelle Organisation (Makroebene) zur Betrachtung ihrer Außensicht und ihres Verhaltens sowie die Ebene der Subsysteme (Mesoebene) in Form der Partnerunternehmen zur Betrachtung der Innensicht und der Struktur der Virtuellen Organisation.

4.2.2.2 Struktur und Verhalten

Ein wichtiger Ansatz zur Erklärung, Analyse und Gestaltung Virtueller Organisationen ist die differenzierte Betrachtung von *Struktur* und *Verhalten*.

Die Bildung einer Virtuellen Organisation erscheint nur dann sinnvoll, wenn andere Organisationsformen für einen bestimmten Zweck ungeeignet sind. Aus einer klassischen systemtheoretischen Perspektive heraus kann gefolgert werden, daß das System Virtuelle Organisation ein von anderen Organisationsformen ***unterscheidbares Verhalten*** hat. Unter Verwendung der Metapher des Input-Output-Systems ([Ulri68, 112f, 132f], [FeSi98, 14f, 120f]) kann das System Virtuelle Organisation in einem bestimmten Kontext geeignetere Outputs an materiellen und immateriellen Leistungen ermöglichen als andere Systemformen. Diese verhaltensorientierte Sicht auf Virtuelle Organisationen wird insbesondere von Venkatraman und Henderson vertreten, die mit Virtualität bestimmte Fähigkeiten einer Organisation verbunden sehen, die es ermöglichen dem Markt einen überlegenen Wert zu liefern [VeHe96, 4] [37]. Dabei geben die Autoren zwar Hinweise zu geeigneten strukturellen Grundeigenschaften zur Unterstützung der Virtualität, lassen jedoch grundsätzlich offen, mit welchen Strukturen Virtualität erreicht werden kann bzw. soll. Aus dieser verhaltensorientierten Perspektive erhält die Virtuelle Organisation einen klaren strategischen Aspekt und kann als strategische Option zur Realisierung von Wettbewerbsvorteilen angesehen werden. Bei der näheren Betrachtung der den Virtuellen Organisationen zugeschriebenen Fähigkeiten werden Unterschiede zu anderen zwischenbetrieblichen Organisationsformen deutlich. So unterscheiden sie sich beispielsweise von strategischen Netzwerken nach Sydow dahingehend, daß Netzwerke nur dann als strategisch bezeichnet werden, wenn sie proaktiv auf wettbewerbsrelevante Potentiale ausgerichtet sind [Sydo92,81]. Virtuelle Organisationen haben jedoch auch die Fähigkeit, auftretenden Markterfordernissen *reaktiv* zu begegnen. Für diese Fähigkeit der schnellen Reaktion ist eine große *Varietät* des Systems erforderlich. Eine wichtige Eigenschaft einer Virtuellen Organisation aus verhaltensorientierter Sicht ist somit eine große Varietät, also ein großes Repertoire an Verhaltensmöglichkeiten, auf unvorhersehbare Ereignisse zu reagieren [Scho97, 387].

Voraussetzung für die Erreichung des gewünschten Systemverhaltens von Virtuellen Organisationen sind geeignete Strukturen. Die strukturorientierte Sicht ist insbesondere für die Gestaltung Virtueller Organisationen von Bedeutung. Ein wichtiger strukturorientierter Aspekt ist die *Verteilung* der Elemente des Systems. Virtuelle Organisationen sind eine wichtige Klasse verteilter Systeme. Wesentliches Merkmale verteilter Systeme sind die *Autonomie* und die *lose Kopplung* der Komponenten [FeSi96, 161f]. Unter **loser Kopplung** wird in betrieblichen Systemen eine geringe Bindungsintensität zwischen den Partnern verstanden, wie sie in betrieblichen Netzwerken vorkommt [Küti83, 2].

---

[37] vgl. Kapitel 4.1.5

In der klassischen betriebswirtschaftlichen Theorie wird **Autonomie** lediglich als Freiraum verstanden [PrNa93, 370]. Unter dem Blickwinkel der neueren Systemtheorie kommen hier jedoch noch weitere wichtige Aspekte hinzu. Systeme werden nach diesem Ansatz nicht ausschließlich als offen betrachtet, sondern auch als geschlossen bezüglich ihrer Operationsweise [Matu80]. Sie sind autonom bezüglich der Generierung und der Veränderung der eigenen Regelstruktur. Autonomie von Systemen bedeutet somit nicht nur ein hoher Freiheitsgrad bezüglich des Verhaltens des Systems, sondern auch das Potential, diesen zu nutzen. Dazu gehört einerseits das Potential zur Ausbildung einer eigenen *Systemidentität* und anderseits das Potential zur Ausbildung von Fähigkeiten, d.h. zum *Lernen* [PrNa93, 370].

Im Hinblick auf Virtuelle Organisationen bedeutet Freiheitsgrad die Möglichkeit jederzeitig in die Virtuelle Organisation einzutreten oder sie zu verlassen. Das bedeutet, daß die Partner in einer Virtuellen Organisation nicht nur rechtlich, sondern auch zu einem hohen Maße wirtschaftlich selbständig sind, was sie von vielen anderen Kooperationsformen, wie z.B. strategischen Netzwerken unterscheidet [Sydo92, 90]. Die Betonung der Jederzeitigkeit verdeutlicht, daß auch im Laufe der Zusammenarbeit der Partner kein Autonomieverlust, z.B. durch eine Verschiebung der Machtverhältnisse, auftreten darf.

Das zweite Kriterium der Autonomie, das Vorhandensein von Potential, gibt wichtige Hinweise bezüglich der Eigenschaften eines Partners in einer Virtuellen Organisation. So definieren sich die Partner in einer Virtuellen Organisation eher aufgrund bestimmter Fähigkeiten als aufgrund der Erbringung bestimmter Leistungen. Die für die Aufrechterhaltung der Virtuellen Organisation erforderliche Autonomie der Partner wird durch deren *Kernkompetenzen* erreicht. Eine in manchen Ansätzen vorgeschlagene Orientierung der Auswahl von Partnern an den ausgeführten Wertaktivitäten (vgl. [Grie92, 171], [Arn+95, 10]) verfehlt aus dieser Sicht das Ziel. Bei diesem Ansatz werden lediglich Leitungsergebnisse, jedoch nicht die Leitungspotentiale berücksichtigt.

Nachdem die bisherigen Ausführungen die normativen Eigenschaften einer Virtuellen Organisation aus systemtheoretischer Sicht beschrieben haben, sollen nun Gestaltungsaspekte angesprochen werden. Es wurde deutlich, daß die notwendige Bedingung zur Erreichung des gewünschten Verhaltens Virtueller Organisationen eine sehr weitreichende Autonomie der Partner ist. In betrieblichen Systemen ist die Bestimmung des Grads der Autonomie aufgrund der komplexen sozialen, wirtschaftlichen und rechtlichen Beziehungen schwierig. Somit ist auch die Sicherstellung der Autonomie der Partner ein diffiziles Gestaltungsproblem.

Aus der Sicht der klassischen Systemtheorie ist die optimale Allokation der Autonomie in einem Netzwerk ein direktes Gestaltungsproblem [Webe94, 290] im Sinne von geplanten Ordnungen. Aus dieser Perspektive muß ein Netzwerkzentrum eingerichtet werden, z.B. in

Form eines fokalen Unternehmens, das die Autonomie verteilt. Nach der neuen Systemtheorie kann das Gestaltungsproblem anders angegangen werden. Diese Sicht geht von *selbstreferentiellen Prozessen* zur Erhaltung der *Systemidentität* und damit der *Lebensfähigkeit* aus. Jedes Verhalten des Systems wirkt auf sich selbst zurück und wird wieder Ausgangspunkt weiteren Verhaltens, d.h. der Output ist nicht monokausal vom Input abhängig. Der Input kann jedoch eine Modulation der systeminternen *spontanen Ordnung* bewirken [PrNa93, 370]. Die Verteilung und Erhaltung der Autonomie der Partner ist somit von der Durchsetzung eines geeigneten *Metasystems* abhängig, das eine zielgerichtete Modulation ermöglicht. Als Modell zur Gestaltung eines geeigneten Metasystems ist das *Modell des lebensfähigen Systems* (VSM)[38] sehr nützlich.

Das Modell des lebensfähigen Systems eignet sich als Gestaltungshilfe für Virtuelle Organisationen insbesondere aufgrund folgender Eigenschaften:

- **Komplexitätsbewältigung**: Virtuelle Organisationen zeichnen sich durch eine hohe Varietät aus. Zur Bewältigung hoher Komplexität bedarf es der Gestaltung geeigneter Lenkungsstrukturen. Das VSM stellt hierfür eine geeignete Grundlage dar.
- **Aufgabenträgerzuordnung**: Virtuelle Organisationen sind durch eine sehr dynamische Zuordnung von Aufgaben zu Aufgabenträgern geprägt. Das VSM betrachtet Systeme unabhängig von Aufgabenträgern, wodurch das Modell stabil bezüglich wechselnder Aufgabenträger ist. Durch die aufgabenorientierte Beschreibung lebensfähiger Systeme eignet sich das VSM somit als Orientierungsmuster für die dynamische Zuordnung von Aufgaben zu Aufgabenträgern.
- **Grundprinzip Autonomie**: Die Partner einer Virtuellen Organisation sind autonom. Das VSM basiert auf der Grundannahme der Autonomie der Subsysteme.
- **Grundprinzip Lebensfähigkeit**: Virtuelle Organisationen sind lebensfähig, solange ein gemeinsamer Zweck verfolgt wird. Das VSM zeigt Mechanismen zur Erhaltung der Lebensfähigkeit auf.
- **Generalbebauungsplan des Informationssystems**: Das VSM liefert wertvolle Hinweise zur geeigneten Gestaltung des Informationssystems Virtueller Organisationen.

4.2.2.3 Dynamik

Im vorherigen Kapitel wurde festgestellt, daß das System Virtuelle Organisation ein von anderen Organisationsformen unterscheidbares Verhalten hat. Die statische Betrachtung einer

---

[38] vgl. Kapitel 2.3

Virtuellen Organisation als *Input/Output-System* ergibt noch keine schlüssigen verhaltensbezogenen Unterscheidungsmerkmale zu anderen Organisationsformen. Virtuelle Organisationen transformieren als offenes sozio-technisches System ebenso eine Menge von Inputs (Informationen, Energie und Materie) in eine Menge von Outputs. Für eine genaue Betrachtung des Verhaltens sozio-technischer Systeme und der Herausarbeitung spezifischer Merkmale von Virtuellen Organisationen ist eine Zeitraumbetrachtung notwendig.

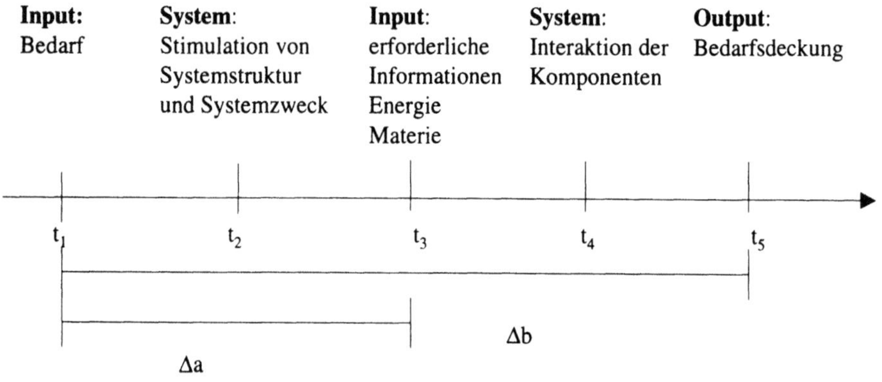

Abbildung 4-18: Zeitraumbetrachtung eines Input-Output-Systems

Eine stark vereinfachte Zeitraumbetrachtung betrieblicher Systeme kann folgendermaßen aussehen: Das System erhält zunächst einen Input in Form der Information über die Existenz einer Marktchance oder den potentiellen Bedarf an einer Leistung. Der Input kann auf der einen Seite ohne erkennbaren Output bleiben, das System reagiert also nicht auf den Stimulus. Auf der anderen Seite kann er einen Output der entsprechenden Leistung anstoßen. Im letzteren Fall wird die Struktur des Systems stimuliert und die *Zwecksetzung* des Systems beeinflußt. Das System nimmt weitere Inputs auf und durch die Interaktion der Systemkomponenten wird dann der Output erzeugt (vgl. Abbildung 4-18).

Aus dieser Perspektive können folgende Eigenschaften Virtueller Organisationen festgestellt werden:

1. **Früherkennung** (t1, t2). Aufgrund ihrer starken Ausdifferenzierung erreichen Virtuelle Organisationen eine hohe Informationsverarbeitungskapazität. Dadurch können Reize aus der Umwelt besser und schneller aufgenommen werden. So besteht zum einen die Möglichkeit, Bedarfe überhaupt erst zu erkennen und zum anderen sie frühzeitig zu erkennen.

Beispielsweise haben international verteilte Netzwerke durch die Nähe zu unterschiedlichen Märkten eine gute Möglichkeit, spontane Markterfordernisse zu indentifizieren.

2. **Dynamisches Zielsystem** (t2). Der grundsätzlich temporäre Charakter Virtueller Organisationen bedeutet, daß deren Zielsystem erst durch das Erkennen eines konkreten Bedarfs initialisiert wird. Somit wird das Systemziel extrem und sehr kurzfristig von diesem externen Stimuli beeinflußt. Nichtvirtuelle Organisationen sind dagegen in der Regel auf Langfristigkeit ausgerichtet, so daß deren Zielsystem vergleichsweise unbeeinflußt von externen Stimuli bleibt. Eine hinzukommende Zielsetzung einen neuen Bedarf zu decken, konkurriert mit den bestehenden Zielen.

3. **Strukturdynamik** (t2). Die lose Kopplung der Partner in Virtuellen Organisationen ermöglicht schnelle und umfangreiche Strukturveränderungen. In Reaktion auf einen Bedarf werden die Strukturen auf die Erreichung sach-logisch bzw. zeitlich abgrenzbarer Aufgabenstellungen ausgerichtet. Die Einzelfallspezifität der jeweiligen Struktur erleichtert gegenüber fallunabhängigen Strukturen den Einbezug von allen Elementen, die optimalerweise mitwirken sollten.

4. **Ressourcenzugang** (Δa, t3). Durch die potentiell hohe Strukturdynamik Virtueller Organisationen verbessert sich der Zugang zu noch nicht vorhandenen Inputs. Zum einen wird durch den problemlosen Einbezug neuer Partner der Zugang zu erforderlichen Inputs, wie z.B. Kernkompetenzen, überhaupt erst möglich. Zum anderen kann der Zeitraum von der Bedarfserkennung bis zur Verfügbarkeit notwendiger Inputs (Δa) minimiert werden. Beispielsweise kann der langwierige Aufbau oder die Aquise einer erforderlichen Kernkompetenz durch den Einbezug eines Partners mit dieser Kernkompetenz vermieden werden.

5. **Leistungserbringung** (t4). Qualität, Kosten und Zeit der Leistungserbringung können durch den extrem bedarfsorientierten Strukturaufbau positiv beeinflußt werden.

6. **Reaktionsschnelligkeit** (Δb). Die Zeitspanne zwischen dem Erkennen eines Bedarfs und der Erzeugung eines Outputs, der diesen Bedarf befriedigt, ist in Virtuellen Organisationen vergleichsweise niedrig. Die Virtuelle Organisation ermöglicht das frühzeitige Erkennen eines Bedarfs, die schnelle Ausrichtung der Strukturen auf den Bedarf, den schnellen Zugang zu erforderlichen Inputs und die schnelle Erbringung des Outputs. In einem dynamischen Umfeld ist es für betriebliche Systeme nicht nur von Relevanz, daß Sie nachgefragte Outputs generieren können. Vielmehr ist von zunehmender Bedeutung, in welchem Zeitraum das System in der Lage ist, einen bestimmte Output zu erzeugen und die notwendigen Inputs dafür zu erhalten.

4.2.2.4 Zusammenfassung

Virtuelle Organisationen sind komplexe und offene sozio-technische Systeme deren aufeinander aufbauende Ebenen mit der Boulding-Hierarchie verdeutlicht werden können. Das zur Boulding-Hierarchie orthogonale Konzept der Systemdifferenzierung stellt eine grundlegende Interorganisationstheorie dar [Sydo92, 210f]. So können in Abhängigkeit vom Untersuchungsziel Wechselwirkungen zwischen der Virtuellen Organisation und ihrer Umwelt, also das Verhalten der Virtuellen Organisation, oder Wechselwirkungen zwischen den Mitgliedern, d.h. die Struktur der Virtuellen Organisation, fokussiert werden. Aus Verhaltenssicht zeigt sie eine hohe Zieldynamik. Dies wird durch eine *hohe Autonomie* und *lose Kopplung* der Partner erreicht.

Ein weiterer wesentlicher Aspekt der Systemtheorie ist die Berücksichtigung bzw. Betonung des Zeitverhaltens von Systemen. Die *Flexibilität* und *Reaktionsschnelligkeit* von Virtuellen Organisationen wird durch ihre sehr *große Varietät*, also der Möglichkeit, im Zeitablauf viele unterschiedliche Zustände in der Reaktion auf Umwelteinflüsse anzunehmen, realisiert. Unter besonderer Berücksichtigung nicht nur der Veränderung der Zustände, sondern auch der zugrundeliegenden Struktur im Zeitablauf, wird ein weiteres Merkmal Virtueller Organisationen deutlich. Virtuelle Organisationen verändern ihre Strukturen und somit ihre Grenzen permanent. Sie weisen im Vergleich zu Einzelunternehmen eine höhere *Strukturdynamik* auf, um durch diese Temporalisierung die Fähigkeit im Umgang mit Komplexität zu erhöhen. In einer Virtuellen Organisation werden nur Beziehungen zwischen Partnern zugelassen, die ohne weiteres wieder verändert oder aufgelöst werden können bzw. die neue Beziehungen ermöglichen. Durch die Veränderung der Strukturen entstehen selbstreferenziell *spontane Ordnungen* in Form eines Netzwerks von Partnern. Wie bei allen spontanen Ordnungen sind in Virtuellen Organisationen Muster zu erkennen und für den Systemerhalt notwendige Regeln vorhanden. Zentrales Strukturmuster ist die *flache Koordination* zwischen den autonomen Partnern.

Merkmalskategorie	Merkmal	Merkmalsausprägung
Systemische Eigenschaften	Art der Elemente und Relationen[39]	technisch
		sozial
		sozio-technisch
	Offenheit[40]	**offen**
		geschlossen
	Komplexität	einfach
		komplex
	Autonomie der Elemente	niedrig
		hoch
	Zielkonstanz	statisch
		dynamisch
	Kopplung der Elemente	**lose**
		eng
	Strukturdynamik	niedrig
		hoch
	Systemgrenze (zeitraumbezogen)	stabil
		instabil
	Lernfähigkeit	**gegeben**
		nicht gegeben
	Ordnung	**geplant (Metaebene)**
		spontan
	Koordination der Elemente	**flach**
		hierarchisch
	Beziehung zwischen Aufgaben und Aufgabenträger	statisch
		dynamisch

vorliegende Merkmalsausprägung [41]

Abbildung 4-19: Profil einer Virtuellen Organisation: Systemtheoretische Sicht

Die Lebensfähigkeit des sozio-technischen Systems Virtuelle Organisation wird durch seine *Zwecksetzung* bestimmt. Im Unterschied zu nichtvirtuellen Organisationen sind Zwecksetzungen von Virtuellen Organisationen spezifisch auf eine *aktuelle Marktchance* ausgerichtet. Wird der Zweck erfüllt, ist die Lebensfähigkeit des Systems nicht mehr gegeben, und die Virtuelle Organisation löst sich auf oder bildet eine neue Ordnung mit einem neuen Zweck. Die Durchsetzung des Zwecks bedarf impliziter oder expliziter *Regeln*. Die Lenkung einer Virtuellen Organisation findet aus kybernetischer Sicht über ein Metasystem, das diese Regeln enthält, statt. Daraus folgt, daß die weitverbreitete Annahme des Fehlens eines Lenkungssystems in Virtuellen Organisationen aus kybernetischer und aufgabenorientierter Sicht nicht haltbar ist. Vielmehr können die Partner einer Virtuellen Organisation in Anlehnung an

[39] Zur Unterscheidung von technisch, sozial und sozio-technisch vgl. [Meff71].
[40] vgl. Ulrich (Quelle s. Pampel)
[41] s. Fn. 36

das VSM als Divisionen verstanden werden, die sich untereinander über das System zwei koordinieren. Voraussetzung für die Koordinationsleistung sind jedoch die Systemen drei bis fünf, also das normative, strategische und operative Management. Der wesentliche Unterschied der Virtuellen Organisation zur nichtvirtuellen Organisation entsteht erst durch die Zuordnung von Aufgabenträgern zu den einzelnen Systemen.

4.2.3 Wandel

Als eine zentrale Eigenschaft von Virtuellen Organisationen wurde ihre Reaktionsschnelligkeit auf Umweltveränderungen und -anforderungen beschrieben. Wichtige Grundlage hierfür ist die Fähigkeit zu schnellen Strukturveränderungen und somit der Wandel des Systems. In Kap 3.2.3.1 wurden vier Theorien der Entwicklung und des Wandels von Organisationen beschrieben. Im folgenden wird die Wandlungsfähigkeit im Licht der vier Denkschulen analysiert und auf Virtuelle Organisationen bezogen.

Gemäß der Unterscheidung der zwei Objekte des Wandels wird mit Hilfe der Theorien des Lebenszyklus und der Teleologie die Virtuelle Organisation aus *Außensicht* (einzelnes Element) und mittels der Theorien der Evolution und der Dialektik die *Innensicht* der Virtuellen Organisationen (multiple Elemente, Population) fokussiert.

4.2.3.1 Lebenszyklus

In Kapitel 3.2.3.2 wurde der Lebenszyklus von Netzwerkorganisationen mit den Phasen Analyse, Anbahnung, Vereinbarung, Durchführung und Auflösung als Modell des Makroprozesses [Pamp93, 84ff] in Virtuellen Organisationen vorgestellt. Aus systemtheoretischer Sicht entspricht der Makroprozeß der Entwicklung vom Quasi-System zum System. Zentraler Gegenstand des Lebenszyklusses ist eine einzelne, diskrete Einheit, die Veränderungen durchläuft, aber in diesem Prozeß ihre Identität bewahrt. Die Stufen der Veränderung sind in Form und Funktion unterscheidbar. Es existieren ein Programm, Regeln oder Routinen in Form von Naturgesetzen, sozialen Institutionen oder der Logik, die die Stufen der Entwicklung determinieren und den Fortschritt durch die Stufen lenken. Diese Determinanten sagen jedoch noch nichts über die Zeitdauer der einzelnen Phasen aus. Sie können in Virtuellen Organisationen kurz sein, so daß auch der gesamte Lebenszyklus von potentiell *kurzer Dauer* sein kann.

4.2.3.2 Teleologie

Der teleologische Ansatz beinhaltet die philosophische Doktrin, daß ein Zweck oder ein Ziel der entscheidende Grund für die geführte Bewegung eines Elements ist. Dabei ist es nicht von Bedeutung, ob der angestrebte Zustand vor oder nach Handlungen aufgedeckt wird, oder ob das Ziel implizit oder explizit gegeben ist. Nach der neuen Systemtheorie ist jedoch bekannt, daß Systeme sich nicht ohne weiteres auf ein Telos (Output) fixieren lassen, sondern aufgrund ihrer operationellen Geschlossenheit ein Eigenleben haben. Die Ausrichtung eines sozio-technischen Systems auf ein Ziel ist somit schwierig. Virtuelle Organisationen haben den Vorteil, daß sie sich erst mit der Erkennung eines Zwecks ausbilden und somit in der Regel kaum konkurrierende Ziele haben. Die Identität der Virtuellen Organisation wird maßgeblich durch das *aktuelle Ziel* geprägt. In dauerhaft bestehenden Systemen bilden sich im Laufe der Zeit automatisch eigene Ziele aus, die beim Auftreten eines neuen Ziels zunächst mit diesem konkurrieren, wodurch die Fokussierung auf den aktuellen Bedarf beeinträchtigt werden kann. Zudem ist durch eine lose Bindung der Partner die Zielverfolgung einfacher, weil keine Rücksicht auf langfristige Bindungen genommen werden muß.

4.2.3.3 Evolution

Voraussetzung für die evolutive Veränderung eines Systems ist die Existenz einer Population, deren Elemente in vergleichbaren Beziehungen miteinander stehen und um lebenswichtige Ressourcen miteinander konkurrieren. Es müssen identifizierbare Mechanismen der Variation, Selektion und der Retention der Elemente bestehen [Wahr96, 22f]:

- Variation: reagierende Anpassung an Umweltveränderungen.
- Selektion: Entwicklung neuer Verhaltensformen anhand selbstgewählter Selektionskriterien.
- Retention: Erkenntnisse und Erfahrungen werden gespeichert und später wieder abgerufen (Gedächtnis), Möglichkeit der Entwicklung von Anpassungssystemen.

Da die Lebensdauer des Systems Virtuelle Organisation vergleichsweise kurz sein kann, ist es sinnvoll, weniger die Evolution des voll ausgebildeten Systems zu betrachten, als vielmehr die evolutive Entwicklung vom Quasi-System zum System. Aus dieser Perspektive liefert die Theorie der Evolution aus der Innensicht heraus auch eine Erklärung für das nach außen sichtbare Verhalten der Virtuellen Organisation in Form eines Lebenszyklusses.

Willke beschreibt die *Evolution vom Quasi-System zum System* in Form von sechs Schritten mit zunehmender Differenzierung zwischen Umwelt und System und der damit verbundenen Identitätsbildung [Will96, 82ff]. Zunächst muß eine konstitutive Grenze ausgebildet werden, so daß das neue Gebilde sich von der Umwelt als etwas Eigenständiges abheben kann. Danach müssen zur Umsetzung der gemeinsamen Orientierung dem Quasi-System Ressourcen erschlossen werden (Anbahnung). Die mit zunehmender Ressourcengewinnung steigende Komplexität führt im dritten Schritt zur Ausbildung normativer Strukturregeln, was mit der

Vereinbarungsphase des Lebenszyklusmodells korrespondiert. Die Steigerung struktureller Komplexität erfordert die Koordination der Systemprozesse auf ein Ziel hin. Die Komplexität führt im fünften Schritt zur *Ausbildung einer Identität* und somit zur vollen Ausbildung des Systems. Diese beiden Schritte entsprechen der Durchführungsphase. Der letzte Schritt betrifft die Weiterentwicklung des Systems, die zur Ausbildung neuer Systeme (neuer Lebenszyklus) oder aber auch zur Auflösung des Systems führen kann.

Eine wichtige Eigenschaft der Evolution ist die Erreichung einer höheren Entwicklungsstufe des Systems durch *Lernprozesse*. Löst sich das System auf, bleiben höher entwickelte Elemente zurück. Bei der Auflösung einer Virtuellen Organisation bleiben beispielsweise Beziehungswissen und -erfahrung sowie eine *labile Bindungsfähigkeit* zurück.

4.2.3.4 Dialektik

Grundannahme der Dialektik nach Hegel ist, daß ein Element in einer pluralistischen Welt von kollidierenden Ereignissen, Kräften und sich widersprechenden Werten, die um Dominanz und Kontrolle wetteifern, existiert [VaPo95, 519]. Stabilität und Veränderung wird in Bezug auf das Machtgleichgewicht zwischen den Elementen erklärt. Kämpfe und Anpassungen, die den Status quo nicht verändern, produzieren Stabilität. Veränderungen treten auf, wenn die gegensätzlichen Werte, Kräfte oder Ereignisse genügend Macht gewinnen, um den Status quo in Frage zu stellen. Die Autonomie und lose Kopplung der Partner in Virtuellen Organisationen bieten eine gute Basis für einen Wandel durch dialektische Prozesse. Die Gleichberechtigung der Partner bietet die Voraussetzung dafür, daß die Synthese aus den unterschiedlichen Zielsetzungen der Partner auch tatsächlich ein *kreativer Fortschritt* ist und zu einer Erweiterung der Wissensbasis führt. Im Zusammenhang mit den sich auf die Außensicht beziehenden Theorien des Wandels könnte die Synthese als Quelle für die Variation innerhalb der Evolution angesehen werden. Auch jeder Phasenübergang im Lebenszyklus ist als Ereignis eines dialektischen Prozesses vorstellbar. So müssen die Partner insbesondere beim Übergang von der Vereinbarungsphase zur Durchführungsphase zu einer Synthese aus ihren unterschiedlichen Zielsetzungen kommen.

Virtuelle Organisationen begünstigen aufgrund ihrer Verhaltens- und Struktureigenschaften sämtliche Motoren des Wandels.

Da Virtuelle Organisationen potentiell temporäre Systeme sind, rücken *alle Phasen* ihres Lebenszyklusses in den Mittelpunkt und nicht, wie häufig bei nichtvirtuellen Organisationen, lediglich die Durchführungsphase. Der temporäre Charakter bewirkt auch die *dynamische Einstellung auf neue Ziele* ohne auf bestehende Ziele Rücksicht nehmen zu müssen. Die Dynamik der Organisationsform regt permanent *Lernprozesse* an. Neben *Wissenskapital* wird insbesondere *Beziehungskapital* aufgebaut, das den einzelnen Elementen auch nach Auflösung der Virtuellen Organisation zur Verfügung steht. Der kontinuierliche Diskurs unterschiedlicher und wechselnder Partner mit verschiedenen Wertvorstellungen ermöglicht den *kreativen Fortschritt* der Organisation.

Virtuelle Organisationen kommen aus dieser Sicht dann zur Anwendung, wenn eine ausgebildete Wandlungsfähigkeit notwendig ist.

4.2.3.5 Zusammenfassung

Kategorie	Merkmal	Ausprägung
Wandel	Lebenszyklus	kurz
		lang
	Zielkonstanz	statisch
		dynamisch
	Lernfähigkeit	niedrig
		hoch
	Fortschrittsfähigkeit	niedrig
		hoch

vorliegende Merkmalsausprägung [42]

Abbildung 4-20: Profil einer Virtuellen Organisation: Aspekte des Wandels

[42] s. Fn. 36

5 Gestaltungsrahmen für das betriebliche Informationssystem Virtueller Organisationen

Der systemtheoretische Bezugsrahmen, die Auswertung der Literatur und die theoretische Fundierung Virtueller Organisationen im vierten Kapitel stellen eine geeignete Ausgangsbasis für die Entwicklung eines Gestaltungsrahmens für das Informationssystem Virtueller Organisationen dar. Ziel ist die Entwicklung einer Meta-Struktur, aus der sich kontextabhängig Strukturen generieren lassen. Der Gestaltungsrahmen soll eine Hilfestellung für erfolgreiches Führungshandeln im Unternehmen sein.[43] In Abschnitt 5.1. werden entlang der Boulding-Hierarchie grundsätzliche Anforderungen an betriebliche Informationssysteme Virtueller Organisationen entwickelt. Darauf aufbauend wird in Abschnitt 5.2 der Gestaltungsrahmen vorgestellt. Abschnitt 5.3 zeigt die Anwendung des Gestaltungsrahmens anhand eines abstrakten Beispiels.

5.1 Ableitung von Gestaltungszielen

Unter Anwendung der Erkenntnisse aus Kapitel 4 lassen sich acht wesentliche Eigenschaften Virtueller Organisationen ableiten. Diese Eigenschaften haben für das betriebliche Informationssystem einer Virtuellen Organisation normativen Charakter. Sie liefern wichtige Kriterien und Restriktionen für die Gestaltung des betrieblichen Informationssystems[44]. Zur Systematisierung der Gestaltungsziele wird die Boulding-Hierarchie[45] verwendet.

Die neunte Ebene der Boulding-Hierarchie findet keine Berücksichtigung. In Kapitel 5.1.1 wird die *Vertrauensorganisation* als wichtige kulturelle Voraussetzung einer Virtuellen Organisation thematisiert (Boulding-Ebene acht). Die Bedeutung der *symbiotischen Verknüpfung von Kernkompetenzen* findet in Kapitel 5.1.2 Berücksichtigung (Boulding-Ebene sieben). Der *Lebenszyklus* einer Virtuellen Organisation ist Inhalt von Kapitel 5.1.3 (Boulding-Ebene fünf). In Kapitel 5.1.4 wird die Abgrenzung der Virtuellen Organisation von seiner Umwelt durch ein identitätsstiftendes *gemeinsames Zielsystem* beschrieben (Boulding-Ebene vier). Die zur Erhaltung des Gleichgewichts notwendige *Strukturdynamik* ist Gegenstand von Kapitel 5.1.5 (Boulding-Ebene drei). Die Kapitel 5.1.6 und 5.1.7 beziehen sich auf die Boulding-

---

[43] vgl. Kapitel 3.4.6

[44] Für einen ausführlichen Überblick über die Gestaltung betrieblicher Informationssysteme vgl. [Krum97] und dort insb. 148ff.

[45] vgl. Kapitel 2.1

Ebene zwei und eins. Hier wird zunächst die Virtuelle Organisation aus statischer Sicht als *verteiltes System* auf unterschiedlichen Ebenen beschrieben, bevor aus einer dynamischen Sicht die *Zuordnungsbeziehung zwischen Aufgabenebene und Aufgabenträgerebene* erläutert wird. Kapitel 5.1.8 diskutiert die Bedeutung der für die Arbeit zentralen Boulding-Ebene *Informationssystem* (Ebene sechs) für die anderen Ebenen. Die Boulding-Hierarchie dient lediglich als Orientierungsrahmen für die analytische Herausarbeitung der Gestaltungsziele, bietet jedoch keine Unterstützung bei deren Operationalisierung.

5.1.1 Vertrauensorganisation

Die Bedeutung von **Vertrauen** als Bestandteil der Transaktionsatmosphäre für das Funktionieren einer Virtuellen Organisation wurde insbesondere aus institutionenökonomischer Perspektive deutlich[46]. Vertrauen kompensiert das Informationsdefizit und ermöglicht dadurch effizienteres und effektiveres Handeln vor dem Hintergrund starker Komplexität und Dynamik. Diese Vorteile gelten zweifellos für sämtliche sozialen Systeme, denn Vertrauen ist ein elementarer und uralter Tatbestand sozialen Lebens [Luhm89, 1]. Somit basiert zwar jede Organisationsform auf einem Minimum an Vertrauen; für Virtuelle Organisationen stellt das Prinzip Vertrauen jedoch eine zentrale Voraussetzung dar. Vertrauen ist eine notwendige aber nicht hinreichende Bedingung für Virtuelle Organisationen. Ohne Vertrauen können die besonderen Fähigkeiten einer Virtuellen Organisation nicht realisiert werden.

Die Untersuchung von Vertrauen ist Gegenstand verschiedener wissenschaftlicher Disziplinen. Neben der Philosophie hat sich vor allem die Soziologie und die Psychologie mit dieser Thematik auseinandergesetzt[47]. Dagegen befinden sich Ansätze zur Vertrauensforschung in den Wirtschaftswissenschaften noch in den Anfängen, obwohl Vertrauensphänomene in ökonomischen Austauschbeziehungen eine große Rolle spielen. Das Forschungsdefizit wird jedoch dadurch gemindert, daß viele der Untersuchungsansätze interdisziplinär sind, da sie in die Entscheidung zu vertrauen oder zu mißtrauen ökonomische Nutzenkalküle integrieren. Als interdisziplinäre Definition kann Vertrauen somit als eine generalisierte Einstellung gegenüber Beziehungen angesehen werden, „ [...] die sich in der Bereitschaft und/oder Fähigkeit äußert, unter bestimmten Bedingungen auf unmittelbare Belohnungen zugunsten späterer, dafür aber positiverer Interaktionsergebnisse zu verzichten“ [Pion76, 170]. Vertrauen ist somit eine freiwillige Vorleistung, die mit der Erwartung verknüpft ist, daß der Interaktionspartner Wohlwollen zeigt. Es besteht jedoch auch eine empfindliche Verlustgefahr, wenn der Interaktionspartner mit Nichtwohlwollen reagiert [Krys96, 267]. Diese Gefahr ist immer dann

[46] vgl. Kapitel 3.1.2

sehr begrenzt, wenn für alle Partner aus der Vertrauensbeziehung Vorteile entstehen (Positiv-Summen-Spiel) [Wurc94, 147ff].

Objekte des Vertrauens können grundsätzlich *Personen* oder *Systeme* sein [LoSy94, 178]. Dabei ist jedoch zu beachten, daß das Vertrauen nicht auf der Kenntnis der ganzen Person oder des ganzen Systems basiert, sondern sich vielmehr auf bestimmte Ergebnisse oder Ereignisse, die Personen oder Systeme zu erzeugen in der Lage sind, bezieht [LoSy94, 180].

Bei der Beurteilung dieser Kompetenz und damit bei der Entstehung von Vertrauen können analytisch grundsätzlich drei verschiedene Modi unterschieden werden [Zuck86, 60f]: a) prozeßbasiert, b) eigenschaftsbasiert und c) institutionenbasiert. **Prozeßbasiertes Vertrauen** in eine Person oder ein System resultiert aus den Erfahrungen vergangener Transaktionen, die auch durchaus aus zweiter Hand kommen können. **Eigenschaftsbasiertes Vertrauen** bezieht sich auf die Eigenschaften des zu Vertrauenden. Bei Personen können solche Eigenschaften beispielsweise von Alter, Geschlecht oder Nationalität abhängig sein, bei einem Unternehmen der Gewinn, Art der erstellten Leistungen oder die Anzahl der Mitarbeiter. **Institutionenbasiertes Vertrauen** kann auf zwei Wegen entstehen: Zum einen kann eine Person oder ein System unter Bezugnahme auf eine allgemein anerkannte Institution Eigenschaften wie z.B. Bildungsabschlüsse, Verbandszugehörigkeiten oder Gütesiegel erwerben. Zum anderen kann eine Institution als Intermediär, z.B. ein Versicherungsmakler, die vertrauensvolle Beziehung zwischen zwei Partnern schaffen.

Neben der Existenz der erwarteten Kompetenz einer Person oder eines Systems, die vor dem Eintritt in die Kooperation gegeben sein muß, ist die Bereitschaft, diese im Interesse des Vertrauenden während der Kooperation einzusetzen, eine wichtige Voraussetzung für Vertrauen.

In dieser Hinsicht sind in Virtuellen Organisationen

(1) die Kenntnis der Kernkompetenzen der Partner zur Vermeidung von Unsicherheit über das Verhalten *vor* Kooperationseintritt (hidden characteristics) sowie

(2) die Erwartung über deren Einsatz zum Vorteil aller zur Vermeidung von Unsicherheit über das Verhalten *nach* Kooperationseintritt (hidden action, hidden information und hidden intention)

wichtige Grundlagen für die Vertrauensbildung[48]. Dieses Vertrauen ist nicht unmittelbar an soziale Beziehungen auf personaler Ebene zwischen den Partnern gebunden. Ein System (hier: ein Partnerunternehmen) kann eigenständig Vertrauen über Sicherheitsmechanismen

---

[47] Für eine ausführliche Diskussion siehe [Plat90].
[48] vgl. hierzu Kapitel 3.1.2.3

oder sicherheitsstiftende Mechanismen in der Umwelt absichern. Ein eigenschaftsbasierter **Sicherheitsmechanismus** zur Begegnung z.B. eines erkennbaren schädigenden Verhaltens während der Kooperation (Holdup-Risiko) ist ein Sanktionspotential, beispielsweise in Form der Reputation. Erfüllt ein Partner nicht die in ihn gesetzten vertrauensvollen Erwartungen, muß er als Sanktion mit Reputationsverlust, insbesondere im Hinblick auf seine *Beziehungsfähigkeit,* rechnen, was neue Kooperationsbeziehungen erheblich erschweren kann. Ein prozeßbasierter Sicherheitsmechanismus, beispielsweise zur Erleichterung des *Screening* durch den Vertrauenden, ist die branchenweite Reputation für eine besondere Kompetenz bei der Erzeugung einer Leistung. Sicherheitsstiftende Mechanismen in der Umwelt sind in der Regel institutionenbasiert. Hierzu zählt das **Signaling** in Form von Zertifizierungen und Gutachten durch eine „Trusted Third Party", wie es der Technische Überwachungsverein (TÜV) oder andere öffentliche Institutionen sein können, das die Gefahr der falschen Auswahl von Partnern (adverse selection-Risiko) reduziert. Nicht zuletzt können hier auch gesetzliche oder ethische Regeln angeführt werden.

Ausschließliche „faceless commitments" [Gidd90, 80], also das Vertrauen lediglich in das abstrakte System, haben nur eine begrenzte Wirkung. Auch wenn einem Partnerunternehmen als abstraktes System vertraut wird, sind es im Endeffekt die personellen Aufgabenträger an den Schnittstellen, die durch ihr Handeln die Beziehungen zwischen den Partnerunternehmen prägen [Gidd90, 85]. Diese „boundary spanning-role" [Adam80] an den Begegnungspunkten hat eine wichtige Bedeutung, da das **personale Vertrauen** zwischen den entsprechenden Personen an den Begegnungspunkten das Systemvertrauen entscheidend fördert [LoSy94, 183]. Für die Konstituierung von Vertrauen können die drei Modi der Erzeugung von Vertrauen entsprechend angewendet werden. Insbesondere Telemedien sind eine gute Basis um das erforderliche „facework" [Gidd90, 80] in Virtuellen Organisationen zu unterstützen. Fraglich erscheint jedoch, ob der direkte persönliche Kontakt durch diese Systeme vollständig ersetzt werden kann.

	Risiko der Adverse Selektion	Holdup-Risiko	Moral Hazard
Unsicherheit über	Verhalten vor Kooperationseintritt	Verhalten nach Kooperationseintritt	
Gefahren	Kooperation mit ungeeigneten Partnern ungeeignete Vereinbarungen	Offenkundige Schädigung der Partner nach Vorleistung	Verdeckte Schädigung der Partner nach Vorleistung
Mechanismen	Signaling Screening	Sanktionspotential: Ausschluß aus Kooperation, Reputationsverlust	Selbstbindung Anreizsysteme Monitoring

Abbildung 5-1: Mechanismen zur Konstituierung von Systemvertrauen[49]

Die aus ökonomischem Kalkül angewendeten Mechanismen der Konstituierung von Vertrauen wirken jedoch lediglich unterstützend und sind aus drei Gründen in Virtuellen Organisationen nur begrenzt wirksam [LoSy94, 189f]:

a) Neben dem ökonomischen Kalkül zu vertrauen haben auch rational nicht rekonstruierbare Aspekte einen Einfluß auf eine Vertrauensbeziehung.

b) Es kann zwischen fragilem und resilientem Vertrauen unterschieden werden. **Resilientes Vertrauen** bezieht sich nicht auf konkrete Ergebnisse oder Ereignisse, sondern auf das grundsätzliche Wohlwollen des zu Vertrauenden. Diese Art von Vertrauen kann kaum durch Mechanismen gezielt hergestellt werden. **Fragiles Vertrauen** basiert dagegen auf Kalkulation und Erfahrungen und zerbricht bei Nichterfüllung der Erwartungen. Die Mechanismen beschränken sich nur auf diese Art von Vertrauen.

c) Vertrauen entsteht rekursiv in einer **Vertrauensspirale** (cycle of trust) von Vorleistung und Gegenleistung, die wiederum eine Vorleistung ist, und kann damit nicht gezielt mit einzelnen Mechanismen auf ein hohes Niveau gebracht werden.

Die drei Aspekte verdeutlichen, daß die Entstehung von Virtuellen Organisationen zwischen sich völlig fremden Partnern unwahrscheinlich ist. Somit wird die Bedeutung von *Beziehungsnetzwerken als Keimzelle von Vertrauen* hervorgehoben.

[49] In Anlehnung an [Wick97, 245]. Für eine ausführliche Konzeption eines Vertrauens-Managements einer ökonomischen Autauschbeziehung vgl. [Wick97, 223ff].

5.1.2 Symbiotisches Arrangement von Kernkompetenzen

Die Strategie der Konzentration auf Kernkompetenzen bedarf einer organisatorischen Unterstützung, die es ermöglicht, verteilte Kernkompetenzen nicht nur effizient, d.h. ressourcensparend und transaktionskostendämpfend, sondern auch effektiv zu kombinieren [ReBe95, 46]. Virtuelle Organisationen stellen hierfür ein geeignetes Konzept zur Verfügung.

Die Effektivität resultiert im wesentlichen aus der Kombination und Nutzung verteilt vorhandener Kernkompetenzen. Inwieweit eine Kernkompetenz in einem Konglomerat von anderen Kompetenzen eine gesteigerte Wirkung am Markt entfalten kann, hängt hauptsächlich von zwei Bedingungen ab: erstens von der *Spezifität und Komplementarität* der Kernkompetenz zu anderen Kompetenzen und zweitens von der Meta-Kompetenz der *Kooperationsfähigkeit*, d.h. von der Fähigkeit, die Komplementarität für Synergieeffekte auszunutzen [Hipp97, 168].

Komplementärkompetenzen zur eigentlichen Kernkompetenz ermöglichen die Erzielung von Spezialisierungs-, Größen- oder Integrationsvorteilen. Da Unternehmen in der Regel jedoch nicht alleine über das notwendige Bündel an Kompetenzen verfügen, um ihre Wettbewerbsstrategie zu realisieren, werden Kooperationen mit Trägern der erforderlichen Komplementärkompetenzen eingegangen [Pic+98, 265]. Ein Beispiel hierfür ist die Firma Honda, deren Kernkompetenz die Konstruktion von Motoren ist, aber Antiblockiersysteme in Zusammenarbeit mit Partnern entwickelt. Analog zu anderen Organisationsformen werden aufgrund ihrer strategischen Bedeutungslosigkeit wird der Bezug von *Peripheriekompetenzen* nicht durch Kooperationen sichergestellt, sondern diese Kompetenzen weren kurzfristig über den (elektronischen) Markt bezogen. Jedem Träger einer Kernkompetenz ist es nach diesem Konzept möglich, sich vollkommen auf die Entwicklung seiner Kernkompetenz zu konzentrieren und durch diese Spezialisierung Wettbewerbsvorteile zu erreichen. Der Partner kann dennoch bei einer das eigene Leistungsangebot übersteigenden Leistungsnachfrage durch die Kooperation mit anderen Partnern und den Zugriff auf deren Kernkompetenzen die erforderliche virtuelle Größe erreichen. Durch diese symbiotische Verflechtung individueller Kernkompetenzen in einer Virtuellen Organisation können so die einzelnen Partner Skalen- und Lerneffekte erzielen, ohne auf die Internalisierung externer Ressourcen angewiesen zu sein.

Die genannten Merkmale gelten zum Teil auch als Begründung für andere Kooperationsformen, wie strategische Allianzen oder Joint Ventures. Virtuelle Organisationen zeichnen sich jedoch neben der effektiven auch durch die effiziente Kombination der Kernkompetenzen aus. Die Effizienz Virtueller Organisationen drückt sich in der Einsparung von Kosten und Zeit aus. Das Einbringen von Kernkompetenzen in eine Virtuelle Organisation macht den teuren und zeitaufwendigen Aufbau weiterer Kompetenzen und damit das physische und juristische Wachstum entbehrlich. Somit können zum einen Economies of Scale und Scope ohne einen gleichzeitigen signifikanten Anstieg von Transaktionskosten realisiert werden. Zum andern ist es den Virtuellen Organisationen möglich, durch die Vermeidung langwieriger und nicht wertschöpfender Prozesse, z.B. den Aufbau formaler Strukturen, schneller auf neue Markterfordernisse zu reagieren [ReBe95, 50f].

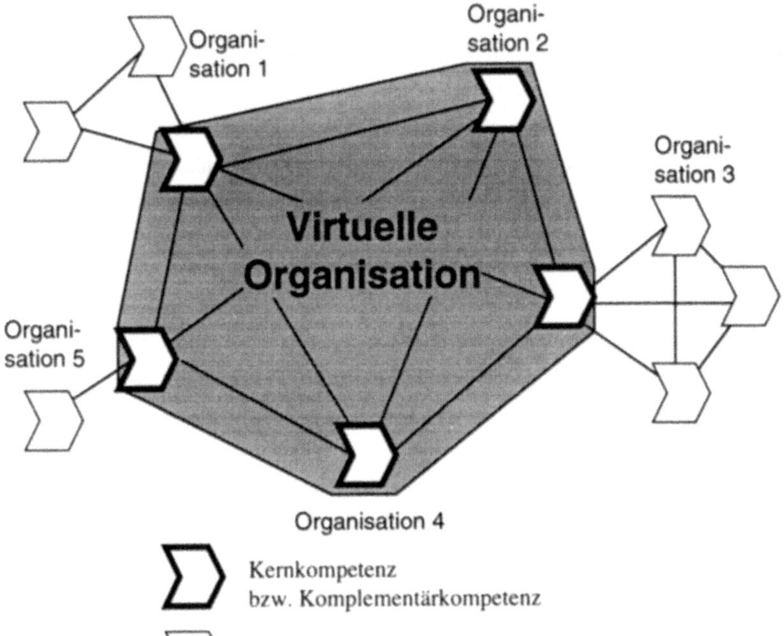

Abbildung 5-2: Virtuelle Organisation als symbiotische Kombination von Kernkompetenzen

In Anlehnung an [ReBe95, 53] kann die Symbiose von Kernkompetenz-Strategie und Virtueller Organisation in folgende Chancen und Risiken zusammengefaßt werden:

Chancen:

- Die Symbiose von Kernkompetenz-Strategie und Virtueller Organisation ermöglicht den *Zugang zu komplementären Kompetenzen* der Partner. Dies erweitert einerseits den Einsatzbereich einer einzelnen Kernkompetenz und andererseits deren Weiterentwicklung durch *interorganisationales Lernen.*[50] Die für die Erweiterung der verfügbaren Ressourcenpotentiale notwendige (virtuelle) Größe kann ohne der oft mit Größe assoziierten Unflexibilität erreicht werden [Zimm97, 1]. Dadurch sind auch bei hohem Koordinationsaufwand keine steigenden Transaktionskosten zu erwarten.
- Die durch die Dynamik Virtueller Organisationen hervorgerufene permanente Interaktion mit anderen Organisationen führt zum ständigen Anstoß interner *Veränderungsprozesse* und fördert damit die *Innovationskraft* der beteiligten Partner[51]. Die wirkt dem potentiellen Trägheitsmoment der Konzentration auf die eigene Kernkompetenz entgegen, was sich in der Konzentration auf ein Stammgeschäft äußern kann und sichert die dauerhafte Wettbewerbsfähigkeit der Kernkompetenz am Markt.

Risiken:

- Die symbiotische Kombination von Kernkompetenzen führt zu einer teilweisen Offenlegung der Kernkompetenz gegenüber den Partnern[52]. Kernkompetenzen sind somit der ständigen *Erosion* durch Know-how-Abfluß nicht nur gegenüber den Konkurrenten, sondern auch gegenüber den Partnern ausgesetzt, so daß sie geschützt und verteidigt werden müssen. Es muß also die schwierige Balance zwischen der Einbringung der Kernkompetenz in ein symbiotisches Arrangement und dem *Schutz der Kernkompetenz* vor deren Imitation gefunden werden.
- Die Entwicklung von Kernkompetenzen ist ein sehr langwieriger Prozeß, während der Lebenszyklus von Virtuellen Organisationen potentiell kurz sein kann. Diese verschiedenen Zeithorizonte können zu Spannungen innerhalb der Virtuellen Organisation führen. Somit ist es von großer Bedeutung, daß die Partner einer Virtuellen Organisation mit den gleichen Motiven teilnehmen. Sind einige Partner eher an der Weiterentwicklung der eigenen Kernkompetenzen interessiert, ohne dies bei Kooperationseintritt mitzuteilen, während andere auf den symbiotischen Effekt für die Leistungserbringung der Virtuellen Organisation setzen, kann dies zur Störung des erforderlichen Gleichgewichts führen. Im Falle einer Holdup- oder Moral Hazard-Problematik kann dies durch entsprechende ver-

[50] vgl. Kapitel 3.2.3.3
[51] vgl. Kapitel 3.2.3.3
[52] vgl. Kapitel 3.3.3.4.

trauensfördernde Mechanismen vermieden werden. Problematisch in diesem Zusammenhang ist jedoch, daß sich ein Partner möglicherweise nicht explizit seiner Zielsetzung im klaren ist. Dies unterstreicht die Bedeutung der *gemeinsamen Zielfindung* vor Kooperationseintritt.

5.1.3 Lebenszyklus

Die Lebensdauer einer Virtuellen Organisation ist auf die Erfüllung eines bestimmten Zwecks begrenzt und ist durch wohlunterscheidbare Stufen gekennzeichnet. Somit ist ein wichtiges Merkmal einer Virtuellen Organisation ihr Lebenszyklus mit den Phasen Analyse, Anbahnung, Vereinbarung sowie Durchführung und Auflösung. Die Unterscheidung ist rein analytisch und in der Realität durch starke Überschneidungen und wiederholtes Durchlaufen gekennzeichnet. Das bedeutet beispielsweise, daß während der Lebensdauer einer konkreten Virtuellen Organisation die vier Phasen in Bezug auf die Aufnahme eines neuen Partners unterschieden werden können. In diesem Fall beinhaltet die Analysephase die interne und externe Analyse der gesamten Virtuellen Organisation, die als Ergebnis die Aufnahme eines neuen Partners in das Netzwerk hat.

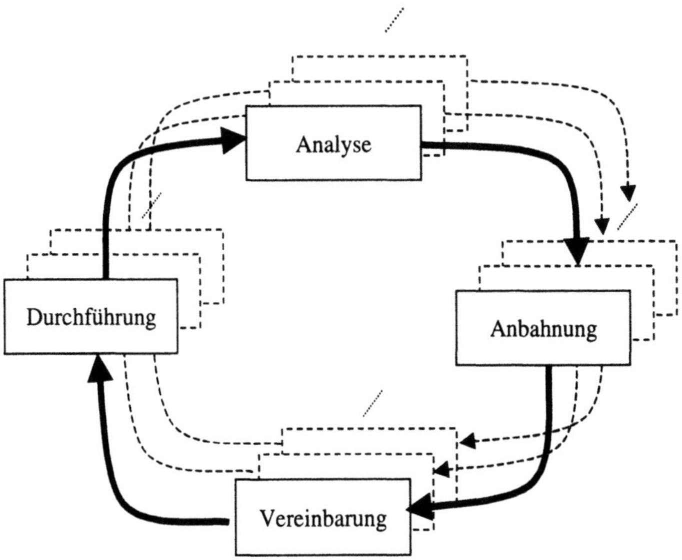

Abbildung 5-3: Lebenszyklus Virtuelle Organisationen

Im Vergleich zu Unternehmen kommt in Virtuellen Organisationen den Phasen Analyse, Anbahnung und Vereinbarung eine wichtige Bedeutung zu, da Virtuelle Organisationen bzw. die einzelnen Unternehmen sich fast ebenso intensiv in diesen Phasen befinden, wie in der Phase der Durchführung.

Analyse

Dieser Phase wird im Zusammenhang mit Kooperationen sehr wenig Aufmerksamkeit geschenkt, weil sie sich vermeintlich nur auf intraorganisationaler und nicht auf interorganisationaler Ebene abspielt. Diese Phase ist jedoch in Anlehnung an den Organisationslebenszyklus von Bedeutung, da so deutlich gemacht wird, daß die Analyse der externen und internen Umwelt und die bewußte Entscheidung für eine Kooperation Voraussetzung für den Eintritt in eine Anbahnung mit Partnern ist. Die Phase beinhaltet somit im wesentlichen den Prozeß des strategischen Managements (vgl. z.B. [StSc93, 151ff]) unter der besonderen Berücksichtigung der Kooperation als Strategiealternative. Mit anderen Worten: das strategische Management muß die Kooperationsfähigkeit des Unternehmens sicherstellen.

Anbahnung

Mit der Entscheidung für eine Kooperation beginnt deren Anbahnung. Sie beinhaltet Suche und Wahl der Partner. Hierzu ist die Entwicklung eines Anforderungsprofils potentieller Partner zu erarbeiten. Diese Aufgabe ist dann besonders schwierig, wenn die potentiellen Partner noch recht unbekannt sind. Für Partner innerhalb eines Beziehungsnetzwerks kann sich diese Phase erheblich verkürzen. Neben der Kompatibilität von Kernkompetenzen und Leistungen (fundamentaler Fit[53]), müssen auch Fits auf kultureller, strategischer (vgl. [Meck95, 31ff]) und informationstechnologischer Ebene gefunden werden.

Vereinbarung

In einer zweiten Phase werden die Rahmenvereinbarungen der Zusammenarbeit bestimmt. Insbesondere werden Regeln der Arbeitsteilung, der Ressourcenzuordnung und des Verfahrens abgestimmt, und es erfolgt die für die Koordination notwendige Festlegung der gemeinsamen Infrastruktur. Die Aufgaben in dieser Phase sind sehr schwierig, da der richtige Mittelweg zwischen einer Überreglementierung, die die Flexibilität einschränkt, und einer ungenügenden Reglementierung, die erhöhte Koordinationskosten verursacht, gefunden werden muß [Zimm97]. Von großer Bedeutung ist auch die Festlegung der Bedingungen für den Ein- und Austritt von Partnern sowie die Terminierung der gesamten Virtuellen Organisation.

---

[53] Der Begriff „Fit" wird als Synonym für Stimmigkeit wesentlicher Eigenschaften von Partnern in einer Kooperation verwendet.

Durchführung und Auflösung

In der Durchführungsphase geht es um die Koordination der Leistungserstellung. Vermutlich werden die in der Phase der Vereinbarung getroffenen Abmachungen nicht ausreichen, so daß ständig Anpassungen vorgenommen werden müssen. Die einzelnen Partner werden Restrukturierungen unternehmen, um den Fit zwischen den Partnern sicherzustellen. Eine permanente Überprüfung der vereinbarten Prämissen der Zusammenarbeit ist notwendig. Abweichungen führen zu Änderungen im Rahmen der Kooperation oder zu deren Auflösung, wenn der Geschäftszweck, der zur Gründung der Kooperation geführt hat, erfüllt ist.

5.1.4 Zielorientierung und -dynamik

Virtuelle Organisationen sind wie alle betrieblichen Systeme zielorientiert. Die Besonderheit liegt jedoch zum einen in der häufigen Veränderung bzw. potentiellen Kurzlebigkeit eines Ziels und zum anderen in der fehlenden hierarchischen Durchsetzungsmöglichkeit von Zielen.

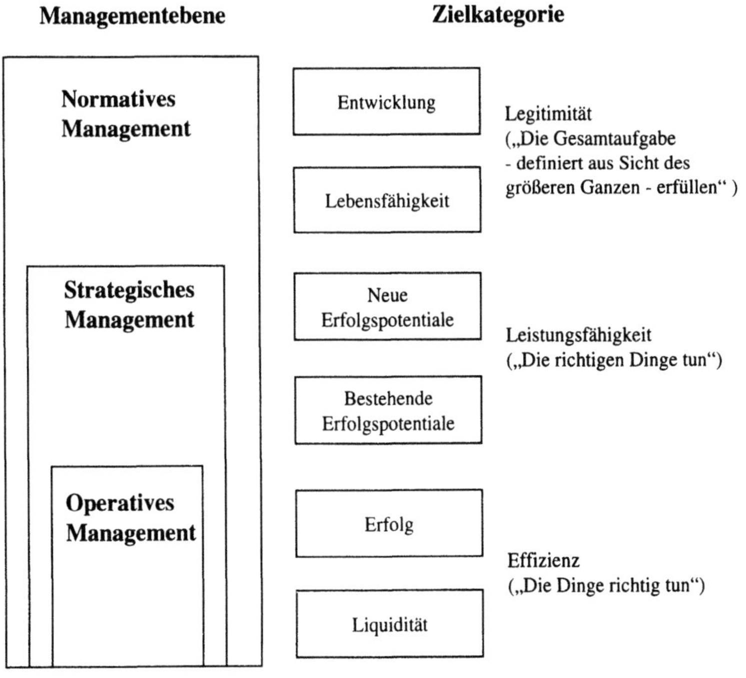

Abbildung 5-4: Zielkategorien Virtueller Organisationen (in Anlehnung an [Schw94, 50f])

Als Ersatz institutioneller Regelungen zur Sicherstellung des kooperativen Verhaltens wurden die Vertrauensorganisation und die Mechanismen zu deren Konstituierung vorgestellt. Diese Konzeption bleibt allerdings bei unabsichtlichem Abweichen gemeinsamer Ziele, z.B. aufgrund fehlender Festlegung, wirkungslos. Neben der Vertrauensorganisation und der synergetischen Kombination von Kernkompetenzen ist die bewußte Vereinbarung einer gemeinsamen Zielsetzung für die Lebensfähigkeit einer Virtuellen Organisation erforderlich.

In Anlehnung an das Modell des lebensfähigen Systems sind für die *Lenkung einer Virtuellen Organisation* das normative (System fünf), strategische (System vier) und operative Management (Systeme drei bis eins) relevant[54] (vgl. Abbildung 5-4). Diese logische Trennung erlaubt durch die Unterscheidung von Zielkategorien für jede Ebene eine differenzierte Betrachtung des Zielsystems Virtueller Organisationen.

Die normative Ebene beinhaltet die Zielsetzung, die *Legitimität der Virtuellen Organisation*, d.h. deren Nutzenstiftung insbesondere für die beteiligten Partner, sicherzustellen. Diese ist wiederum von der Lebens- und Entwicklungsfähigkeit abhängig ([Blei73ff, 53], [Schw94, 50f]). Mit *Lebensfähigkeit* wird die metasystemische Eigenschaft eines Systems beschrieben, die Differenz zur Umwelt aufrechtzuerhalten. Mit der Erfüllung des zur Konstituierung der Virtuellen Organisation führenden Zwecks geht die Identität des Systems verloren, und die Differenz zur Umwelt kann nicht mehr aufrechterhalten werden. Die Virtuelle Organisation löst sich auf. Die *Entwicklungsfähigkeit* bezieht sich auf die Flexibilität der Kooperation während der Zweckerfüllung [Thie93, 89f]. Zur Sicherstellung von Lebens- und Entwicklungsfähigkeit werden die gemeinsame Zielsetzung sowie allgemeine Prinzipien, Normen und Spielregeln definiert, die in der Systemkultur und der Systemverfassung verankert sind. Für ein Beispiel einer Netzwerk-Verfassung vgl. Abbildung 5-5. Die normative Ebene stellt den Rahmen für alle Handlungen in der Virtuellen Organisation dar.

1. Selbständige Netzwerkfirmen, die durch bilaterale Verträge koordiniert werden.
2. Gegenseitige Bevorzugung der Firmen beim Abschluß von Verträgen.
3. Ausschluß von Konkurrenz zwischen Netzwerkfirmen.
4. Gegenseitige Nichtausbeutung.
5. Flexibilität und Wahrung der Geschäftsautonomie der Gruppenfirmen.
6. Demokratische Verfassung des Netzwerkes.
7. Ausschluß aus dem Netzwerk bei Nichtbeachtung der Regeln

[54] vgl hierzu auch die Ausführungen in Kapitel 2.3

8. Zugang zum offenen Markt für jeden Partner
9. Möglichkeit des Eintritts neuer Firmen in das Netzwerk
10. Möglichkeit des Austritts von Firmen aus dem Netzwerk

Abbildung 5-5: Verfassung von Technical and Computer Graphics (TCG) [MiSn95, 9]

Auf der strategischen Ebene wird das Ziel verfolgt, die Leistungsfähigkeit der Virtuellen Organisation sicherzustellen. Das beinhaltet den Aufbau, die Pflege und die Ausbeutung von bestehenden *Erfolgspotentialen.* ([Blei91, 191ff], [Schw94, 50f]). Für die Virtuelle Organisation bedeutet dies in erster Linie die synergetische Kombination der Kernkompetenzen und die Anwendung des Kernkompetenzbündels im Rahmen der normativen Zielsetzung. Die Umwelt muß somit permanent aus Gesamtsystemsicht beobachtet und mit der Konfiguration der Organisationstruktur abgestimmt werden. Die Entwicklung neuer Erfolgspotentiale spielt auf der Netzwerkebene eine untergeordnete Rolle, da neue Erfolgspotentiale in der Regel eine Rekonfiguration bzw. Auflösung der Virtuellen Organisation bedeuten. Auf der Ebene der Partner hingegen spielen neue Erfolgspotentiale eine entscheidende Rolle. Neben der Realisierung der bestehenden Erfolgspotentiale müssen aufgrund deren begrenzter Lebensdauer permanent neue Erfolgspotentiale entwickelt werden. Mit der Umsetzung gemeinsamer strategischer Ziele beschäftigt sich das Themengebiet der **Kollektiven Unternehmensstrategie** [Bres89, 545]. Kollektive Unternehmensstrategien repräsentieren systematische Programme, die von Partnern gemeinschaftlich entwickelt und realisiert werden. Kollektive Strategien können sowohl *reaktiven als auch proaktiven Charakter* haben. Sie sind reaktiv, wenn sie aufgrund von Umweltveränderungen entwickelt werden und proaktiv, wenn potentielle Marktchancen realisiert werden sollen. Nachdem Strategien grundsätzlich auch emergent sein können [Mint94, 24], ist es notwendig darauf hinzuweisen, daß für die Entstehung Virtueller Organisationen nur intendierte kollektive Strategien von Interesse sind.

Es ist auch eine dynamische Sichtweise auf die kollektive Strategie notwendig, da Virtuelle Organisationen in der Regel in einer turbulenten Umwelt operieren. Es ändern sich sowohl die Ziele der einzelnen Partner als auch die Ziele der Virtuellen Organisation im Zeitablauf und somit muß die strategische Ausrichtung permanent überwacht werden. Eine zentrale Rolle kommt hier der ständigen Abstimmung der Ziele der Partner und der gemeinsamen Strategie zu. Dabei muß die schwierige Balance zwischen der Sicherstellung der Kohärenz der Ziele sowie gemeinsamen Orientierungsgrundlagen und der Bewahrung der Autonomie der Partner gehalten werden [Klei96, 253].

Durch die Realisierung kollektiver Strategien wird ein Partner dreierlei Gefahren ausgestzt [Bres89, 551-553]:

- Strategische Inflexibilität aufgrund steigender Abhängigkeit, z.B. durch eine Beschränkung der Strategieauswahl, „Sunk Costs" oder unbeabsichtigte Informationspreisgabe. Sunk Costs können beispielsweise die Investition in ein proprietäres Telekooperationssystem sein, das für zukünftige Kooperationen mit anderen Partnern uninteressant ist.
- Verstärkte Anfälligkeit gegenüber externen Störungen, die aufgrund der Abhängigkeiten indirekt über die anderen Partner wirken.
- Verlust der Wettbewerbsfähigkeit in den eigenen Märkten durch die verringerte Wettbewerbsintensität innerhalb der Virtuellen Organisation.

Die Kosten und der Zeitaufwand für die Begegnung dieser Gefahren können im Zeitverlauf schnell ansteigen. Insbesondere die temporäre Konzentration einer Virtuelle Organisation auf ein gemeinsames Ziel reduziert diese Gefahren, da die Verbindungen aufgrund der losen Kopplung der Partner rechtzeitig gelöst werden können. Voraussetzung hierfür ist jedoch, daß ein klares Ziel formuliert wird, das allen Partner bekannt ist, und daß dessen Erfüllung permanent überwacht wird, da sonst der richtige Zeitpunkt der Auflösung einer Beziehung nicht erkannt werden kann.

Die Umsetzung der normativen und strategischen Ziele ist das Ziel der operativen Ebene ([Blei91, 302ff], [Schw94, 50f]). Hierbei geht es um die produktive und wirtschaftliche Abwicklung der Geschäftsprozesse, die sich in Erfolg und Liquidität äußert.

5.1.5 Strukturdynamik

Virtuelle Organisationen konstituieren sich erst aufgrund einer aktuellen Marktchance, d.h. die Strukturen werden auf die Erreichung sach-logischer bzw. zeitlich abgrenzbarer Aufgabenstellungen ausgerichtet. Durch diese Einzelfallspezifität der jeweiligen Struktur wird gegenüber fallunabhängigen Strukturen der Einbezug von allen Elementen, die optimalerweise mitwirken sollten, erleichtert [55].

Eine Strukturveränderung passiert, wenn z.B. ein gewisser Schwellenwert[56] erreicht wird, Parameter verändert werden, Verbindungen unterbrochen oder aktiviert werden, oder ganze Subsysteme dazu- oder abgeschaltet werden [Boss87, 161].

---

[55] vgl. hierzu auch die Ausführungen in Kapitel 4.2.2.3

[56] Ein Schwellenwert wird dann erreicht, wenn mit den gegebenen Strukturen der Gleichgewichtszustand des Systems nicht mehr gehalten werden kann.

Die Virtuelle Organisation kann durch diese *Strukturdynamik* den Marktanforderungen in wohldefinierten, überschaubaren Schritten folgen. Sie ist somit einerseits nicht zu statisch, aber andererseits auch nicht chaotisch, was sich beispielsweise in einem „blinden Aktivismus", oder kybernetisch betrachtet in einem zu starken Schwingungsverhalten äußert. In Abbildung 5-6 werden unterschiedliche Formen der Strukturveränderung in einer qualitativen Darstellung veranschaulicht.

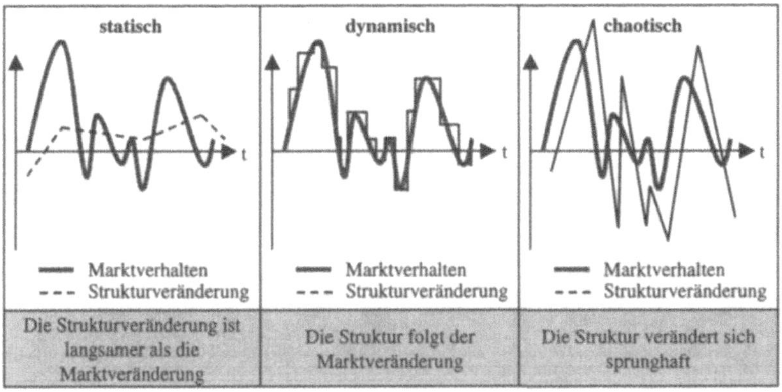

Abbildung 5-6: Strukturveränderung einer Organisation in Abhängigkeit vom Marktverhalten (in Anlehnung an [HaSp97, 2]).

In Abbildung 5-7 wird in vereinfachter abstrakter Weise die Strukturdynamik Virtueller Organisationen anhand der Phasen des Lebenszyklusses dargestellt [57]. In der Phase vor der Stimulierung können grundsätzlich zwei unterschiedliche Typen potentieller Partner unterschieden werden: zum einen Unternehmen, die bereits in einem Beziehungsnetzwerk miteinander verknüpft sind (Unternehmen A-D) und zum anderen Unternehmen, die nicht Teil dieses Quasi-Systems sind (Unternehmen E und F). Wird nun diese Struktur stimuliert, indem beispielsweise mindestens ein Unternehmen einen Bedarf erkannt hat, nehmen die zur Erfüllung des Bedarfs in Frage kommenden Unternehmen miteinander Kontakt auf (A, C-F). Die Virtuelle Organisation konstituiert sich schließlich aus den am besten geeigneten Unternehmen (C, D ,F) und erfüllt somit das Ziel ihrer Kooperation. Bei einer vergleichsweise geringfügigen Modifikation der Prämissen der Zusammenarbeit stellt sich die Virtuelle Organisation auf die neuen Bedingungen durch Strukturveränderungen ein, z.B. indem neue Partner aufgenommen

[57] vgl. hierzu auch die Ausführungen in Kapitel 5.1.3

werden oder bestehende Partner ausscheiden (nicht in der Abbildung dargestellt). Bei einer weitreichenden Veränderung der Prämissen, z.B. der Zielerfüllung, löst sich die Virtuelle Organisation auf. Ergebnis ist auch eine Strukturveränderung des *Beziehungsnetzwerkes*. Unternehmen F wird Teil dieses Netzwerkes, wodurch sich zukünftige Anbahnungen mit dessen Mitgliedern verkürzen läßt. Unternehmen können in unterschiedlichen Beziehungsnetzwerken Mitglied sein, wie parallel in sozialen Geschäftsnetzwerken, was jedoch in der Abbildung aus Vereinfachungsgründen nicht dargestellt ist.

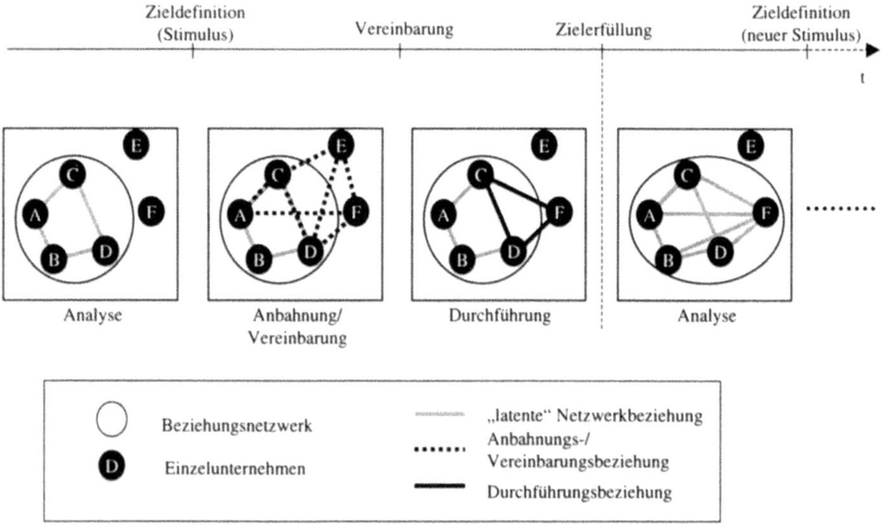

Abbildung 5-7: Strukturdynamik Virtueller Organisationen

5.1.6 Verteiltes System

Verteilte Systeme können allgemein anhand der folgenden Eigenschaften charakterisiert werden [Ensl78, 13f; FeSi96, 161f]:

a) Aus Außensicht ist das System eine Blackbox und verfolgt *gemeinsame Ziele.*

b) Das System besteht aus mehreren *autonomen Komponenten*, die zur Erfüllung dieser Ziele kooperieren. Keine Komponente besitzt die globale Kontrolle über das gesamte System.

Virtuelle Organisationen erfüllen diese beiden Eigenschaften. Die erste Eigenschaft bedeutet im Zusammenhang mit Virtuellen Organisationen, daß für einen außerhalb des Systems stehenden Beobachter, z.B. einen Kunden, das Zusammenwirken mehrerer einzelner autonomer Partner zur Erfüllung der betrieblichen Aufgaben nicht sichtbar sein muß. Das System identifiziert sich aus Außensicht durch das von der Durchführung der Aufgaben verfolgte Ziel, beispielsweise die Befriedigung der Kundennachfrage, ohne daß die entsprechenden Strukturen sichtbar werden. Die zweite Eigenschaft beinhaltet die *lose Kopplung*[58] der beteiligten Partner. Mit Hilfe der Stärke der Kopplung kann der Grad der Verteilung beschrieben werden. Eine engere Kopplung der Komponenten bedeutet einen geringeren Verteilungsgrad des Systems [FeSi96, 162]. In einem Kontinuum zwischen hohem und niedrigem Verteilungsgrad weisen Virtuelle Organisationen einen sehr hohen Verteilungsgrad auf.

Das Informationssystem weist eine zum betrieblichen System analoge Verteilung auf. Im Hinblick auf die Analyse und Gestaltung des Informationssystems einer Virtuellen Organisation ist eine Unterscheidung unterschiedlicher Ebenen des **verteilten Informationssystems** sinnvoll (vgl. Abbildung 5-8). Das folgende Ebenenmodell orientiert sich an der Unterscheidung von Aufgaben- und Aufgabenträgerebene. Es werden die Ebenen des *verteilten betrieblichen Systems*, des *verteilten betrieblichen Anwendungssystems* und des *verteilten Computersystems* unterschieden [FeSi96, 163].

Verteiltes betriebliches System

Virtuelle Organisationen bestehen aus einer Menge *lose gekoppelter Geschäftsprozesse,* die von autonomen Organisationseinheiten durchgeführt werden, welche sich untereinander *nichthierarchisch koordinieren* und über Transaktionen interagieren. Innerhalb der Geschäftsprozesse kommen sowohl hierarchische als auch nichthierarchische Koordinationsme-

[58] Zum Begriff der losen Kopplung im Zusammenhang mit Organisationen vgl. Kapitel 3.2.2.2. Das Merkmal der fehlenden globalen Kontrolle wird dort qualitativ anhand von fünf Merkmalen umschrieben.

chanismen zur Anwendung. Das Ergebnis ist ein gleichgewichtiges System hierarchischer und nichthierarchischer Koordination. [FeSi97 , 405].

Verteiltes betriebliches Anwendungssystem

Die automatisierten betrieblichen Aufgaben eines Informationssystems werden von betrieblichen Anwendungssystemen durchgeführt. Diese stellen somit die korrespondierenden *maschinellen Aufgabenträger* für die verteilten Aufgaben eines betrieblichen Systems dar [Sinz96a, 43].

Verteiltes Computersystem

Das verteilte Computersystem dient als *Aufgabenträger* für die verteilten betrieblichen Anwendungssysteme. Komponenten des verteilten Computersystems sind virtuelle Maschinen, wie z.B. Betriebssysteme oder Datenbankmanagementsysteme, die wiederum auf Rechnern und über Netzwerke betrieben werden.

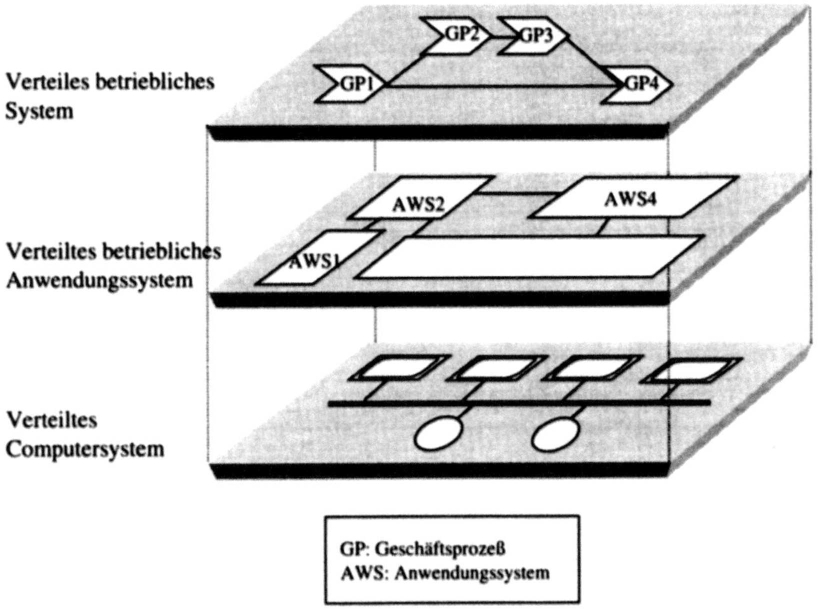

Abbildung 5-8: Verteiltes System [FeSi97, 407]

Die Spezifikationen der drei Ebenen verteiltes betriebliches System, verteiltes Anwendungssystem und verteiltes Computersystem können getrennt voneinander betrachtet werden. So ist es möglich, in der Anbahnungs- und Vereinbarungsphase einer Virtuellen Organisation den Grad der *Kompatibilität* der Informationssysteme ebenenspezifisch festzustellen bzw. ggf. eine ausreichende Kompatibilität herzustellen.

5.1.7 Dynamische Aufgaben - Aufgabenträgerzuordnung

Die Problematik der Bündelung und Zuordnung von Aufgaben wird in der Organisationstheorie unter dem Begriff der Aufgabensynthese [Kosi69] behandelt. Die Aufgabensynthese soll zu zielwirksamen Strukturen führen. Die Zielwirksamkeit kann anhand ökonomischer Effizienz, sachlicher Leistungsfähigkeit und sozialer Akzeptanz gemessen werden. Die aus der Aufgabensynthese resultierenden Strukturen werden in Aufbau- und Ablauforganisation eingeteilt. In Bezug auf die **Aufbaustruktur** sind die Aufgabenmerkmale[59] Objekt, Verrichtung und Aufgabenträger von Bedeutung; bei der Gestaltung der Ablauforganisation stehen die Determinanten Sachmittel, Raum und Zeit im Vordergrund der Betrachtung. Die Zuordnung von Aufgaben zu Aufgabenträgern ist somit Bestandteil der Gestaltung der Aufbauorganisation

In Anlehnung an diese Differenzierung wird in Virtuellen Organisationen im Rahmen der Vereinbarungsphase die grobe Aufbaustruktur festgelegt. Ein potentieller Partner wird auf der Aufgabenträgerebene als ein komplexer *Aufgabenträger*[60] betrachtet, der die für das Netzwerk synergetische *Kompetenz* besitzt an einem Objekt eine bestimmte Verrichtung vornehmen zu können. Die Aufbaustruktur wird somit bedarfsorientiert konstruiert. Auf dieser Ebene der Betrachtung ist die *initiale Gesamtaufgabe* der Virtuellen Organisation vorgegeben und in Teilaufgaben zerlegbar. Die Aufgabenträger für die Teilaufgaben, d.h. die einzelnen Partner, sind während der Lebensdauer der Virtuellen Organisation austauschbar. Dynamische Aufgaben - Aufgabenträgerzuordnung bedeutet jedoch nicht eine beliebige Zuordnung von Aufgaben zu Aufgabenträgern. In Virtuellen Organisationen werden Partner gerade wegen ihrer speziellen *Kernkompetenz* aufgenommen, so daß Aufgaben, die diese Kompetenz erfordern, nur diesem Partner zugeordnet sein können.

Die dynamische Aufgaben - Aufgabenträgerzuordnung kann vereinfacht anhand von Abbildung 5-9 erläutert werden.

---

[59] vgl. Kapitel 3.4.2

[60] Ein komplexer Aufgabenträger setzt sich aus personellen und maschinellen Aufgabenträgern zusammen.

Im Zeitpunkt t1, beispielsweise bei der Konstituierung der Virtuellen Organisation, besteht die *Gesamtaufgabe des Informationssystems* aus den (Teil-)Aufgaben A1 bis A3. Die Aufgaben sind durch *Informationsbeziehungen* miteinander verbunden. Die Aufgabe A1 wird vom Aufgabenträger AT1 durchgeführt, die Aufgaben A2 und A3 vom Aufgabenträger AT2. Die Aufgabenträger sind über ein *Kommunikationssystem* miteinander verbunden. Im Zeitpunkt t2 hat sich die Aufgabenebene folgendermaßen verändert: Die Aufgabe A1 hat sich in A1' verändert. Aufgabenträger AT1 hat sich auch verändert, z.B. aufgrund einer Weiterentwicklung durch *organisationales Lernen*, so daß er weiterhin die Aufgabe durchführen kann. Für die veränderte Aufgabe A2' wurde ein neuer Aufgabenträger (AT3) zugeordnet, beispielsweise weil er die Aufgabe besser erfüllen kann als AT2. Die (Teil-)Aufgaben A4 und A5 haben sich, z.B. durch eine Veränderung des *Systemzwecks*, neu ergeben. Sie werden vom neuen Aufgabenträger AT4 durchgeführt.

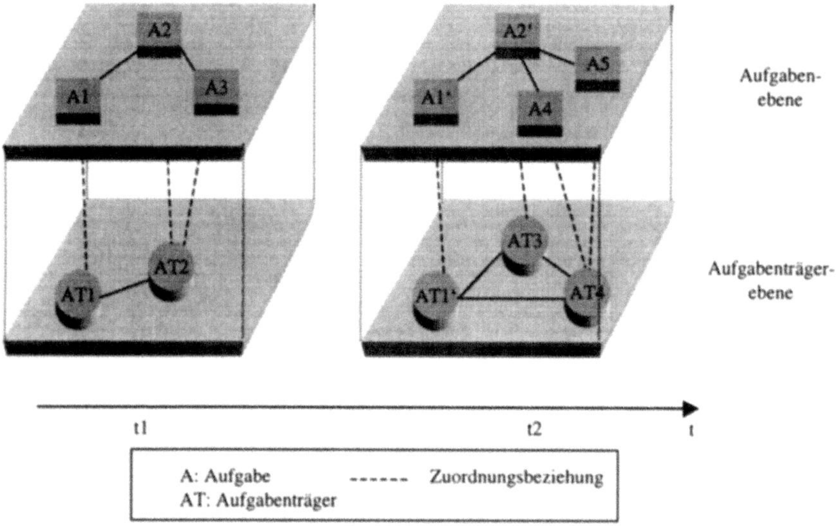

Abbildung 5-9: Dynamische Aufgaben - Aufgabenträgerzuordnung

5.1.8 Automatisierung des Informationssystems

Bevor auf das Merkmal des hohen Automatisierungsgrades Virtueller Organisationen konkret in Abschnitt 5.1.8.3 eingegangen wird, sollen zunächst potentielle grundlegende Technologien sowie Anwendungssysteme vorgestellt und allgemein bewertet werden. Auf ihren möglicher Nutzen wird neben Abschnitt 5.1.8.3 auch in Abschnitt 5.3 (Anforderungen an das Informationssystem Virtueller Organisationen aus der Perspektive phasenorientierter Gestaltungsfelder) eingegangen.

5.1.8.1 Basistechnologien

In diesem Abschnitt wird zunächst das Paradigma der *Objektorientierung* für die Entwicklung betrieblicher Anwendungssysteme behandelt. Anschließend wird eine grundlegende Technologie für die Kommunikation zwischen Anwendungssystemen betrachtet.

OBJEKTTECHNOLOGIE

Eine bedeutende Grundlage für die Realisierung verteilter Anwendungssysteme ist das Paradigma der **Objektorientierung** und seine Anwendung im Kontext betrieblicher Aufgabenstellungen (vgl. z.B. [FeSi90]). Sie leistet einen wesentlichen Vorteil bei der Überwindung heterogener IT-Landschaften, wie sie in Virtuellen Organisationen typischerweise anzutreffen sind. *Heterogenität* bedeutet in diesem Zusammenhang die Verwendung unterschiedlicher Hardware, Betriebssysteme, Datenbanksysteme oder Anwendungssysteme. Bestehende Systeme werden als Objekte gekapselt und machen lediglich ihre Schnittstelle nach außen öffentlich. Auf diese Weise können unterschiedliche Objekte über den Austausch von Nachrichten miteinander interagieren [FeSi98, 223ff]. Ein wesentlicher Erfolgsfaktor ist die *Standardisierung* der Schnittstellen (vgl. [FaSt97]).

Auf einer systemtechnischen Ebene finden die Methoden und Techniken der Objektorientierung bereits seit geraumer Zeit Anwendung, während auf der fachlichen Ebene ihr Einsatz erst in jüngster Zeit in den Vordergrund rückt.

CORBA

Ein wichtiges Beispiel für die Standardisierungsbemühungen im Bereich der Objekttechnologien auf systemtechnischer Ebene sind die Bemühungen der Object Management Group (OMG)[61] (vgl. [Omg90], [Omg95], [Orf+96], [Rösc95, 96], auch im folgenden).

[61] Die Object Management Group (OMG) ist ein herstellerübergreifendes Konsortium, das 1989 gegründet wurde und 1998 mehr als 800 Unternehmen als Mitglieder hatte. Ziel der Standardisierungsbemühungen der OMG ist es, eine offene, standardisierte und objektorientierte Infrastruktur zu definieren, die als Basis für die Entwicklung verteilter, objektorientierter Anwendungssysteme in heterogenen Umgebungen dient.

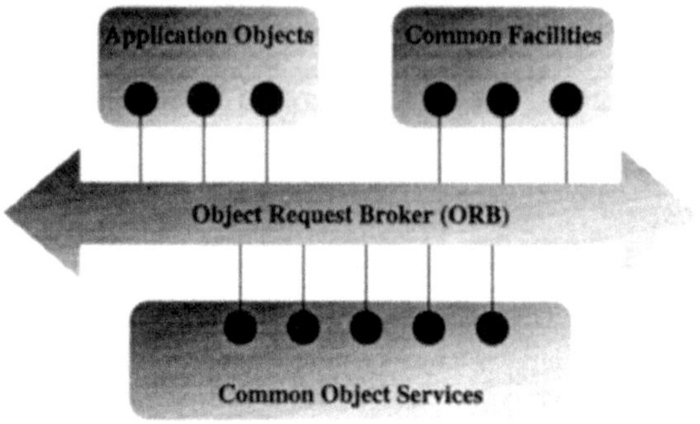

Abbildung 5-10: Common Object Request Broker Architecture (CORBA) der Object Management Group (OMG) [Omg95]

Ziel der Object Management Group (OMG) ist, eine offene standardisierte und objektorientierte Architektur zu entwickeln, die als Basis *verteilter Anwendungssysteme* dienen soll. Mitglieder der OMG sind zahlreiche Hard- und Softwarehersteller. Die Ergebnisse der OMG werden in der Object Management Architecture (OMA) vorgestellt, die ein Objekt- und ein Referenzmodell beinhaltet. Im Objektmodell werden die Konzepte und Technologien der *Objektorientierung* definiert. Das Referenzmodell beinhaltet die Komponenten Object Request Broker (ORB), Object Services, Facilities und Application Objects. Im Mittelpunkt der Architektur steht der ORB (vgl. Abbildung 5-10). Der ORB bildet als verteilter Kommunikationsmechanismus das Rückgrat des verteilten Anwendungssystems. Er ist ein Bussystem, auf das alle angeschlossenen Instanzen einen gleichberechtigten Zugriff haben. Der Zugriff ist von in verschiedenen Programmiersprachen implementierten Objekten (Komponenten) über verschiedene Netzwerke und Plattformen hinweg möglich. Objekte haben eine öffentliche Schnittstelle, die mit der Schnittstellenbeschreibungssprache Interface Definiton Language (IDL) spezifiziert wird. Die gesamte Architektur wurde unter dem Namen CORBA standardisiert. Die Object Services stellen einfache und systemnahe Basis-Dienste für die Schaffung verteilter Anwendungssysteme bereit und dienen der Interoperabilität von verteilten Komponenten. Hingegen sollen horizontale und vertikale Facilities (Common Facilities) die Zusammenarbeit von Komponenten auf Anwendungssystemebene regeln. Horizontale Facilities sind eine Sammlung von Klassen und Objekten, die Dienste unabhängig vom Anwendungsgebiet der Applikation bereitstellen, z.B. Druck- oder Datenaustauschdienste. Vertikale Facilities enthalten Funktionen für ausgewählte Anwendungsgebiete, wie Financial Facilities oder Electronic Commerce Facilities. Die Application Objects sind IDL-Schnittstellen zu anwendungsspezifischen Software-Komponenten (Business Objects).

Neben dem Objektansatz existieren weitere Strategien der komponentenbasierten Anwendungssystementwicklung [Mali95, 65ff]. Weit verbreitet ist der *dokumentenorientierte Ansatz* Object Linking und Embedding (OLE) von Microsoft. Für Virtuelle Organisationen besteht die Problematik darin, daß die verschiedenen Ansätze nach derzeitigem Stand nicht interoperabel sind [FeSi+97, 8]. Die Kopplung auf unterschiedlichen Plattformen entwickelter Anwendungssysteme gestaltet sich somit sehr schwierig. Zur Erreichung dieses Ziels zeichnen sich zwei Entwicklungen ab. Zum einen hat das Component Ware Consortium (CWC)[62] [Comp95] eine Architektur vorgeschlagen, die eine Abstraktion der unterschiedlichen Plattformen und die Integration bestehender Software (Legacy-Systems) ermöglicht. Zum andern kann Java (vgl. z.B. [Flan97]) als ein vielversprechender Ansatz zur Erreichung von *Plattformunabhängigkeit* gewertet werden. Da diese Entwicklungen jedoch erst in den Anfängen stehen, ist der aktuelle Einsatz der Konzepte in Virtuellen Organisationen erst sehr begrenzt möglich. Allerdings besteht in diesen Ansätzen mögliches neues *Erfolgspotential*, das frühzeitig wahrgenommen werden muß.

Business Objects

Unter *Business Objects* werden ausführbare Software-Komponenten verstanden, die Struktur und Verhalten von betriebswirtschaftlich relevanten Aspekten kapseln [Omg95]. Typische Beispiele für Business Objekte sind Mitarbeiter, Produkt, Rechnung oder Auftrag.

Im Idealfall werden Business Objekte unterschiedlicher Unternehmen miteinander kombiniert, um auf diese Weise unternehmensübergreifende Anwendungssysteme zu realisieren. Hierzu ist jedoch eine fachliche Architektur des *verteilten Anwendungssystems* zu spezifizieren, die den Kontext, in dem die jeweiligen Komponenten verwendet werden, verdeutlicht. Sowohl die Differenzierung von fachlicher und systemtechnischer Spezifikation als auch die Standardisierung von Business Objekten befinden sich noch in den Anfängen. Vorschläge für die Standardisierung werden von der Business Object Domain Task Force (BODTF)[63] erwartet (vgl z.B. [Omg98]). Für einen Vorschlag der fachlichen Spezifikation von Komponenten vgl. [FeSi+97]. Auch dieser Ansatz verweist bezüglich der Verwendung in Virtuellen Organisationen eher auf zukünftigen Handlungsbedarf als auf konkrete Einsatzmöglichkeiten.

KOMMUNIKATIONSTECHNOLOGIE

Die in Virtuellen Organisationen typischerweise *räumlich verteilten Anwendungssysteme* erfordern Technologien für die Kommunikation zwischen den Anwendungssystemen. Eine ver-

---

[62] Die CWC ist eine Gruppe führender Software-Hersteller.

[63] Vormals Business Object Management Special Interest Group (BOMSIG).

breitete Technologie ist der Electronic Data Interchange (EDI) (vgl. z.B. [Emme93], [SwSw92], [Deut95]).

Unter **EDI** wird der unternehmensübergreifende elektronischen Austausch von Geschäftsdaten zwischen Computern unter Verwendung eines vereinbarten Formats verstanden. Geschäftsdaten sind Daten, die in Zusammenhang mit üblichen, sich ständig wiederholenden Geschäftsvorfällen ausgetauscht werden. Wird EDI integrativ im Unternehmen implementiert, können automatisierte Geschäftsprozesse realisiert werden. Für die Nutzung von EDI in einem Unternehmungsnetzwerk sind folgende Voraussetzungen erforderlich:

- Ein EDI-fähiges Anwendungssystem bei Sender und Empfänger, welches Geschäftsdaten, wie Rechnungen oder Lieferabrufe, als Datei (Flat File) ex- bzw. importieren kann. Der Konverter, der die Daten vom Anwendungsformat in das EDI-Nachrichtenformat umwandelt, ist in einigen Anwendungssystemen integriert, z.B. bei der Standard-Anwendungssoftware SAP R/3.
- Ein EDI-System, welches zwischen diesen Flat Files und einem zu vereinbarenden Standardaustauschformat (z.B. EDIFACT[64]) konvertiert und den Datenaustausch mit dem EDI-System des Empfängers steuert.
- Absprachen mit den EDI-Partnern über die zu nutzenden - Standardaustauschformate (z.B. EDIFACT), - Kommunikationsdienste (z.B. ISDN, Telebox.400) bzw. -Protokolle (z.B. X.400, SMTP).

Bei der Nutzung von WebEDI kann bei einzelnen Partnern die Verfügbarkeit eines Browsers ausreichen. Über das Internet und WWW-Formulare können EDI-Nachrichten erzeugt bzw. empfangen werden. Andere Partner müssen jedoch ihre klassische EDI-Infrastruktur um eine WebEDI-Anwendung erweitern [LiKl97, 514ff].

Der Einsatz von EDI erfordert somit zumindest von einigen Partnern einer Virtuellen Organisation ggf. eine *transaktionsspezifische Investition*, da derzeit nicht von einer ausreichenden Verbreitung von EDI ausgegangen werden kann. Dies widerspricht allerdings der geforderten weitgehenden Unabhängigkeit der Partner. Daher ist EDI gegenwärtig eine eher für stabile Netzwerke geeignete Technologie.

[64] Electronic Data Interchange for Administration, Commerce and Trade. Dieser Standard wurde ausgehend von der Arbeitsgruppe 'Erleichterung von Verfahren im internationalen Handel' (WP.4) der UN-Wirtschaftskommission für Europa (UNECE) von den Vereinten Nationen (United Nations, UN) entwickelt. Dieser Vorschlag wurde von der ISO und dem DIN normiert. Der Standard ist branchenneutral und international ausgerichtet. EDIFACT-Nachrichten sind durch eine variable Feldanzahl und Feldlänge charakterisiert.

Die vergleichsweise teure EDI-Technologie könnte in nächster Zeit durch die Verbreitung der eXtensible Markup Language (XML) abgelöst werden. Hierbei handelt es sich um ein von SGML (Standard Generalized Markup Language) abgeleitetes, sehr flexibles Sprachwerkzeug, welches es auf Basis der Browsertechnologie ermöglicht, strukturierte Geschäftsdaten über das Internet auszutauschen und zu verarbeiten. Die Bedeutung des neuen Standards wird auch dadurch erkennbar, daß XML von namhaften Vertretern der Software-Industrie, so unter anderem auch von Microsoft, Sun und Netscape, unterstützt wird. Die Verwendung des Internets als Basistechnologie ist jedoch von Konzepten zur Gewährleistung von Sicherheit, Verfügbarkeit und Kapazität erforderlich. Unter dieser Vorausstzung kann diese Technologie eine vielversprechende Basis für Virtuelle Organisationen sein.

5.1.8.2 Basis-Anwendungssysteme

In diesem Abschnitt werden *Groupware-Systeme und Workflow-Management*-Systeme kurz vorgestellt und hinsichtlich ihrer Eignung für Virtuelle Organisationen bewertet. Diese Systeme wurden aufgrund ihrer Eigenschaft als *Middleware* ausgewählt. Sie stellen eine potentielle Plattform für die situationsspezifische Entwicklung und Implementierung von Anwendungen zur Verfügung.

GROUPWARE-SYSTEME

Unter dem Begriff *Groupware-System* werden sämtliche Anwendungssysteme zur Unterstützung der Gruppenarbeit, insbesondere der Kommunikation der Mitglieder einer Gruppe von Personen, bei der kooperativen Durchführung nicht automatisierter, häufig schlecht strukturierbarer Aufgaben verstanden. Die computergestützte Gruppenarbeit nutzt Netzwerkarchitekturen und Kommunikationssysteme. In Abgrenzung zu *Workflow-Management-Systemen (WFMS)* werden eher kooperativ durchzuführende Teilaufgaben betrachtet, die nicht einer einzelnen Person zuordenbar sind. Das Forschungsgebiet, das sich mit diesen Zusammenhängen zwischen Informations- und Kommunikationstechnologie und Gruppenarbeit beschäftigt, ist die *Computer Supported Cooperative Work (CSCW).*

Groupware-Systeme können nach verschiedenen Gesichtspunkten klassifiziert werden (siehe z.B. [BoSc95]). Häufig werden Groupware-Systeme nach Raum und Zeit klassifiziert (Abbildung 5-11). Die Differenzierung erfolgt einerseits nach der Unterstützung des Zeitpunkts Verteilung (*gleiche Zeit versus verschiedene Zeit*) und andererseits nach der Unterstützung der räumlichen Verteilung (*gleicher Ort versus verschiedener Ort*). Im Zusammenhang mit der räumlich verteilten computergestützten kooperativen Arbeit wird auch der Begriff Telekooperation verwendet. Reichwald et al. beschreiben **Telekooperation** als die mediengestützte, arbeitsteilige Leistungserstellung zwischen verteilten Aufgabenträgern [Rei+98, 65].

Die kommunikationstechnologische Basis der Telekooperation bilden *Telemedien*; das Arbeitsgebiet, das sich mit der Telekooperation beschäftigt ist die *Telematik*.[65]

	Gleiche Zeit	**Verschiedene Zeit**
Gleicher Ort	Sitzungsunterstützungs-System Entscheidungsunterstützungs-System Präsentationssystem	Terminmanagementsoftware Mehrautorensysteme
Verschiedener Ort	Mehrautorensysteme Audio- und Videokonferenz-System	Elektronisches Postsystem (Email) Vorgangsbearbeitungssystem Elektronische Konferenz

Abbildung 5-11: Groupware in vier Kooperationssituationen (vgl. [Joha88], [GaHe92, 341])

Ein weiteres Klassifikationsschema differenziert nach anwendungsorientierten *Funktionsklassen* und ermöglicht beispielsweise die Unterscheidung in Nachrichtensysteme, Mehrbenutzereditoren, elektronische Sitzungsräume, Rechnerkonferenzen, intelligente Agenten, Wissensmanagementsysteme, Projektmanagementsysteme und Koordinierungssysteme. Weitere Kriterien zur Klassifizierung sind die Größe der Gruppe und die Art der Gruppenkommunikation. Weiterhin kann Groupware sowohl im inner- als auch im *zwischenbetrieblichen Bereich* zum Einsatz kommen. Letztere Systeme können dann auch als *Interorganisationssysteme* bezeichnet werden. Eine ausführliche Einführung in die Groupwaretechnologie gibt beispielsweise [BoSc95].

Die Vielfältigkeit der Klassifikationsmöglichkeiten von Groupware-Systemen weist auf die universelle und flexible Einsatzfähigkeit hin, was ein wichtiger Erfolgsfaktor für Virtuelle Organisationen ist[66]. Sie haben in der Regel den Charakter eines *Universalwerkzeugs* [OrHo97, 12], das als Plattform für zahlreiche Anwendungen im Zusammenhang mit Gruppenarbeit dient. Zwei im Zusammenhang mit Virtuellen Organisationen ausgewählte Anwendungen, ein *Elektronisches Organisationshandbuch* (ELO) (vgl. z.B. [Chr+91]) und ein *Wissensmanagementsystem* werden in Abschnitt 5.3.4 vorgestellt.

WORKFLOW-MANAGEMENT-SYSTEME

Workflow-Management-Systeme (WFMS) sind betriebliche Anwendungssysteme zur rechnergestützten Planung, Steuerung, Kontrolle und Durchführung von Workflows [Amb96, 23].

[65] Telematik bezeichnet die Symbiose aus Informations- und Kommunikationstechnologie und integriert damit Datenverarbeitung und Nachrichtenübermittlung. [Rei+98, 19]. Für einen ausführliche Überblick zur Telematik vgl. [Mül+97].

[66] [LaWa94] sprechen von Groupware sogar als Katalysator Virtueller Organisationen.

Workflow-Management-Systeme betrachten sowohl die Aufgabenebene als auch die Aufgabenträgerebene eines betrieblichen Systems. Auf der Aufgabenebene fokussieren WFMS auf die datenflußbedingten (Reihenfolge-)Beziehungen zwischen Aufgaben, unabhängig von deren Automatisierung. Auf der Aufgabenträgerebene wird die *Zuordnung der Aufgaben zu personellen und maschinellen Aufgabenträgern* einbezogen. Hier werden zusätzlich ressourcen- bzw. betriebsmittelbedingte (Reihenfolge-)Beziehungen sowie die *Kommunikation zwischen den Aufgabenträgern* berücksichtigt. Die Einführung von WFMS ist aufwendig, so daß die Implementierung für eine Virtuelle Organisation aufgrund deren kurzfristigen Charakter nicht sinnvoll ist. Zudem würde durch diese spezifische Investition die Autonomie der Partner erheblich beeinflußt. Sinnvoll ist hingegen die Kopplung vorhandener WFMS der einzelnen Partner. In diesem Zusammenhang sind die Bestrebungen der Workflow Management Coalition (WfMC) zu nennen. Zusammen mit nahezu allen WFMS-Anbietern wird in der WfMC seit 1993 an Standards für eine einheitliche Unterstützung und Umsetzung von Anwendungssystemen gearbeitet. Ein Bestandteil des in der Entstehung befindlichen Standards ist ein sogenanntes minimales Metamodell, welches das Grundverständnis bzw. die minimalen Modellinhalte einer Workflowmodellierung widerspiegelt. Ein weiteres bereits standardisierter Bestandteil ist ein Referenzmodell, das die Grobarchitektur von Workflow-Management-Systemen festlegt (vgl. Abbildung 5-12).[67]

[67] Eine ausführliche Darstellung der Standardisierungsergebnisse der WfMC findet sich zum Beispiel in [Lawr97]. Nutzen und Anwendbarkeit der Workflowtechnologie werden beispielsweise in [Ambe96a], [Ambe96b], [Ambe97], [AmGr96] und insbesondere für Virtuelle Organisationen in [AmZi98] angesprochen.

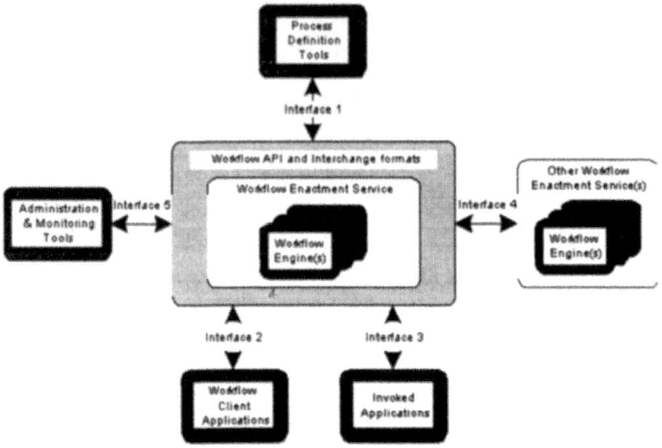

Abbildung 5-12: Referenzmodell für Workflow-Management-Systeme [Lawr97]

Das Referenzmodell der WfMC unterscheidet die folgenden sechs Komponenten von Workflow-Management-Systemen [Lawr97] (vgl. Abbildung 5-12) :

- Die Gestaltung von Workflows erfolgt mit Hilfe von Process Definition Tools.
- Basisdienste für die Steuerung und Kontrolle der Durchführung von Workflows werden durch Workflow Enactment Services bereitgestellt.
- Die Durchführung manueller und nichtintegrierter automatisierter Aufgaben wird durch Workflow Client Applications unterstützt.
- Die Durchführung automatisierter Aufgaben wird durch Invoked Applications integriert ausgeführt.
- Die Zusammenarbeit unterschiedlicher WFMS zur Laufzeit wird durch Workflow Interoperability ermöglicht.
- Die administrative Kontrolle der Durchführung von Workflows wird durch Administration & Monitoring Tools unterstützt.

Das Referenzmodell der WfMC unterscheidet weiterhin die folgenden fünf Schnittstellen zwischen den Komponenten von Workflow-Management-Systemen [Lawr97] (vgl. Abbildung 5-12):

- Das Interface 1 dient der Kommunikation zwischen Modellierungswerkzeugen (Process Definition Tools) und Workflow-Engines zum Austausch von Workflowspezifikationen.

- Die Kommunikation von Workflow-Engine mit Worklist-Handler und Anwendungssystem-Komponenten (Client Applications) erfolgt über Interface 2.
- Die Kommunikation von Workflow-Engine mit aufruffähigen Anwendungssystem-Komponenten ist Gegenstand von Interface 3.
- Mit der Interoperabilität von Workflow-Engines beschäftigt sich Interface 4.
- Mit Hilfe von Interface 5 werden an Workflow-Engines Komponenten angebunden, die der Administration von Workflows dienen.

Diese Schnittstellen werden in der Syntax der Interface Definition Language (IDL) der Object Management Group (OMG) spezifiziert und sind bereits teilweise standardisiert.

Ein WFMS in einer Virtuellen Organisation kann beispielsweise über das Internet realisiert werden. Dazu ist es notwendig, daß ein Web-Client über einen Web-Browser auf die Workflow-Engine der verschiedenen Partner zugreifen kann, oder daß die diversen Workflow-Engines der Partner interagieren können (vgl. z.B. [WeFa96]). Hierfür ist das Interface 4 zuständig. Diese Schnittstelle wird bisher jedoch kaum unterstützt.

5.1.8.3 Beziehungen zwischen Automatisierung des Informationssystems und den anderen Gestaltungszielen

Das *betriebliche Informationssystem* korrespondiert mit der Ebene sechs der Boulding-Hierarchie. Nach der hier verwendeten Interpretation der Boulding-Hierarchie ist die semantische Relation gegenüber höheren Ebenen „ermöglicht" und gegenüber tieferen Ebenen „umfaßt". Das bedeutet beispielsweise, daß ein Lenkungssystem (Boulding-Ebene drei) immer eine Anordnung von Elementen und eine aktive Beziehung zwischen ihnen umfaßt (Boulding-Ebenen eins und zwei), oder der Austausch mit der Umwelt (Boulding-Ebene vier) das Wachstum bzw. die Veränderung eines Systems (Boulding-Ebene fünf) ermöglicht.

In Analogie dazu unterliegt das betriebliche Informationssystem einem *Lebenszyklus*, umfaßt eine *Zielorientierung* und eine *Strukturdynamik*, ist ein *verteiltes* System und beinhaltet eine *dynamische Aufgaben - Aufgabenträgerzuordnung*. Für die darüberliegenden Ebenen stellt das Informationssystem eine Voraussetzung dar. Es ermöglicht das *Lernen* und die Ausbildung von Kompetenzen durch Reflektion von Informationen, was wiederum Voraussetzung für die Ausbildung einer *Organisationskultur* ist.

Die Boulding-Hierarchie hat keinen normativen, sondern einen deskriptiven Charakter, d.h. in allen sozialen Systemen können die neun Boulding-Ebenen unterschieden werden. Sie können jedoch unterschiedlich sein. Eine schwach ausgeprägte Ebene beeinträchtigt alle darüber liegenden Ebenen. Ein wichtiger Aspekt für die Gestaltung eines leistungsfähigen Informationssystems ist dessen *Automatisierung* [FeSi98, 110f]. Sie führt insbesondere zu einer Veränderung der *Transaktionsatmosphäre*. Im folgenden wird auf die Auswirkungen der Automatisierung des Informationssystems auf die anderen sieben Eigenschaften (Abschnitte 5.1.1 bis 5.1.7) eingegangen.

VERTRAUENSORGANISATION

In Virtuellen Organisationen kann die Konstituierung der Vertrauensorganisation im Unterschied zu anderen Organisationsformen durch zwei Problemkreise beeinträchtigt werden. Auf der Systemebene fällt aufgrund der fehlenden gemeinsamen Vergangenheit das prozeßbasierte Vertrauen als Quelle von Vertrauen zum Teil weg. Auf der personalen Ebene wird der vertrauensbildende Face-to-Face-Kontakt zwischen den Interaktionspartnern durch die Kommunikation über elektronische Medien ersetzt. Diese Ebene enthält auch zahlreiche psychologische und soziologische Aspekte und wird hier nicht weiter vertieft.

Für die Konstituierung des Systemvertrauens bietet die Automatisierung des Informationssystems Unterstützungspotential. Im folgenden soll dies exemplarisch anhand einiger in Kapitel 5.1.1 vorgestellter *Mechanismen zur Konstituierung von Systemvertrauen* erläutert werden. Zur weiteren Systematisierung wird die Phasenunterscheidung im *Lebenszyklus der Virtuellen Organisation* verwendet.

In der Anbahnungsphase lernen sich zwei Partner kennen. Für eine Vertrauensbildung zwischen den Partnern, die Voraussetzung für den Eintritt in die Vereinbarungsphase ist, sollte von dem Vertrauten ein geeignetes *Signaling* durchgeführt werden, bzw. vom Vertrauenden ein zweckmäßiges *Screening* möglich sein. Als Infrastruktur hierfür werden virtuelle Zentren [Koc+97], elektronische Kooperationsbörsen [Hof+96], Kompetenzdatenbanken [FaBi97, 13] oder elektronische VU-Börsen (VU: virtuelles Unternehmen) [FaBi97, 15] vorgeschlagen. Gemäß der drei Modi der Entstehung von Systemvertrauen müssen folgende Informationen über Unternehmen verfügbar sein:

a) *Referenzen von Dritten* als Ersatz des fehlenden eigenen prozeßbasierten Vertrauens.

b) Spezifikation der *Eigenschaften des Unternehmens*. Das beinhaltet insbesondere die Art der erstellten Leistung, aber auch Aspekte der Informationssystemarchitektur und der Organisationskultur zur Überprüfung des informationstechnischen und kulturellen Fits.

c) *Zertifizierungen* (z.B. ISO 9000), *Auszeichnungen* oder *Garantien*, die von anerkannten Institutionen ausgestellt werden (z.B. *Trust Center*).

In der Vereinbarungsphase können insbesondere Verhandlungen unterstützende Systeme, wie *Agentensysteme* (vgl. [Kirn95], [Fis+96]), eingesetzt werden. Ein potentieller Vorteil, der zumindest teilautomatisierten Verhandlung ist die Umgehung störender menschlicher Eigenschaften, wie Opportunismus oder Machtstreben.

In der Durchführungsphase ist die Unterstützung des *Monitoring* von Bedeutung. Das Monitoring kann sich auf Strukturen, Abläufe, Mitarbeiter, Termine, Projektfortschritte oder Leistungen beziehen. Ziel ist die Möglichkeit der jederzeitigen umfangreichen Information über den Systemzustand zu jeder Zeit. Zur informationstechnologischen Unterstützung eignen sich auf Groupware basierende *elektronische Organisationshandbücher (ELO)* (vgl. [MeFa95, 66f]), *Projektdatenbanken*, *Managementinformationssysteme* [Arno96], *Führungsinformationssysteme* [Härt96] oder *Workflow-Management-Systeme*.

SYMBIOTISCHES ARRANGEMENT VON KERNKOMPETENZEN

Die Transaktionskosten können durch eine Automatisierung des Informationssystems erheblich beeinflußt werden, wodurch das symbiotische Arrangement von Kernkompetenzen in Form eines Netzwerkes zwischen mehreren Partnern anstelle einer hierarchischen Lösung ökonomisch sinnvoll realisiert werden kann. Der ursprünglichen break-even-Punkt für den Übergang von der hybriden auf die hierarchische Koordinationsform verschiebt sich damit nach rechts (vgl. Abbildung 4-16). Netzwerkartige Organisationsformen sind dadurch in der Lage, Leistungen zu erbringen, die vormals bisher mit hohen Transaktionskosten verbunden waren. Grundlegende Technologien zur Senkung dieser Kosten sind *Telekooperationssysteme* [Pic+98, 355ff].

Weiterhin leistet die Automatisierung des Informationssystems einen wesentlichen Beitrag zur Erlangung der Metakompetenz der *Kooperationsfähigkeit*. So wird neben der Schaffung des transaktionskostenarmen Zugangs zu den komplementären *Kompetenzen* der Partner und deren effektiver Nutzung auch die Weiterentwicklung der eigenen Kernkompetenz durch *interorganisationales Lernen* ermöglicht bzw. vereinfacht [KlKr95, 49f]. Die informationstechnologische Unterstützung wird beispielsweise durch *Wissensmanagementsysteme* (z.B. Organizational Memory Information Systems (OMIS) [StZw95, 97]), die das Wissensmanagement in Organisationen ermöglichen, realisiert. Die hierfür notwendigen Basistechnologien sind *Multimedia*, *Groupware-Systeme* und *Künstliche Intelligenz (KI)* [Fais96, 9].

Der geeignete Einsatz von *Interorganisationssystemen (IOS)* unterstützt die effektive und effiziente Kombination der *Kernkompetenzen* in einem Netzwerk die somit „as a ‚highway' for electronic integration and innovative behavior“ [KlKr95, 50] fungieren.

Lebenszyklus

Die Lebenszyklusorientierung gibt hilfreiche Hinweise über die Automatisierung des Informationssystems Virtueller Organisationen. So bedeutet die Unterscheidung von Phasen die Dominanz unterschiedlicher Zielsetzungen in jeder Phase. Der Einsatz von Informationstechnologie muß folglich die unterschiedlichen Aufgabenstellungen in den einzelnen Phasen gleichermaßen berücksichtigen (vgl. Abschnitt 5.3).

Zielorientierung und -dynamik

Eine Hauptaufgabe des Informationssystems ist die zielgerichtete Beeinflussung der betrieblichen Leistungserstellung [FeSi98, 29]. Hinsichtlich des Lenkungsanteils einer Leistungsbeziehung können zwei Arten der Koordination der beteiligten Partner unterschieden werden: die *hierarchische Koordination* in Form von Steuerung und Kontrolle und die *nicht-hierarchische Koordination* in Form einer *Verhandlungs-Transaktion* [FeSi98, 61]. In Virtuellen Organisationen ist die nicht-hierarchische Koordination des Leistungsaustausches dominierend. Diese Form der Koordination ist ceteris paribus mit höheren Transaktionskosten verbunden. Wie bereits deutlich wurde, verhindert die Veränderung der *Transaktionsatmosphäre* durch die Automatisierung des Informationssystems den Anstieg der Transaktionskosten. Die Gestaltung des Informationssystems muß dementsprechend die Komplexität der zielgerichteten Koordination der Virtuellen Organisation kompensieren. Das Potential der Automatisierung besteht überwiegend bezüglich der Systeme zwei und drei im *Modell des lebensfähigen Systems*. Ein *Multi-Agentensystem* ist eine Möglichkeit der Rechnerunterstützung von System zwei. System drei kann beispielsweise durch *Projektmanagementsysteme* unterstützt werden [Wörn96]. Für die Systeme vier und fünf können *Führungsinformationssysteme* eine Unterstützung bieten, das Automatisierungspotential für diese Systeme ist jedoch sehr begrenzt.

Strukturdynamik

Virtuelle Organisationen konstituieren sich aufgrund einer aktuellen Marktchance, d.h. die Strukturen werden auf die Erreichung sach-logisch bzw. zeitlich abgrenzbarer Aufgabenstellungen ausgerichtet, so daß sie einer starken Veränderungsdynamik ausgesetzt sind. Das bedeutet, daß ein wichtiges Qualitätsmerkmal des Informationssystems dessen Anpaßbarkeit ist [Sinz97, 882ff]. Auf der Ebene der Virtuellen Organisation (Mesoebene) bedeutet Anpaßbarkeit die Fähigkeit, die Informationssysteme hinzukommender Partner zu integrieren. Die wichtigste Konsequenz aus dieser Tatsache ist, daß die informationstechnische *Kopplung* zwischen den Partnern sehr *lose* sein sollte. So wird die Möglichkeit geschaffen, daß die Konstituierung einer Virtuellen Organisation schnell erfolgen kann, und im Falle der Beendigung keine Kosten für die Auflösung der Beziehung entstehen. Es muß also die Fähigkeit zum raschen Auf-, Um- und Abbau unterstützt werden, vergleichbar mit dem *„Plug&Play"-Prinzip* bei Stereoanlagen. Die Anforderung an die Gestaltung besteht zum einen in einer größtmöglichen Standardisierung, wie sie auf Systemplattformebene in Form der *CORBA* [Omg95], auf Softwarekonzeptebene in Form von standardisierten *Business Objects* oder *Application Frameworks* [Orf+96] und auf Fachkonzeptebene in Form von standardisierten *Application Objects* [FeSi+97] realisiert werden kann. Die spezifische Investition eines Partners in eine nicht standardisierte proprietäre Technologie kann zu prohibitiv hohen Transaktionskosten eines Wechsels führen, d.h. die Autonomie eines Partners wird erheblich eingeschränkt.

Die genannten Anforderungen an rechnergestützte Informationssysteme hinsichtlich Flexibilität und Erweiterbarkeit verlangen geeignete *Informationssystem-Architekturen.* Derartige Architekturen müssen dazu beitragen, eine bestehende Anwendungssystemlandschaft eines Unternehmens zu integrieren. Eine für die genannten Zwecke geeignete Informationssystem-Architektur stellt die SOM-Methodik (vgl. Kapitel 3.4.5) zur Verfügung.

VERTEILTES SYSTEM

Über die in Abschnitt 5.1.6 genannten definitorischen Merkmale verteilter Systeme hinaus ist der Aspekt der *räumlichen Verteilung* eine wichtige Eigenschaft Virtueller Organisationen. Ein Beispiel für Technologien zu Überwindung von räumlichen Entfernungen im Bereich der operativen Informationssysteme ist EDI. Auf den höheren Ebenen des betrieblichen Informationssystems kommen eher Telemedien zum Einsatz. Die Kopplung von Anwendungssystemen hängt somit auch entscheidend von der Verfügbarkeit einer geeigneten Netzinfrastruktur ab.

DYNAMISCHE AUFGABEN - AUFGABENTRÄGERZUORDNUNG

Die Unterscheidung von *Aufgaben- und Aufgabenträgerebene* ist eine wesentliche Voraussetzung für die Gestaltung des betrieblichen Informationssystems Virtuelle Organisationen. Mit den *Workflow-Management-Systemen* ist eine Technologie verfügbar, die dieses Prinzip konsequent verfolgt. Deshalb soll die Automatisierung der dynamischen Aufgaben - Aufgabenträgerzuordnung anhand des Workflow-Grundverständnisses gemäß dem Metamodell der WfMC erläutert werden [Ambe96a] (vgl. Abbildung 5-13.)

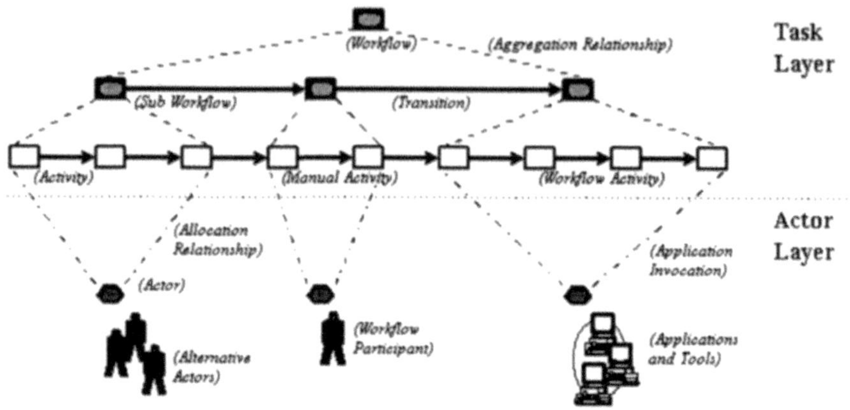

Abbildung 5-13: Workflow-Grundverständnis [Ambe96a]

> Ein Workflow beschreibt die Ablaufsicht einer komplexen Aufgabe und besteht ggf. aus Sub-Workflows. Er umfaßt mehrere Arbeitsschritte (Aktivitäten), die als Workflow Process Activity bezeichnet werden. Einer atomaren Aktivität können einerseits personelle Aufgabenträger (Workflow Participant) und andererseits maschinelle Aufgabenträger (Applications and Tools) zugeordnet werden. Die Reihenfolgebeziehungen zwischen Aktivitäten werden als Transition Information festgehalten.

Auf der Aufgabenebene differenzieren *Workflows* explizit zwischen der Durchführung von Aufgaben und der Lenkung (= Planung, Steuerung und Kontrolle) der Aufgabendurchführung. Diese Differenzierung ermöglicht eine Softwareunterstützung, sowohl für (teil)automatisierte als auch für manuelle Aufgaben, da zumindest der *Lenkungsanteil* automatisiert werden kann. Zur Strukturierung von Workflows werden diese typischerweise zu Prozessen und Subprozessen zusammengefaßt. Auf der Aufgabenträgerebene können sowohl physische als auch virtuelle Aufgabenträger und ihre Eigenschaften betrachtet werden. Physische Aufgabenträger sind Menschen, Maschinen und Rechner. Als *virtuelle Aufgabenträger* werden hingegen Rollen, Rechnerverbundsysteme, Personengruppen und Organisationseinheiten aufgefaßt. Vor allem virtuelle Aufgabenträger erhöhen die Freiheitsgrade bei der Auswahl von Aufgabenträgern für die Durchführung von Aufgaben in Virtuellen Organisationen, da sie von der physischen Zuordnung zu einem bestimmten Partner abstrahieren. Voraussetzung ist jedoch zunächst eine *Modellierung der Aufgabenebene* der Virtuellen Organisation, wofür das Konzept der *virtuellen Geschäftsprozesse* einen geeigneten Ansatz darstellt (vgl. [FeSi97]).

In der folgenden Tabelle sind die Ergebnisse zusammenfassend dargestellt. Zu jedem Merkmal sind das zentrale Ziel und die möglichen Methoden oder Instrumente hinsichtlich der Gestaltung des betrieblichen Informationssystems Virtueller Organisationen angegeben. In der vierten Spalte wird ein konkretes Beispiel zur Realisierung genannt.

Merkmal	**Gestaltungsziele**	**Gestaltungsmethoden /-instrumente**	**Realisierungsbeispiel**
Vertrauens-organisation	Vertrauensbildung	Signaling/Screening, Verhandlung, Monitoring	VU-Börse Multiagentensysteme Projektdatenbank
Synergetisches Arrangement von Kernkompetenzen	Senken der Trans aktionskosten Wissensmanagement	Automatisierung des IS Wissensmanagement-systeme	Telekooperations-Systeme OMIS
Lebenszyklus	phasenbezogene Unterstützung	phasenbezogene AWS	A: Agenten V: Gruppeneditor D: Projektmanage-mentsystem
Zielorientierung und -dynamik	dezentrale Lenkung	Lenkungssystems	Multiagentensystem, Projektmanagement-system
Strukturdynamik	plug&play des Informationssystems	Komponentenorientierte Architektur, Standardisierung	CORBA, Business Objects TCP/IP, EDIFACT
Verteiltes System	Überwindung von Raum	Telekooperation	Telematik
dynamische Aufgaben - Aufgabenträgerzu-ordnung	dynamische Zuordnung	Trennung von Lenkung und Durchführung der Aufgaben	Groupware (schwach strukturiert) WFMS (gut strukturiert)

Abbildung 5-14: Zusammenfassung der Gestaltungsziele

5.2 Entwicklung eines mehrdimensionalen Gestaltungsrahmens

In diesem Kapitel soll ein mehrdimensionaler Gestaltungsrahmen für das Informationssystem Virtueller Organisationen vorgestellt werden, der die entwickelten Gestaltungsziele umfassend berücksichtigt. Zur Strukturierung dieser Aspekte wird der systemtheoretische Bezugsrahmen der *Boulding-Hierarchie* verwendet. Gemäß dieser Hierarchie entspricht das Informationssystem der sechsten Ebene. Ein Gestaltungsrahmen für das Informationssystem muß folglich die Gestaltungsziele der unteren Ebenen umfassen und die der darüber liegenden Ebenen ermöglichen. Bestehende Gestaltungsansätze[68] berücksichtigen lediglich Teilaspekte der Gestaltungsebenen und vernachlässigen die Beziehungen zwischen den Ebenen.

Ein umfassendes Verständnis der Gestaltungsaufgaben und -instrumente ist nur durch einen *Multiperspektivenansatz* möglich. Ein mehrdimensionaler Systematisierungsansatz reduziert die Gefahr der Bildung unvollständiger und inkonsistenter Aufgaben- und Instrumentenkataloge. Eine möglichst vollständige Durchdringung der Problematik ist durch unterschiedliche Perspektiven auf das Untersuchungsobjekt, das Informationssystem Virtueller Organisationen, zu erreichen. Die Unterscheidung der drei Dimensionen hat lediglich analytischen Charakter. In realen Systemen lassen sich die Gestaltungsfelder in der Regel nicht unbedingt isoliert beobachten.

Der hier vorgeschlagene Gestaltungsrahmen betrachtet die Gestaltung in *drei Dimensionen* (vgl. Abbildung 5-15). In der ersten Dimension werden unter Verwendung der systemtheoretisch orientierten *Unternehmensarchitektur*[69] der SOM-Methodik[70] die Ebenen eins bis vier der Boulding-Hierarchie abgedeckt. Die Entwicklung betrieblicher Informationssysteme mit dieser Methodik umfaßt implizit die Gestaltungsziele der Zielorientierung/-dynamik, der Strukturdynamik, der Verteilung und der dynamischen Zuordnung von Aufgaben zu Aufgabenträgern. In einer zweiten Dimension wird der *Lebenszyklus* einer Virtuellen Organisation als zentrales Merkmal aufgenommen. Die dritte Dimension unterscheidet zwischen konkreten Gestaltungsaspekten der Ebene der Virtuellen Organisation *(Mesoebene)* und der Ebene des einzelnen Partners *(Mikroebene)*. Auch diese Unterscheidung kann bereits anhand der Unternehmensarchitektur durch die Wahl der entsprechenden Diskurswelt vorgenommen werden. Die Gestaltungsziele der Ebenen sieben und acht werden durch den Gestaltungsrahmen nicht implizit berücksichtigt, sondern müssen explizit angegeben werden.

---

[68] vgl Kapitel 4.1

[69] Der Begriff Unternehmensarchitektur kann auch auf Unternehmungsnetzwerke angewendet werden.

[70] vgl. Kapitel 3.4.5

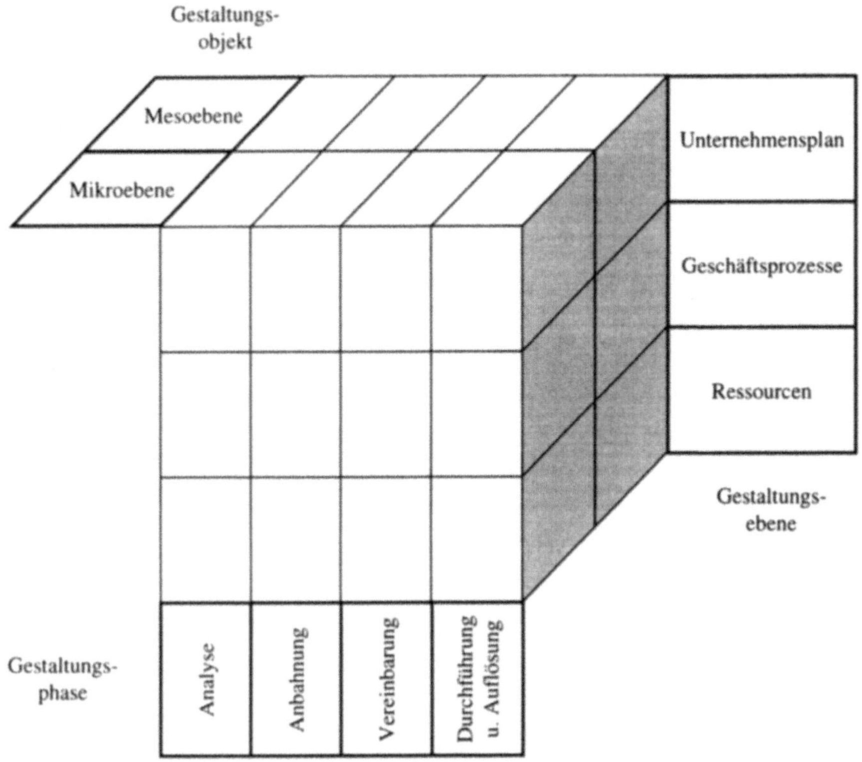

Abbildung 5-15: Dimensionen der Gestaltung des Informationssystems Virtueller Organisationen

5.2.1.1 Dimension der Gestaltungsebene

In dieser *Dimension* werden drei unterschiedliche Ebenen betrachtet: die *Ebene des Unternehmensplans*, die *Ebene der Geschäftsprozesse* und die *Ebene der Ressourcen*. Die Unterscheidung der Ebenen umfaßt auch die Beziehungen zwischen den Ebenen. Diese Differenzierung erlaubt eine integrierte Sicht auf die gestaltungsrelevanten Aspekte aller Ebenen. Die Ebenen und ihre Beziehungen zueinander korrespondieren mit Ebenen der Boulding-Hierarchie (vgl. Abbildung 5-16).

Die Spezifikation des **Unternehmensplans** stellt die *Zielorientierung und -dynamik* des betrieblichen Systems sicher. Hierzu werden das zu betrachtende betriebliche System von seiner

Umwelt abgrenzt, seine Ziele spezifiziert und Erfolgsfaktoren, die das Erreichen des Ziels begünstigen, angegeben. Die Zieldynamik muß durch die permanente Überprüfung und Anpassung des Unternehmensplans gewährleistet werden.

Die *Strukturdynamik* ist eine Konsequenz aus der Zieldynamik. Das bedeutet, daß bei einer Veränderung des Unternehmensplans auch die **Geschäftsprozesse** als Lösungsverfahren des Unternehmensplans angepaßt werden, bzw. bei völlig neuen Zielen neue Geschäftsprozesse gebildet werden müssen. Die Beziehung zwischen Unternehmensplanebene und Geschäftsprozeßebene stellt dieses Gestaltungsziel sicher. Eine generelle Metapher der Geschäftsprozeßebene der Unternehmensarchitektur ist die des *verteilten Systems* [FeSi98, 178]. Sie beschreibt ein System von Haupt- und Serviceprozessen, die sich in Bezug auf eine gemeinsame Zielerfüllung koordinieren. Ein Geschäftsprozeß erstellt eine oder mehrere betriebliche Leistungen und übergibt sie an beauftragende Geschäftsprozesse [FeSi98, 182]. Geschäftsprozesse können somit anhand ihres Beitrags zum *Sachziel* des betrieblichen Systems identifiziert werden. In einem grundlegenden Verständnis wird dabei in der Regel lediglich die Erstellung und Übergabe von Leistungen in der Durchführungsphase betrachtet. Frühere Phasen werden bei der Geschäftsprozeßmodellierung nicht einbezogen, da sie in ihrer dominierenden Anwendungsdomäne, den Einzelunternehmen, nicht relevant sind. Bei der Berücksichtigung des *Lebenszyklusses* Virtuellen Organisationen wird das Verständnis dahingehend erweitert, daß phasenspezifische Sachziele bestimmt werden. Ein Sachziel kann somit auch die erfolgreiche Anbahnung einer Partnerschaft sein. In der Fortführung dieses Verständnisses können schließlich auch Märkte für diese phasenspezifischen Leistungen betrachtet werden. Zu nennen wären hier z.B. *Broker*, die Anbahnungsleistungen anbieten.

Die **Ressourcenebene** beinhaltet neben dem verteilten betrieblichen Anwendungssystem auch die Ressource Personal, die in Form der Aufbauorganisation spezifiziert werden kann. Dieser Aspekt wird im folgenden nicht weiter berücksichtigt (vgl. hierzu z.B. [Hilb97]).

Die Differenzierung der Geschäftsprozeßebene und der Ressourcenebene ermöglicht eine flexible und damit *dynamische Zuordnung von Aufgabenträgern zur Durchführung von Aufgaben*.

5.2.1.2 Dimension der Gestaltungsphase

Die Dimension der Gestaltungsphase korrespondiert mit der Ebene des **Lebenszyklusses** (vgl. Abbildung 5-16). Die Unterscheidung von Gestaltungsphasen anhand des Lebenszyklus ermöglicht die Berücksichtigung von Gestaltungszielen in einer dynamischen Dimension. Dies trägt der Tatsache Rechnung, daß sämtliche Phasen für die Virtuelle Organisation von ähnlich hoher Bedeutung sind. In jeder Phase lassen sich unterschiedliche Gestaltungsaufgaben ableiten (vgl. z.B. [Pamp93, 174ff], [Krae97, 89ff]), die alle berücksichtigt werden müssen. In den Phasen der *Analyse*, *Anbahnung* und *Vereinbarung* dominieren Gestaltungsaspekte, die das Ziel haben, die bestmöglichen Voraussetzungen für die Konstituierung Virtueller Organisationen durch die Schaffung einer geeigneten *Transaktionsatmosphäre* zu schaffen. In der *Phase der Durchführung* stehen Gestaltungsaspekte im Vordergrund, die auf eine geeignete *Transaktionsatmosphäre* aufbauen können.

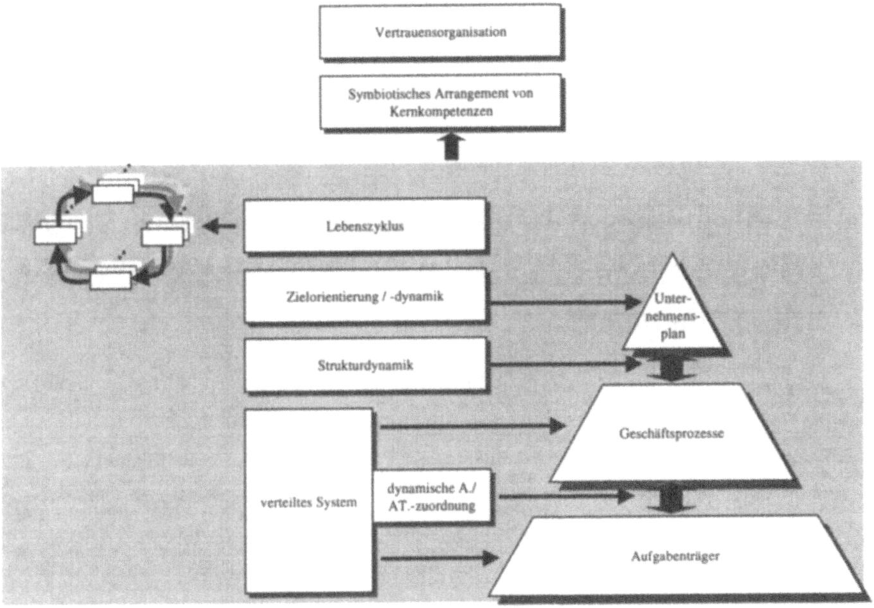

Abbildung 5-16: Elemente des Gestaltungsrahmens

5.2.1.3 *Dimension des Gestaltungsobjekts*

Die dritte Dimension beinhaltet die Differenzierung des Gestaltungsobjekts. Dabei wird zwischen der Gestaltung auf *Mikroebene*, d.h. der Gestaltung der einzelnen Unternehmen, und der Gestaltung auf *Mesoebene*, d.h. der Gestaltung der Virtuellen Organisation unterschieden.

In Bezug auf die Mikroebene wird im folgenden nur auf die für die Teilnahme an einer Virtuellen Organisation relevanten Aspekte eingegangen. Die Gesamtheit dieser Aspekte stellt die neuen und besonderen Anforderungen an Unternehmen dar, die die Teilnahme an einer Virtuellen Organisation als strategische Option betrachten. Der Gestaltungsrahmen liefert dem Management wertvolle Hinweise hinsichtlich der Erstellung von strategischen Programmen zur Ausführung dieser Option.

Auf der Mesoebene sind nur die Außensicht und die Umweltschnitstellen der einzelnen Partner von Interesse. Gegenstand dieser Ebene ist vielmehr das Zusammenfügen und Zusammenwirken der ausgewählten betrieblichen Systeme. Der Gestaltungsbedarf auf dieser Ebene ergibt sich aus den notwenigen Strukturveränderungen zur Erzielung des symbiotischen Arrangements der beteiligten Partner. Zum einen kann nicht davon ausgegangen werden, daß sich die Teilnehmer ohne strukturelle Veränderungen koppeln lassen und zum andern ist die Entwicklung neuer (temporärer) Strukturen für das Funktionieren einer Virtuellen Organisation notwendig.

5.3 Anforderungen an das Informationssystem Virtueller Organisationen aus der Perspektive phasenorientierter Gestaltungsfelder

In diesem Abschnitt wird der vorgestellte Gestaltungsrahmen auf ein abstraktes Fallbeispiel angewendet. Es basiert auf den in dieser Arbeit entwickelten theoretischen Grundlagen und berücksichtigt darüber hinaus Erkenntnisse aus zwei konkreten Fallstudien[71] und aus zahlreichen in der Literatur dokumentierten Fallstudien. Aufgrund des normativen Charakters des Gestaltungsrahmens wird auf die Darstellung eines konkreten Einzelfalls verzichtet (vgl. hierzu z.B. [Cle+92], [Sieb98], [Wüt+97]). Auf die betriebswirtschaftlichen Aufgaben in den einzelnen Phasen wird nur in soweit eingegangen, wie sie für den Kontext erforderlich sind (vgl. hierzu Kapitel 3.2.3.2 und die dort angegebene Literatur).

Der Gestaltungsrahmen (vgl. Abbildung 5-15) wird in den folgenden Abschnitten entlang der vier Phasen Analyse, Anbahnung, Vereinbarung und Durchführung sequentiell durchlaufen. In den einzelnen Abschnitten wird wiederum nach Mikro- und Makroebene sowie nach Unternehmensplan-, Geschäftsprozeß- und Ressourcenebene differenziert.

[71] Die beiden Fallstudien entstanden 1995.

5.3.1 Analysephase

Zielsetzung in der Analysephase auf der *Mikroebene* ist zum einen die Erkennung von Kooperationspotential und zum anderen die Sicherstellung bzw. Herstellung einer allgemeinen Kooperationsfähigkeit ggf. ohne Sichtbarkeit des Nutzens.

Das Erkennen von Kooperationspotential und damit die Initiierung einer Virtuellen Organisation kann reaktiv sein aufgrund des plötzliches Auftretens bzw. Erkennens von strategischen Chancen oder Risiken - oder **proaktiv** durch die Identifizierung von Entwicklungs- und Erfolgspotentialen einer Kernkompetenz durch die Symbiose mit Komplementärkompetenzen. Letztere Form der Initiierung ist Bestandteil des Unternehmensplans des Initiators und das Ergebnis einer systematischen Unternehmensplanung (vgl. z.B. [StSc93, 151ff]). In einer internen (Stärken, Schwächen) und externen (Chancen, Risiken) Analyse werden die Kooperation als geeignete strategische Option ermittelt und die wesentlichen Zielgrößen für die Kooperation und die Anforderungen an die Partner bestimmt [Krae97, 147]. Anwendungssysteme zur Unterstützung dieser Aufgaben sind insbesondere Entscheidungsunterstützungssysteme (EUS) (vgl. z.B. [Mech95], [Glu+97]).

Während bei dieser proaktiven Form der Initiierung der Virtuellen Organisation die Herstellung der Kooperationsfähigkeit Bestandteil der Strategie ist, muß diese Fähigkeit bei der **reaktiven** Form zum Zeitpunkt des Erkennens der Chancen oder Risiken bereits vollständig vorhanden sein.

Die genaue Beurteilung der Kooperationsfähigkeit wird letztendlich im konkreten Anwendungsfall erst im Rahmen der Anbahnung- und Vereinbarungsphase erfolgen. Dennoch können einige Grundvoraussetzungen für die Teilnahme an einer Virtuellen Organisation bereits vorher analysiert und gestaltet werden. Die Herstellung der **Kooperationsfähigkeit** bezieht sich dabei auf drei wesentliche Aspekte: kulturelle, fundamentale und informationstechnologische. **Kulturelle Aspekte** betreffen die normative Ebene des Managements. Die Unternehmenskultur muß auf die Offenheit gegenüber Kooperationen ausgerichtet sein. Typische zu überwindende Probleme sind das „not invented here - Syndrom", das alleinerstellte Leistungen der im Netzwerk erstellten Leistungen als überlegen ansieht, oder starre und hierarchische Machtstrukturen. Aus **fundamentaler Sicht** steht ein geeignetes Kernkompetenzmanagement[72], d.h. die Schaffung einer Kongruenz zwischen den eigenen Kompetenzen und der verändernden Umwelt, im Vordergrund. Die Ausbildung und Pflege einer „best-of-class" Kernkompetenz stellt die Attraktivität für andere Partner sicher. Aus **informationstechnologi-**

[72] vgl. Kap. 3.3

scher Sicht ist die Berücksichtigung von Standards bei der Gestaltung des betrieblichen Informationssystems und der informations- und kommunikationstechnischen Infrastruktur eine zentrale Anforderung. Auf der kommunikationstechnischen Ebene ist beispielsweise das Internet-Protokoll TCP/IP ein derart relevanter Standard, daß eine zwischenbetriebliche Kommunikation über Internet-Dienste (z.B. Email) inzwischen weltweit möglich ist. Von wachsender Bedeutung sind in diesem Zusammenhang Sicherheitsstandards. Die Gestaltung des betrieblichen Informationssystems und des Betriebs der informations- und kommunikationstechnischen Infrastruktur gehören zu den Aufgaben des Informationsmanagements [Fers96, 31f]. Zur Unterstützung dieser Aufgaben ist die Spezifikation einer *Informationssystem-Architektur* als Generalbebauungsplan des Informationssystems, der die potentielle zu standardisierenden Schnittstellen zu anderen Partnern sichtbar macht, ein wichtiges Hilfsmittel. Typische Anwendungssysteme zur Unterstützung der Durchführung dieser Aufgaben sind Geschäftsprozeßmodellierungs-Tools[73].

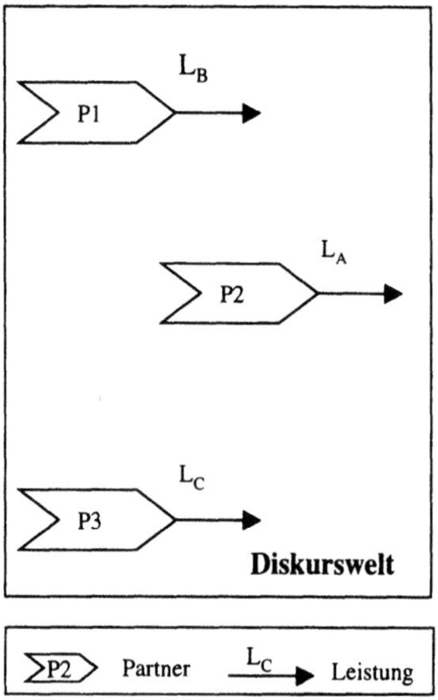

Abbildung 5-17: Diskurswelt der Analysephase auf der Mesoebene

Die Diskurswelt in Abbildung 5-17 besteht aus den Partnern P1 bis P3. Jeder Partner hat eine Kernkompetenz zur Erzeugung der unterschiedlichen Leistungen L_A bis L_C. Zwischen den drei

[73] vgl. z.B. [Ambe99] für eine umfassende Werkzeug-Konzeption.

Partnern bestehen keine formalen oder Leistungsbeziehungen. Die relevante Umwelt des Beziehungsnetzwerkes ist aufgrund des fehlenden aktuellen sachzielbezogenen Anlasses unbestimmt. Gegenstand der Umweltanalyse in dieser Phase ist primär die Erkennung von Marktchancen und Kooperationspotential, dargestellt durch P4 und P5. Nicht dargestellt ist die individuelle Umwelt jedes Partners.

Die Betrachtung der *Mesoebene* in der Analysephase erscheint zunächst problematisch, da in dieser Phase die Konstellation einer Virtuellen Organisation nicht erkennbar ist. Die Betrachtung dieser Phase ist jedoch aus zwei Gründen gerechtfertigt und überdies notwendig. Zum einen kann sich eine bereits konstituierte Virtuelle Organisation in der Analysephase bezüglich der Aufnahme eines neuen Partners befinden. Zum anderen ist die Anbahnung einer Virtuellen Organisation zwischen sich nicht kennenden Partner ein wenig relevanter Extremfall und empirisch nicht nachvollziehbar [GuGa97, 7]. Keimzellen von Virtuellen Organisationen sind bereits bestehende *Beziehungsnetzwerke*, die in dieser Phase als Diskurswelt abgegrenzt werden können (vgl. Abbildung 5-17). Solche Beziehungsnetzwerke sind beispielsweise soziale Expertennetzwerke von Personen bestimmter Fachgebiete, unabhängig von ihrer Hierarchiestufe im Unternehmen [MeFa95, 63]. Als relevanter Teil der Umwelt zu diesem Zeitpunkt können potentielle Mitglieder des Beziehungsnetzwerkes abgegrenzt werden; allerdings nur sehr unscharf. Ziel in dieser Phase ist der Aufbau oder Erhalt des Beziehungsnetzwerkes. Aufgrund gemeinsamer Interessen und Erfahrungen werden in dieser Phase *informelle Kontakte* gepflegt. Es kann davon ausgegangen werden, daß jeder Partner sich grundsätzlich in einem Beziehungsnetzwerk bzw. in mehreren sich überschneidenden Beziehungsnetzwerken befindet und daß jeder Partner seine eigene Umwelt z.B. in Form von Kunden und Lieferanten hat, mit denen er Erfahrungen gesammelt hat. Diese Art der Beziehungen können auch indirekt sein, indem zwei Partner mit einem dritten Partner, aber nicht untereinander, verknüpft sind [GuGa97, 8]. Der gemeinsame Partner kann in diesem Fall als Referenz dienen. Unterstützende Anwendungssysteme sind in dieser Phase aufgrund des sozialen Charakters der Aufgaben kaum vorhanden. Telematik-Tools, wie Videokonferenzsysteme oder Email, bieten jedoch Ansatzpunkte zur Pflege von Beziehungen unabhängig von Raum und Zeit.[74]

---

[74] Im Internet (WWW) ist die verstärkte Bildung von „Communities" zu beobachten. Diese verfügen über eine eigene Hompage mit Chat-Tools, über die die Pflege der Beziehungen ermöglicht wird. Solche Communities können zukünftig eine wichtige Basis für Beziehungsnetzwerke werden.

Abbildung 5-18 faßt die wichtigsten Aspekte zusammen.

		Mesoebene	**Mikroebene**
Unterneh-mensplan-ebene	Ziele	Pflege und Aufbau von Beziehungen für potentielle Kooperation	Allgemeine Kooperations-fähigkeit Erkennen von Chancen und Risiken
	Diskurswelt	In einem Beziehungsnetzwerk verbundene Partner	Haupt- und Serviceprozesse eines Partners
	Relevante Umwelt	Potentielle Mitglieder des Beziehungsnetzwerks	Potentielle Partner in und außerhalb des Beziehungsnetz-werkes Kunden, Lieferanten
	Erfolgs-faktoren	Gemeinsame Interessen und Erfahrungen	„best of class" Kernkompetenz; offene Kultur, offene informa-tions- und kommunikation-stechnische Infrastruktur strategische Analyse / Früher-kennung
Geschäftsprozeßebene		Informeller Austausch, („networking")	Entwicklung von Kernkompe-tenzen, Gestaltung des Infor-mationssystems
Ressourcenebene: Anwendungssysteme		Telematik-Systeme	EUS, Geschäftsprozeß-modellierungs-Tools Betriebliche Expertensysteme

Abbildung 5-18: Zusammenfassung wesentlicher Aspekte der Analysephase

5.3.2 Anbahnungsphase

Aus der *Sicht eines Partners* können zwei grundsätzliche Ziele in Bezug auf die Anbahnungsphase unterschieden werden.

Erstens liegt es im vitalen Interesse eines Partners, daß er im Rahmen der Anbahnung einer Virtuellen Organisation überhaupt entdeckt wird. Denn bleibt dieses Ereignis aus, tritt der Partner erst gar nicht in die Anbahnungsphase ein. Für Partner, die sich außerhalb des Beziehungsnetzwerkes befinden, ist die Aufgabe, entdeckt zu werden, ungleich schwerer als für deren Mitglieder. In beiden Fällen ist ein geeignetes *Signalling* notwendig, da mit der Verbreitung von *Vertrauenssignalen* und der Spezifikation der *Kernkompetenz* die Chancen für die Berücksichtigung bei der Konstituierung einer Virtuellen Organisation erhöht werden. Als Basis für das Signaling eignet sich das Internet als global standardisierte und zugängliche Plattform. Zum einen sollte der Eigenauftritt des Partners im *World Wide Web (WWW)* im Hinblick auf ein geeignetes Signaling gestaltet werden (vgl. [FaSp96]), zum anderen ist die aktive Eintragung des Unternehmens in relevanten *elektronischen Kooperationsbörsen* vorzunehmen.

Geht die Initiierung einer Virtuellen Organisation von einem Partner selbst aus, dann steht zweitens die aktive Suche nach passenden Partnern in dessen Umwelt im Vordergrund. Dieses *Screening* findet sowohl innerhalb als auch außerhalb des vorhandenen *Beziehungsnetzwerkes* statt. Da Screening die Suche nach Signalen von potentiellen Partnern bedeutet, stellt entsprechenderweise auch hier das Internet eine geeignete Plattform für die Recherche nach Kooperationsmöglichkeiten zur Verfügung. Eine Möglichkeit ist die Verwendung von *Retrieval-Systemen* wie Internet-Suchmaschinen.

Die Vorgehensweise normaler Internet-Suchmaschinen[75], die eine Art globales Bestandsverzeichnis erstellen, indem sie fortlaufend alle Internet-Server nach ihrem Inhalt untersuchen, ist problematisch. Bedingt durch eine fehlende Indexierung und den ständigen Wechsel des weltweiten Informationsangebotes erfüllen diese Systeme kaum den Anspruch einer zielgerichteten Partnersuche. Eine Lösungsmöglichkeit bietet der Einsatz von Agenten. Die Partnersuche mittels Agenten könnte folgendermaßen ablaufen: Die Anfrage des Benutzers wird dem Agenten übergeben. Er modifiziert diese entsprechend einem Benutzermodell und dem Domainwissen (d.h. Kontextwissen) bei seiner Suche nach Partnern in verschiedenen Informationsquellen. Die Ergebnisse der Suche werden durch Kontextmodule ausgewertet und an den Nutzer ausgegeben. Der Agent kann jetzt anhand der Reaktionen und Beurteilungen von Su-

[75] z.B. http://www.yahoo.com oder http://www.altavista.com

chergebnissen durch den Nutzer lernen [FaSp96, 22f]. Dieser Lernmechanismus kann die Trefferquote und damit die Qualität der gefundenen Resultate steigern. Auf dem WWW werden solche Verfahren beispielsweise bei individuell zusammengestellten Informations-Services (z.B. Online Zeitungen) benutzt. Indem der entsprechende WWW-Server speichert, welche Meldungen des Information-Service ein registrierter Benutzer jeweils liest, werden künftige Angebote an Meldungen gemäß den daraus abgeleiteten individuellen Interessen und Bedürfnissen zusammengestellt.

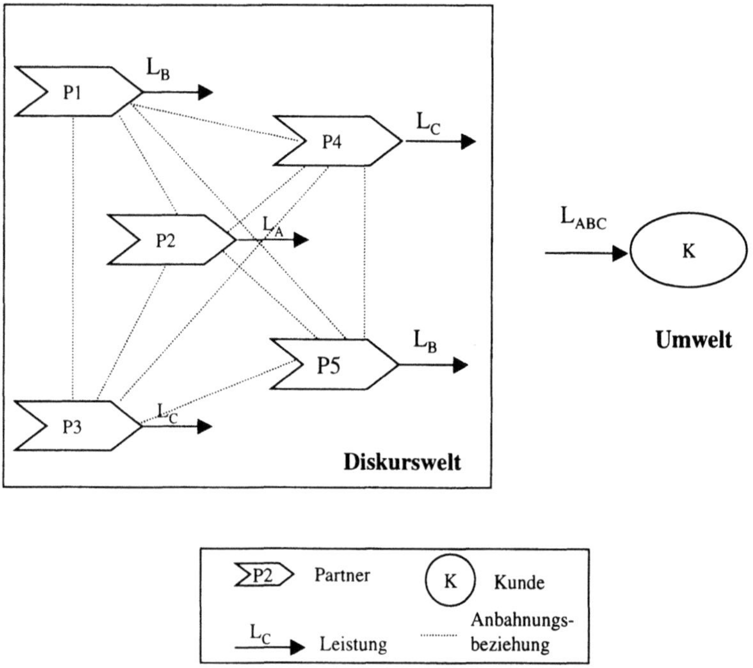

Abbildung 5-19: Diskurswelt und Umwelt der Anbahnungsphase auf der Mesoebene

In Abbildung 5-19 wurde in der relevanten Umwelt eine Marktchance in Form der Nachfrage der Leistung L_{ABC} von Kunde K entdeckt. Bezüglich dieser Marktchance besteht die Diskurswelt aus den Partnern P1-P5. Die Beziehungen zwischen den Partnern besteht aus dem gegenseitigen Kennenlernen. P1 und P5 erstellen beide die Leistung L_B und die Partner P3 und P4 die Leistung L_C, so daß auch eine Bewertung und Auswahl der Partner stattfinden muß.

Auf der *Mesoebene* ist die Zielsetzung das Finden eines geeigneten symbiotischen Kernkompetenz-Arrangements zur Erfüllung einer konkreten Marktchance. Gegenstand der Diskurswelt sind in dieser Phase sämtliche Partner, die bezüglich der in der Umwelt erkannten Marktchance Kontakt miteinander aufgenommen haben. Die Zielerfüllung wird stark von der Verfügbarkeit und Qualität von Informationen über die potentiellen Teilnehmer an der Virtuellen Organisation determiniert. Die Informationen müssen Angaben über die Unternehmenskultur und die Strategie, über die Kernkompetenz sowie über die informations- und kommunikationstechnische Infrastruktur enthalten, um die *Kompatibilität* der Partner zu beurteilen. In Abhängigkeit von Verfügbarkeit und Qualität der Informationen entscheidet sich, ob mit einem geeigneten Partner überhaupt Kontakt aufgenommen wird, ob dieser aufgrund eines ungenügenden *Signaling* abgebrochen wird oder er in einer Vereinbarung resultiert. Als unterstützendes Anwendungssystem eignen sich *Elektronische Kooperationsbörsen* für eine zunächst anonyme Kontaktaufnahme sowie *Telematik-Systeme* für den bilateralen Austausch.

Kooperationsbörsen können als Erweiterung eines *elektronischen Produktkatalogs* (EPC, "electronic product catalogue") gestaltet sein. EPCs sind multimediale, interaktive Hypertexte, die Produkte präsentieren und beschreiben und als Schnittstelle zwischen Anbieter und potentiellen Kunden dienen [Schm97, 13f]. Als Produkte werden in diesen Kooperationsbörsen jedoch nicht nur die Endprodukte dargestellt, sondern alle für das *Signaling* relevanten Elemente des Anbieters, der Kernkompetenz präsentiert. Potentiellen Kooperationspartnern kommt in dieser Analogie die Rolle des Kunden zu, der eine komplementäre Kernkompetenz sucht. Wird die Kooperationsbörse durch eine mit Reputation augestattete Institution betrieben, die die Aufnahme eines Unternehmens von bestimmten Qualitätsmerkmalen abhängig macht, kann das als zusätzliches *vertrauenbildendes Signal* für einen Kooperationsnachfrager dienen.

In diesem Zusammenhang ist jedoch zu beachten, daß Unternehmen in rein statischen und selbstorganisierenden Kooperationsbörsen nur subjektiv geprägte und relativ oberflächliche Informationen über ihr Unternehmen transparent machen werden. Diese Informationen erfüllen damit lediglich die Funktion der Anbahnung der Anbahnung. Der vollständige Anbahnungsprozeß kann über die *Moderation des Betreibers* der Kooperationsbörse (*Broker*) abgedeckt werden, indem relevante Fit-Kriterien bei Übereinstimmung sukzessive offengelegt werden.

Eine für die *Vertrauensbildung* relevante Erweiterung der Informationsbasis der Kooperationsbörse besteht in der Verfügbarkeit von Meta-Informationen über einen Partner. Dabei sind Informationen von Interesse, die von einer *dritten, vertrauenswürdigen, unabhängigen Instanz* zur Verfügung gestellt werden [Alpa96, 218]. Bekannte Beispiele von Anbietern unabhängiger Meta-Informationen sind Ratingagenturen wie "Standard's and Poor's" oder "Moody's" auf den Finanzmärkten. Weitere Beispiele sind Anbieter von Wirtschaftsdaten (Unternehmensprofile, Finanzinformationen, Kreditinformationen, etc.) [Kräh94, 222].

Abbildung 5-20 faßt die wichtigsten Aspekt zusammen.

		Mesoebene	**Mikroebene**
Unternehmensplanebene	Ziele	Finden eines symbiotischen Kernkompetenz-Arrangements zur Erfüllung der Marktchance	Gefunden und gewählt werden (passiv) Finden, kennenlernen und auswählen geeigneter Komplementärkompetenzen (aktiv)
	Diskurswelt	Partner, die bzgl. der Marktchance in einer Anbahnungsbeziehung stehen	Haupt- und Serviceprozesse eines Partners
	Relevante Umwelt	Erkannte Marktchance	Erkannte Marktchance, potentielle Partner bzgl. Marktchance Kunden, Lieferanten, Staat
	Erfolgsfaktoren	Verfügbarkeit von Informationen über potentielle Partner	Vertrauenssignale, „best of class" Kernkompetenz, offene Kultur, offene informations- und kommunikationstechnische Infrastruktur
Geschäftsprozeßebene		Anbahnungsprozeß: Austausch von Vertrauenssignalen, Informationen über Kernkompetenzen, Kultur sowie informations- und kommunikationstechnische Infrastruktur	Signaling Screening
Ressourcenebene: Anwendungssysteme		Kooperationsbörsen Telematik-Systeme	Internet-Auftritt Retrieval-Systeme

Abbildung 5-20: Zusammenfassung wesentlicher Aspekte der Anbahnungsphase

5.3.3 Vereinbarungsphase

Aus *Partnersicht* ist das Ziel der Vereinbarungsphase, eine für die eigene *Lebens- und Entwicklungsfähigkeit* geeignete Vereinbarung zu erreichen. Zu diesem Zweck muß mit den potentiellen Partnern verhandelt werden. Eine Verhandlung ist ein Prozeß, bei dem zwei oder mehr Parteien versuchen, ein Übereinkommen darüber zu treffen, was jede Partei in einer Transaktion zwischen den beiden geben und erhalten soll [RuBr82, 75].

Aus der Sicht eines Partners stellt sich die Abwägung zwischen geben und erhalten auf den Ebenen des Unternehmensplans, der Geschäftsprozesse und der Ressourcen. In Bezug auf den *Unternehmensplan* muß festgestellt werden, inwieweit die eigenen Ziele mit denen der anderen Partner identisch, neutral, komplementär oder konfliktär sind [Font95, 159f]. Daraus ergibt sich der Aufwand der Anpassung der eigenen *Geschäftsprozesse* an die neue Kooperationssituation. Schließlich müssen die möglichen Aufwendungen an *Ressourcen* bewertet werden. Ein Partnerunternehmen steht somit in dieser Phase vor einer typischen Entscheidungssituation im Rahmen des strategischen Managements.

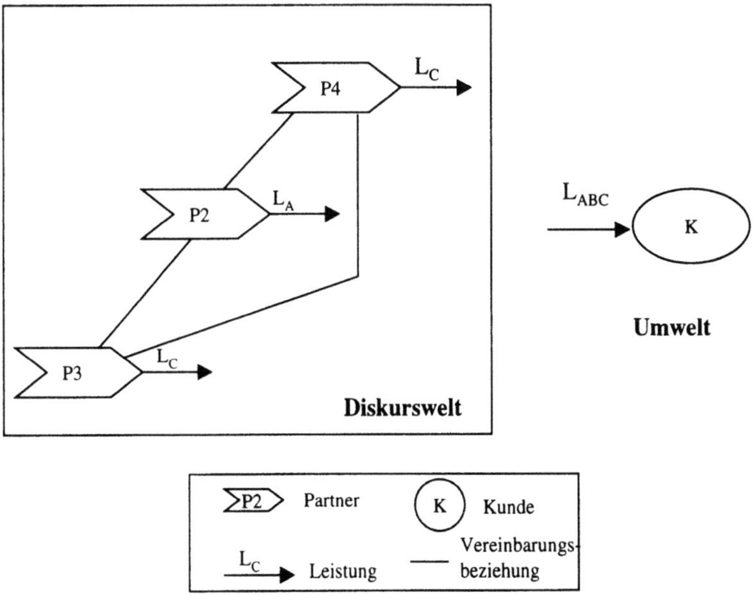

Abbildung 5-21: Diskurswelt und Umwelt der Vereinbarungsphase auf der Mesoebene

In Abbildung 5-21 sind die als Ergebnis der Anbahnungsphase ausgewählten Partner dargestellt. Sie vereinbaren die Regeln, die zur Durchführung der Bedienung der Marktchance notwendig sind.

Bei der Entscheidung eines Partners für eine Kooperation müssen die Voraussetzungen dafür geschaffen werden, daß sich die Verhandlungspartner für die Zusammenarbeit mit diesem Partner entscheiden. Die Voraussetzung hierfür ist eine für den aktuellen Anlaß vorhandene *spezielle Kooperationsfähigkeit*. Im Zuge ihrer Herstellung ist es erforderlich, den Unternehmensplan mit den anderen Partnern abzustimmen und daraus ableitend die eigenen Geschäftsprozesse und Anwendungssysteme im Sinne des Kooperationsziels für die Kooperation mit den Partnern vorzubereiten.

Auf der *Mesoebene* ist das Ziel, in der Vereinbarungsphase möglichst schnell die Kernkompetenzen der Partner derart zu kombinieren, daß aus ihrer Symbiose die erkannte Marktchance erfüllt werden kann. Ausgangspunkt für die Vereinbarungsphase ist die Entscheidung von Partnern am Ende der Anbahnungsphase, in die Verhandlung einzutreten. Die Diskurswelt besteht somit aus bezüglich der Durchführung der Kooperation verhandelnden Partner.

Bei der Verhandlung müssen normative, strategische und operative Aspekte festgelegt werden. Auf der *normativen Ebene* ist die Abstimmung eines *identitätsstiftenden gemeinsamen Geschäftsverständnisses* notwendig. *Strategische Vereinbarungen* beinhalten die Prämissen der Zusammenarbeit und damit auch ihrer Auflösung. Die *operative Ebene* schließt die Projektplanung ein, in der die Komposition der Teilleistungen, die Schnittstellen von Geschäftsprozessen und Anwendungssystemen oder der Zeitplan festgelegt werden.

Die Problematik hierbei ist, daß zur Erreichung der Reaktionsschnelligkeit und Bewahrung der losen Kopplung der Partner keine detaillierten und langwierigen Vereinbarungen möglich sind. Entscheidende Voraussetzung für solche Rahmenvereinbarungen ist also gegenseitiges *Vertrauen*, daß in der Vereinbarungsphase durch den Zugriff auf kooperationsrelevante Informationen der Partner gefördert wird.

Durch den Einsatz von elektronischen Kommunikationsmedien (Email, Video-Konferenzen etc.) können die Verhandlungen zwischen den Partner elektronisch unterstützt werden. Effizienzvorteile bzw. Transaktionskostensenkungen sind somit bereits möglich, obwohl gegenüber der konventionellen Verhandlung (Telefon, Brief, "face-to-face") nur ein anderes (elektronisches) Kommunikationsmedium eingesetzt wird.

Noch in den Anfängen befindet sich die Entwicklung von Systemen zur teilweisen Automatisierung und zur Formalisierung von Verhandlungen. Derartige Systeme werden unter dem Sammelbegriff **Negotiation Support Systems (NSS)** oder **Verhandlungsunterstützungs-Systeme** zusammengefaßt [BeSe97, 264]. NSS sind Anwendungssysteme, die Verhandlungspartner dabei unterstützen, bessere Entscheidungen zu treffen und effizienter zu verhandeln. Eine wichtige grundlegende Technologie von NSS sind intelligente Agentensysteme. Trotz des geringen Automatisierungsgrades solcher Systeme, da sie einen *„near-constant human input"* [BeSe97, 264] erfordern, bieten Internet-basierte NSS ein erhebliches Transaktionskostensenkungspotential in der Vereinbarungsphase von Virtuellen Organisationen.

Abbildung 5-22 faßt die wichtigsten Aspekt zusammen.

		Mesoebene	**Mikroebene**
Unter-nehmens-planebene	Ziele	(Schnelles) Bilden eines symbiotischen Kernkompetenz-Arrangements zur Erfüllung der Marktchance	Vereinbarung unter Berücksichtigung der eigenen Ziele
	Diskurswelt	Verhandelnde Partner	Haupt- und Serviceprozesse eines Partners
	Relevante Umwelt	erkannte Marktchance	Ausgewählte Partner, Marktchance Kunden, Lieferanten, Staat
	Erfolgs-faktoren	Transparenz der Partner Vertrauen	Zielorientierung Spezielle Kooperationsfähigkeit
Geschäftsprozeßebene		Verhandlungsprozeß: Vereinbarungen über Regeln der Zusammenarbeit	Verhandlungsunterstützungsprozesse
Ressourcenebene: Anwendungssysteme		Verhandlungsunterstützungs-Systeme, Telematik-Systeme	Führungsinformationssysteme, Entscheidungsunterstützungssysteme

Abbildung 5-22: Zusammenfassung wesentlicher Aspekte der Vereinbarungsphase

5.3.4 Durchführungsphase

Trotz der vertrauensvollen kooperativen Beziehungen zu den anderen Netzwerkpartnern, ist das wichtigste Ziel eines Partners in der Durchführungsphase die Sicherstelllung der eigenen *Lebens- und Entwicklungsfähigkeit* durch den Erhalt und die Weiterentwicklung der ***Kern-***

kompetenz. D.h., die Ziele der Virtuellen Organisation müssen aus *Mikrosicht* permanent mit den eigenen Zielen abgeglichen werden, was bei Zielkonflikten zum Austritt führen kann. Für die strategische Ausrichtung bedeutet das, die bestehenden *Erfolgspotentiale* im Rahmen der Kooperation erfolgreich einzusetzen und weiterzuentwickeln, ohne dabei mögliche neue Erfolgspotentiale außerhalb der Virtuellen Organisation zu vernachlässigen. Eine geeignete Unterstützung auf der Anwendungssystemebene bieten Führungsinformationssysteme, die speziell bei der Analyse von Kooperationsentscheidungen helfen.

Ein wichtiger Erfolgsfaktor für die Weiterentwicklung der Kernkompetenz ist die *Lernfähigkeit*. Dabei kann sich das Lernen auf zwei unterschiedliche Aspekte beziehen. Zum einen kann durch das *interorganisationale Lernen* die eigene *Wissensbasis* in bezug auf die Leistungserstellung vergrößert werden. Zum anderen kann die Meta-Kompetenz der Kooperationsfähigkeit durch die konkreten Erfahrungen der Kooperation verbessert werden. Beide Aspekte erfordern auf der Mikroebene ein geeignetes *Wissensmanagement*, das mit entsprechenden Anwendungssystemen unterstützt werden kann.

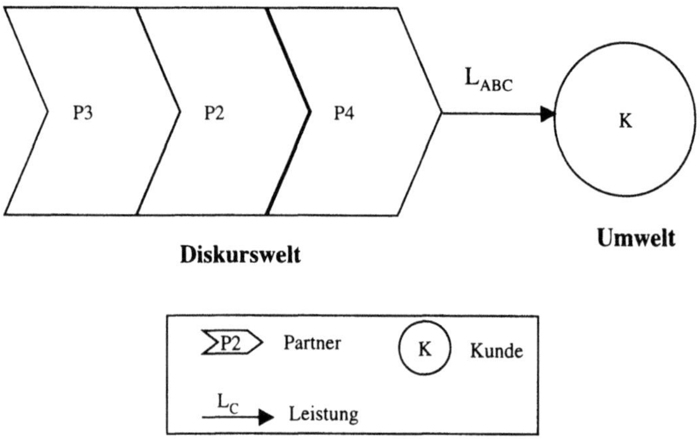

Abbildung 5-23: Diskurswelt und Umwelt der Durchführungsphase auf der Mesoebene

In Abbildung 5-23 sind nun die Partner P2 bis P4 Haupt- und Serviceprozesse eines übergeordneten Geschäftsprozesses, der als Sachziel die Erstellung der Leistung L_{ABC} für den Kunden K hat.

Auf der *Mesoebene* besteht die Zielsetzung in der Erfüllung der Marktchance unter Verfolgung eines *Gesamtoptimums der Virtuellen Organisation*. Zu diesem Zweck bilden die kooperierenden Partner einen aus Außensicht homogenen Verbund mit dem einheitlichen Sachziel der Erfüllung der Marktchance (vgl. Abbildung 5-23).

Aus Außensicht unterscheidet sich somit die Virtuelle Organisation prinzipiell nicht von einem Unternehmen. Für beide kann gleichermaßen eine *globale Unternehmensaufgabe* spezifiziert werden. Ein wesentlicher Unterschied bezüglich des Unternehmensplans besteht jedoch in dessen Umfang. Der Unternehmensplan von Unternehmen ist ein kompliziertes Geflecht evolutionärer Sachziele und Formalziele, die von zahlreichen Interessengruppen geprägt werden.

Virtuelle Organisationen sind dagegen auf ein bestimmtes *Sachziel* ausgerichtet. Konsequenterweise kann sich die Gestaltung der *Geschäftsprozesse* als Lösungsverfahren für die Realisierung des *Unternehmensplans* an den Sachzielen orientieren. Die Koordinierung der Geschäftsprozesse findet verhandlungsbasiert statt. Hierzu werden die in der Vereinbarungsphase aufgestellten *Regeln* zur gemeinsamen Erstellung einer Leistung angewendet und bei aktuellem Bedarf detailliert. Die zum Teil situativ auftretenden Koordinationserfordernisse benötigen zu Vermeidung zu hoher Transaktionskosten eine geeignete *Transaktionsatmosphäre* aus Vertrauen und informationstechnischer Unterstützung.

Im Gegensatz zu den anderen Phasen im Lebenszyklus sind in der Durchführungsphase prinzipiell keine für Virtuelle Organisationen spezifischen Anwendungssysteme erforderlich [Pic+98, 296]. Das folgt aus der Tatsache, daß in dieser Phase auch keine spezifischen Geschäftsprozesse durchgeführt werden müssen. Gegenstand dieser Phase sind durch Leistungsbeziehungen verbundene Haupt- und Serviceprozesse.

Automatisierungspotentiale für das *operative Informationssystem* bieten *Workflow-Management-Systeme* (vgl. Abschnitt 5.1.8.2). Die Trennung von Lenkung und Durchführung von Aufgaben ermöglicht die Automatisierung des Lenkungsanteils von Aufgaben, wodurch die Koordinierung des Leistungsaustauschs innerhalb der Virtuellen Organisation unterstützt wird. Problematisch ist jedoch, daß hierfür die Regeln der Zusammenarbeit in Geschäftsprozeß- bzw. Workflowmodellen spezifiziert werden müssen. Im konkreten Anwendungsfall ist eine entsprechende Kosten-Nutzen-Analyse, z.B. mit Hilfe eines Transaktionskostenvergleichs zwischen den Alternativen, zu erstellen.

Groupware-Systeme werden derzeit als die wichtigste Technologie für die Koordinierung von Geschäftsprozessen in Virtuellen Organisationen betrachtet (vgl. z.B. [LaWa94], [Pic+98, 355ff], [Rei+98, 221ff]). Sie stellen eine Plattform für unterschiedliche Anwendungen der verteilten Arbeit zur Verfügung. Drei zentrale Anwendungsmöglichkeiten sind elektronische Organisationshandbücher, Wissensmanagementsysteme oder Führungsinformationssysteme.

Elektronische Organisationshandbücher einer Virtuellen Organisation enthalten die Dokumentation für die Zusammenarbeit relevanter Informationen. Der Inhalt orientiert sich an den Unternehmensarchitekturen der beteiligten Partner und an der sich daraus ergebenden Unternehmensarchitektur der gesamten Virtuellen Organisation. So besteht er aus Leistungsspezifikationen, Projektzielen oder Meilensteinen im Rahmen des Unternehmensplans, aus Struktur- und Verhaltensspezifikationen der Geschäftsprozesse sowie aus Informationen über die technische Infrastruktur und die Mitarbeiter. Ein ELO ermöglicht dadurch die Transparenz kooperationsrelevanter Informationen, was für die Koordination der gemeinsamen Leistungserstellung erforderlich ist. Allerdings muß durch Zugriffsrechte sichergestellt werden, daß unternehmenssensitive Daten für die Partner nicht sichtbar werden. Ansonsten besteht die Gefahr einer Erosion von Kernkompetenzen.

Ziel des Wissensmanagements ist es, das vorhandene und erforderliche Wissen so zu aktivieren und koordinieren, daß es innerhalb der Virtuellen Organisation zum richtigen Zeitpunkt an der richtigen Stelle problemlos zur Erfüllung der Ziele der Organisation verwendet werden kann. **Wissensmanagementsysteme** dienen dabei der strukturierten Sammlung und schnellen Auffindung von Problemlösungen und Erfahrungen ([BaWi96]). Ein Beispiel für ein einfaches Wissensmanagementsystem ist ein **Answer Garden**. Das System erlaubt das Suchen nach gespeicherter Form und macht das Wissen von Einzelnen anderen zugänglich. Eine Anfrage nach einer Problemlösung in einer Virtuellen Organisation läuft nach folgendem Schema ab: Nachdem ein Partner das Problem in das System eingegeben hat, sucht dieses nach bereits bekannten Lösungen zu dieser Anfrage und zeigt sie an. Falls zu dem angefragten Thema noch keine Antworten bereitstehen, wird die Frage an einen im System angegebenen Partner weitergeleitet.[76] Seine Antwort wird dann dem System hinzugefügt.

Dieses Wissensmanagementsystem bietet den Vorteil, daß genau die Lösungen gespeichert werden, die Probleme bereitet haben. Es werden also solche Informationen aufgebaut, die für die Partner von Interesse sind.

Führungsinformationssysteme (FIS) sind Anwendungssysteme zur Versorgung der Entscheidungsträger mit führungsrelevanten Informationen [Fers96a, 15]. Es handelt sich sowohl um *„harte" Informationen*, wie z.B. Umsatzzahlen, als auch um *„weiche", unscharfe Informationen*, wie z.B. Produktimage. FIS funktionieren nach dem „Pull-Prinzip", d.h. der Entscheidungsträger initiiert die Informationsbeschaffung und -übermittlung. Neben den allgemeinen Anforderungen an FIS (Benutzerfreundlichkeit, grafische Aufbereitung und Verdichtung von Informationen, usw.) existieren spezifische Anforderungen an FIS in unternehmensübergreifenden Kooperationen. So muß das System **mandantenfähig** sein, d.h. das System

[76] vgl. hierzu auch Abbildung 4-8: Die Regeln werden durch dieses System abgebildet. Ein Problem oder eine Anfrage innderhalb der Virtuellen Organisation wird aufgrund der spezifizierten Regeln an einen bestimmten Partner weitergeleitet.

muß Informationen spezifisch für den jeweiligen Partner bereitstellen. Weiterhin bestehen spezielle Anforderungen an die Gewährung von **Zugriffsrechten**, da ein Mittelweg zwischen einer zu starken Transparenz und der Geschlossenheit gegenüber den Partnern gefunden werden muß. Ein weiterer Aspekt ist die **Pflege der Daten**. Die Partner müssen sich auf die Vollständigkeit und Korrektheit der Informationen verlassen können, was jedoch zum Problemkreis der hidden information zählt und informationstechnisch kaum zu lösen ist.

Eine mögliche Unterstützung von FIS kann durch den Aufbau eines Data Warehouses erfolgen. Aufgrund der weitgehend fehlenden Standardisierung von FIS ist jedoch in Unternehmungsnetzwerken die automatisierte Verknüpfung oder Aggregation von Daten unterschiedlicher Partner recht problematisch. Es ist daher davon auszugehen, daß diese Aufgaben zu einem erheblichen Anteil personell durchgeführt werden müssen. Ein organisatorischer Lösungsansatz dieser Problematik ist der Einbezug eines Partners, der die spezielle Kernkompetenz der Wahrnehmung dieser Aufgaben hat. Dieser **Broker**[77] bietet innerhalb der Virtuellen Organisation den Serviceprozeß der Führungsunterstützung (Informationssammlung, -aufbereitung und -versorgung) an. Diese Funktion ähnelt der innerbetrieblichen Funktion des koordinationsorientierten Controlling[78] ([Webe95], [Küpp95]).

Zusammenfassend betrachtet, entstehen aus der potentiell kurzen Lebensdauer, der räumlichen Verteilung und der bestehenden heterogenen Anwendungssystemlandschaft besondere Anforderungen: Unterschiedliche Anwendungssysteme müssen über große räumliche Distanzen kurzfristig, temporär und kostenminimal gekoppelt werden. Dies erfordert eine weitreichende Standardisierung der Kommunikationssysteme und Schnittstellen der Anwendungssysteme.

Abbildung 5-24 faßt die wichtigsten Aspekte zusammen.

[77] vgl Kapitel 3.2.2.2

[78] In [Zimm95] wird in einem Geschäftsprozeßmodell das Controlling als Serviceprozeß modelliert. Dieses Modell läßt sich ohne weiteres auf den Broker in Virtuellen Organisationen anwenden.

		Mesoebene	Mikroebene
Unter-nehmens-planebene	Ziel	Erfüllung der Marktchance unter Verfolgung eines Gesamtoptimums	Einbringung und Entwicklung der eigenen Kernkompetenz Erfolg, Liquidität
	Diskurswelt	Kooperierende Partner	Haupt- und Serviceprozesse eines Partners
	Relevante Umwelt	Kunden, Lieferanten (von Peripherkompetenzen)	Partner Kunden, Lieferanten, Staat
	Erfolgs-faktoren	Informations- und kommunikationstechnische Infrastruktur, Vertrauen, Transparenz der Partner	Leistungsfähigkeit, Lernfähigkeit
Geschäftsprozeßebene		Leistungsaustauschprozesse	Leistungserstellungsprozeß
Ressourcenebene: Anwendungssysteme		Koordinationssysteme Führungsinformationssysteme, Telematik-Systeme	Führungsinformationssysteme, Wissensmanagementsysteme

Abbildung 5-24: Zusammenfassung wesentlicher Aspekte der Durchführungsphase

5.4 Kritische Würdigung des Ansatzes

Der vorgeschlagene Gestaltungsrahmen für das Informationssystem Virtueller Organisationen zeichnet sich durch die Unterscheidung von drei Dimensionen aus: die *Gestaltungsebene* (Unternehmensplan, Geschäftsprozesse, Anwendungssysteme), die *Gestaltungsphase* (Analyse, Anbahnung, Vereinbarung, Durchführung) und die *Gestaltungsreichweite* (einzelne Organisation, Virtuelle Organisation). Durch die Beachtung des Gestaltungsrahmens werden bereits implizit wesentliche Merkmale einer Virtuellen Organisation berücksichtigt: der *Lebenszyklus*, die *Zielorientierung und -dynamik*, die *Strukturdynamik*, die *Verteilung*, die *dynamische Aufgaben - Aufgabenträgerzuordnung* und die *Automatisierung des betrieblichen Informationssystems*. Explizit werden die Gestaltung der *Vertrauensorganisation* und das *symbio-*

tische Arrangement von Kernkompetenzen einbezogen. Damit stellt der Gestaltungsrahmen einen ganzheitlichen Ansatz zur Verfügung.

Diese differenzierte Betrachtung der drei Gestaltungsdimensionen verdeutlicht folgende Anforderungen:

- Die Ziele, die relevante Umwelt und die Erfolgsfaktoren der Diskurswelt werden phasenspezifisch betrachtet. Diese Differenzierung wird den *unterschiedlichen Anforderungen an das Informationssystem in jeder einzelnen Phase* gerecht.
- Mit dem phasenspezifischen Unternehmensplan sind auch unterschiedliche Lösungsverfahren erforderlich. In jeder Phase müssen *unterschiedliche Geschäftsprozesse* gestaltet werden.
- Die unterschiedlichen Lösungsverfahren stellen *spezifische Anforderungen an die Ressourcen* zu ihrer Durchführung.
- Die Unterscheidung von Mikroebene und Mesoebene verdeutlicht die *verschiedenen Unternehmenspläne* auf den beiden Ebenen. Dadurch wird gewährleistet, daß einerseits ein Partnerunternehmen seine eigenständige Lebensfähigkeit für die Kooperation nicht aufgibt und andererseits die Virtuelle Organisation die Ziele aller Partner berücksichtigt.
- Auf beiden Ebenen können *phasenspezifische Geschäftsprozesse* identifiziert werden. Dies ermöglicht die Integration des *Broker-Konzepts*. Ein Broker kann auf der Mesoebene in jeder Phase als Dienstleister verstanden werden, der wesentliche Teile der Geschäftsprozesse durchführt.
- Insbesondere in den ersten drei Phasen (Analyse, Anbahnung, Vereinbarung) existieren *neuartige Anforderungen an die Anwendungssysteme*, sowohl auf der Mikroebene als auch auf der Mesoebene.
- Als allgemeine Anforderung an die betrieblichen Anwendungssysteme wird die Notwendigkeit der konsequenten Verfolgung von *Standardisierungen und komponentenorientierten Informationssystem-Architekturen* deutlich.

Der vorgestellte Gestaltungsrahmen stellt nur eine Meta-Struktur vor. Die konkrete Umsetzung ist einzelfallspezifisch und kontextabhängig.

6 Zusammenfassung und Ausblick

In diesem Kapitel werden die Ergebnisse der Arbeit zusammengefaßt und in einem Ausblick kritisch hinsichtlich weiteren Forschungsbedarfs gewürdigt.

6.1 Zusammenfassung

Die vorliegende Arbeit hatte die Zielsetzung, Anforderungen an die Gestaltung des betrieblichen Informationssystems Virtueller Organisationen zu erarbeiten.

Die Gewinnung von Gestaltungszielen erfordert die Beschreibung und die Erklärung des Erkenntnisobjekts. Aufgrund der Neuartigkeit des Konzepts der Virtuellen Organisation liegen hierzu bislang nur wenige und lückenhafte Arbeiten vor. Somit war zunächst die Erarbeitung einer fundierten Basis zur Beschreibung und Erklärung von Virtuellen Organisationen erforderlich.

Mit der Verwendung der Systemtheorie als Bezugsrahmen der Arbeit konnten drei Ziele erreicht werden:

1. Die systemtheoretische Betrachtung der Virtuellen Organisation unterstützt die Komplexitätsbewältigung. Die wechselnde Betrachtung von Struktur- und Verhaltensmerkmalen, die Unterscheidung unterschiedlicher Systemebenen und das Modell des lebensfähigen Systems ermöglichten jeweils unterschiedliche Perspektiven auf das Untersuchungsobjekt. Durch das einheitliche Begriffssystem konnte dennoch eine integrierte Gesamtsicht gewahrt werden.

2. Viele für diese Arbeit wesentlichen Aspekte von Systemen, wie die Strukturdynamik, die spontane Ordnung, der Zusammenhang zwischen Lernen und Veränderung von Grenzen, die Entstehung labiler Bindungsfähigkeit von Strukturelementen und das Prinzip der metasystemischen Lenkung, konnten aufgedeckt werden.

3. Der systemtheoretische Bezugsrahmen zeigt zahlreiche Anknüpfungspunkte für weitere Disziplinen, wie die Soziologie (soziale Systeme) die Psychologie (Beziehungsnetzwerke), die Informatik (Computernetzwerke) oder die Betriebswirtschaftslehre (betriebliche Netzwerke).

Mit der Institutionenökonomik konnte die Abstraktion vom Unternehmen erreicht und so die Entstehung neuartiger Organisationsformen erklärt werden. Dabei wurde die Transaktionsatmosphäre als wesentlicher Aspekt der Senkung von Transaktionskosten hinsichtlich der Außenbeziehungen von Unternehmen herausgearbeitet. Die hier im Vordergrund stehenden Elemente der Transaktionsatmosphäre sind Vertrauen und neue Informationstechnologien.

Unter Verwendung von Netzwerkansätzen wurden zentrale Merkmale von Netzwerkorganisationen entwickelt. Dies war die Voraussetzung für die Entwicklung eines Profils Virtueller Organisationen, da sie als eine Spezialisierung von Netzwerkorganisationen betrachtet werden können. Als zentrale Eigenschaften von Netzwerken wurde die Autonomie und lose Kopplung der Partner sowie das gemeinsame Ziel herausgestellt. Voraussetzung für die Entstehung von Netzwerken ist die Existenz eines Beziehungsnetzwerkes.

Wichtige Erkenntnisse lieferte die Analyse der Determinanten des Wandels von Netzwerkorganisationen. Sich verkürzende Erfolgspotentiallebenszyklen bewirken eine ständige Veränderung der Netzwerke aufgrund ihrer permanenten Ausrichtung auf neue Potentiale. Hinzu kommt die innere Dynamik von Netzwerken, die von interorganisationalen Lernprozessen angetrieben werden. Die einzelnen Partner entwickeln Kernkompetenzen, da diese von geringerer Abnutzung als Marktchancen sind.

Die Analyse der Literatur zu Virtuellen Organisationen ergab ein sehr diffuses Bild. Die eher heuristische Herangehensweise vieler Arbeiten an die Thematik der Virtuellen Organisation unterstreicht die Notwendigkeit einer systematischen und theoretisch fundierten Beschreibung und Erklärung. Hinsichtlich der Gestaltung konnten nur wenige und lediglich Teilaspekte betreffende Ansätze ausgewertet werden.

Ausgehend von der Hypothese, daß Virtuelle Organisationen eine Spezialisierung von Netzwerkorganisationen sind, wurde ein theoriegeleitetes Merkmalprofil Virtueller Organisationen entwickelt. Durch die Verwendung der Systemtheorie und die vom einzelnen Unternehmen abstrahierende Institutionenökonomik wurde versucht, subjektive Annahmen über die Wirklichkeit zu verringern. Wichtige Merkmale sind Vertrauensbasierung, Wandlungsfähigkeit und -dynamik, Zweckorientierung, Autonomie und lose Kopplung der Elemente sowie die Automatisierung des Informationssystems.

Abschließend führten die gewonnenen Erkenntnisse zur Entwicklung eines umfassenden und integrierten Gestaltungsrahmens für das betriebliche Informationssystem Virtueller Organisationen. Entlang der Boulding-Hierarchie konnten bezüglich jeder Ebene spezifische Gestaltungsziele angegeben werden. Durch die Kombination der Unternehmensarchitektur der

SOM-Methodik mit dem Lebenszykluskonzept wurde ein Gestaltungsrahmen vorgestellt, der die Gestaltungsziele von sechs Ebenen implizit berücksichtigt. Die Gestaltung der Vertrauens-organisation und des symbiotischen Arrangements von Kernkompetenzen wurden als explizite Gestaltungsziele berücksichtigt. In einem Fallbeispiel konnte die Anwendung des Gestaltungsrahmens überblicksartig vorgestellt werden.

6.2 Kritische Würdigung und Ausblick

Derzeit scheinen noch nicht einmal wichtige Gestaltungsprobleme von innerbetrieblichen Informationssystemen ausreichend lösbar. Damit erhält der Versuch der Entwicklung von Gestaltungsanforderungen betrieblicher Informationssysteme Virtueller Organisationen eine schwierige Ausgangsposition. Gestaltungsversuche, die ohne eine umfassende Beschreibung und Erklärung des Gestaltungsobjekts vorgenommen werden, sind daher wenig aussichtsreich. Diese Arbeit hatte daher zum Ziel, die Unsicherheiten bezüglich des Umgangs mit dem Begriff der Virtuellen Organisation zu verringern. In dem noch sehr jungen wissenschaftlichen Diskurs über die Thematik kann hierzu nur ein kleiner Teil geleistet werden. Vor allem bleiben folgenden Defizite bestehen, die damit auch weiteren Forschungsbedarf markieren:

- Eine präzise Abgrenzung gegenüber anderen Organisationsformen oder gar eine Definition einer Virtuellen Organisation konnte nicht erreicht werden. Es erscheint derzeit jedoch fraglich, ob dies überhaupt gelingen kann. Die inzwischen häufiger verwendete Angabe eines Virtualisierungsgrades scheint ein pragmatischer Ausweg, ist jedoch nicht operabel. So gibt es kaum Anhaltspunkte zur Bestimmung was 0 Prozent und 100 Prozent Virtualität bedeuten. Möglich erscheint lediglich die Klassifizierung von Organisationen in weniger oder mehr virtuell, was jedoch kaum zielführend ist.

- Die Verwendung der Netzwerkorganisation als Bezugspunkt der Beschreibung und Erklärung ist problematisch, da die Netzwerkforschung eine vergleichsweise junge Disziplin ist und entsprechend unvollständige Erkenntnisse erarbeiten konnte. Dieses Vorgehen ist dennoch gerechtfertigt, da der Markt oder die Hierarchie als Bezugspunkte ausscheiden.

- Die theoretische Erklärung Virtueller Organisationen konnte keineswegs abschließend erfolgen. Durch die Wahl der Systemtheorie als Bezugsrahmen sind jedoch Anknüpfungspunkte für weiterführende Arbeiten gegeben.

- Die konkrete Umsetzung der Gestaltungsempfehlungen wirft eine Reihe neuer technologischer Fragen auf. Sämtliche Phasen einer Virtuellen Organisation sind bisher nur unzureichend durch Informationstechnologien unterstützbar. Dies wird insbesondere dadurch sichtbar, daß derzeit die nur einen sehr geringen Beitrag zur Automatisierung des Informationssystems beitragenden Telekooperations-Systeme als wichtigste Enabler Virtueller Organisationen bezeichnet werden.

- Nur am Rande wurden wichtige Aspekte, wie beispielsweise menschliche Abneigung gegenüber Veränderung, statische Machtstrukturen in Unternehmen oder rechtliche Probleme, angesprochen.

- Eine empirische Basis zu Virtuellen Organisationen ist kaum vorhanden. Langzeiterfahrungen fehlen vollständig.

Trotz dieser Defizite können folgende Beiträge zur Erkenntnisgewinnung festgehalten werden, die sowohl eine Hilfestellung für erfolgreiches Führungshandeln im Unternehmen als auch Anknüpfungspunkte für weitere Untersuchungen darstellen:

- Die Verwendung des systemtheoretischen Bezugsrahmens konnte die Vielschichtigkeit der Thematik verdeutlichen. Insbesondere wurde die Relevanz der höheren Systemebenen Vertrauenskultur und organisationales Wissens herausgearbeitet. Die Ausbildung dieser Ebenen hat einen hohen Stellenwert für die Gestaltung Virtueller Organisationen.

- Die Entstehung von Virtuellen Organisationen erfordert eine vorausgehende latente Beziehungskonstellation zwischen den Partnern. Solche Beziehungsnetzwerke werden daher zukünftig an Bedeutung gewinnen. Sie sind unabhängig von statischen Grenzen, wie beispielsweise Ländergrenzen, und orientieren ich an gemeinsamen Erfahrungen und Interessen.

- Virtuelle Organisationen erfordern und begünstigen die Ausbreitung von neuartigen Dienstleistern, deren Kernkompetenz das Brokerage ist. Mit der Differenzierung unterschiedlicher Phasen einer Virtuellen Organisation können bestimmte Typen von Brokern differenziert werden. So sind spezifische Dienstleistungen in der Anbahnungs- Vereinbarungs- und Durchführungsphase denkbar. Die hohe Reputation eines Brokers kann die Vertrauensbildung in einer Virtuellen Organisation begünstigen.

- Die Entwicklung neuer Informationstechnologien hat einen entscheidenden Einfluß auf die Lösung des Organisationsproblem, d.h. die Wahl des geeigneten institutionellen Arrangements. Eine geeignete Automatisierung betrieblicher Informationssysteme beeinflußt die Transaktionsatmosphäre derart, daß durch sinkende Transaktionskosten neue Formen der Organisation möglich werden. Dies kann jedoch nur erreicht werden, wenn andere Elemente der Transaktionsatmosphäre, wie rechtliche oder politische Bedingungen, den Einfluß nicht blockieren.

- Die Veränderungsdynamik der Umwelt bewirkt, daß die klassische Produkt/Markt-Kombination als Bezugspunkt des strategischen Handelns an Bedeutung verliert. Vielmehr ist die Entwicklung von Kernkompetenzen erforderlich, die in dynamischen Märkten mit kurzen Produktlebenszyklen Bestand haben. Eine wichtige Kompetenz ist dabei die Kooperationsfähigkeit.

- Durch die dynamische Betrachtung Virtueller Organisationen wird ihr potentiell temporäre Charakter hervorgehoben. Das betont die Notwendigkeit der gleichberechtigten Berücksichtigung sämtlicher Phasen des Lebenszyklusses bei der Gestaltung des Informationssystems. Die Dominanz der Durchführungsphase als Gegenstand der Gestaltung wird somit vermieden.

- Der Gestaltungsrahmen liefert wichtige Hinweise für die innerbetriebliche strategische Informationssystemplanung. Er betont die Notwendigkeit der frühzeitigen Berücksichtigung von Gestaltungszielen hinsichtlich interorganisationaler Interoperabilität des Informationssystems. Von besonderer Relevanz ist hierbei die Berücksichtigung weltweiter Standardisierungsbemühungen.

Literaturverzeichnis

[Aake89] Aaker D.A.: Managing assets and skills: the key to a sustainable competitive advantage. California Management Review, 31 (2), S. 91-106.

[Adam80] Adams J.S.: Interorganizational processes and organizational boundary activities. In : Research in Organizational Behavior 2, 1980, S. 321-355.

[Alba89] Albach H. (Hrsg.): Organisation : mikroökonomische Theorie und ihre Anwendungen. Gabler, Wiesbaden 1989.

[AlDe73] Alchian A., Demsetz H.: The Property Rights Paradigm. In: Journal of Economic History 33 (1973), S. 16-27.

[AlHa93] Alter C., Hage J.: Organizations working together. Sage, Newbury Park, Calif. u.a. 1993.

[Alpa96] Alpar P.: Kommerzielle Nutzung des Internet: Unterstützung von Marketing, Produktion, Logistik und Querschnittsfunktionen durch das Internet und kommerzielle Online-Dienste. Springer-Verlag, Berlin, 1996.

[Ambe96a] Amberg, M.: Enhancing the Competitiveness of Enterprises by Applying Advanced Workflow Management Systems. In: Proceedings Conference European Management in Face of Knowledge Driven Competition, Porto Portugal 1996.

[Ambe96b] Amberg M.: Wettbewerbsfähigkeit durch Workflow. In: IT-Management, 4 (1) 1996, IT-Verlag, S. 43-47.

[Ambe96c] Amberg M.: Betriebliches Anwendungssystem. In: [FeSiAm96, 10-12].

[Ambe96d] Amberg M.: Workflow-Management-System. In: [FeSiAm96, 23-24].

[Ambe97] Amberg, M: The Benefits of Business Process Modeling for Specifying Workflow-Oriented Application Systems. In: Lawrence P. (ed.): Workflow handbook 1997, Wiley, Chichester 1997, S. 61-68

[Ambe99] Amberg M.: Prozeßorientierte betriebliche Informationssysteme. Methoden, Vorgehen und Werkzeuge zu ihrer effizienten Entwicklung. Springer Wiesbaden 1999.

[AmGr96] Amberg, M., Gräber S.: Specifying Hospital Information Systems Using Business Process Modeling. In: Brender J., Christensen J.P., Scherrer J.-R., McNair P. (eds.): Medical Informatics Europe '96, IOS Press, Amsterdam 1996, S. 1037-1041.

[AmSc93] Amit R., Schoemaker P.J.H.: Strategic assets and organizational rent. Strategic Management Journal, 14 (1), S.33-46.

[AmZi98] Amberg M., Zimmermann F.: Enabling Virtual Workplaces with Advanced Workflow Management Systems. In: Igbaria M., Tan M. (eds): The Virtual Workplace. Idea Group Publishing, Hershey, USA 1998, S. 108-124.

[ArHä95] Arnold O., Härtling M.: Virtuelle Unternehmen: Begriffsbildung und -diskussion. Arbeitspapier der Reihe „Informations- und Kommunikationssysteme als Gestaltungselement Virtueller Unternehmen“ Nr. 3/1995, Bern - Leipzig - Erlangen - Nürnberg 1995.

[Arn+95] Arnold O., Faisst W., Härtling M., Sieber P.: Virtuelle Unternehmen als Unternehmenstyp der Zukunft? Handbuch der modernen Datenverarbeitung 32 (1995), S. 8-23.

[Arno96] Arnold O.: Spezifikation eines Prototypen zur Koordination in Virtuellen Unternehmen. Arbeitspapier der Reihe „Informations- und Kommunikationssysteme als Gestaltungselement Virtueller Unternehmen“ Nr. 10/1996, Bern - Leipzig – Erlangen - Nürnberg 1996.

[Arro85] Arrow K.J.: The Economics of Agency. In: Pratt J.W., Zeckhauser R.J. (Hrsg.): Principals and Agents: The Structure of Business, Harvard Business School Press, Boston, 1985

[ArSc78] Argyris C., Schön D.A.: Organizational Learning: A theory of action perspective. Addison-Wesley, Reading 1978.

[Ashb52] Ashby W.: Design for a Brain. Wiley, New York, 1952.

[Ashb70] Ashby W.: An Introduction to Cybernetics, 5th Ed. London 1970.

[Bac+96] Bach V., Brecht L., Hess T., Österle H.: Enabling Systematic Business Change. Integrated methods and software tools für businss process redesign. Vieweg, Wiesbaden 1996.

[Bada91] Badaracco J. L.: Strategische Allianzen: wie Unternehmen durch Know-how-Austausch Wettbewerbsvorteile erzielen. Ueberreuter, Wien, 1991.

[Bamb87] Bamberg G. (Hrsg.): Agency Theory, Information, and Incentives. Springer, Berlin, 1987.

[BaWi96] Baubin T., Wirtz B.: Vorsprung durch Wissen - Jahrzehntelange Erfahrung bei Andersen Consulting. In: Schneider U. (Hrsg.): Wissensmanagement - Die Aktivierung des intellektuellen Kapitals. Verlag Frankfurter Allgemeine Zeitung, Frankfurt a.M. 1996, S. 133-146.

[BaWr96] Bamberger I., Wrona T.: Der Ressourcenansatz und seine Bedeutung für die strategische Unternehmensführung. In: zfbf 48, 2/1996, S. 130-153.

[Beer66] Beer S.: Decision and Control, London 1966.

[Beer79] Beer S.: The Heart of Enterprise. John Wiley & Sons, New York, 1979.

[Beer81] Beer S.: Brain of the Firm. John Wiley & Sons, Chichester, 1981.

[Belz93] Belzer V.: Unternehmenskooperationen. Erfolgsstrategien und Risiken im industriellen Strukturwandel. Rainer Hampp, München, 1993.

[BeSe97] Beam C., Segev A.: Automated Negotiations: a Survey of the State of the Art. In: Wirtschaftsinformatik, Vol.. 39, Nr. 3, 1997, S. 263 - 268.

[Blei91] Bleicher K.: Das Konzept des integrierten Managements. Campus, Frankfurt 1991.

[Blei96] Bleicher K.: Neue Arbeits- und Organisationsformen. Der Weg zum virtuellen Unternehmen. In: Office Management, Nr. 1-2, 1996, S. 10-15.

[Boo+92] Boos F., Exner A., Heitger B.: Soziale Netzwerke sind anders. In: Organisationsentwicklung 11 (1) 1992, S. 54-61.

[BoSc95] Borghoff, U.M., J.H. Schlichter: Rechnergestützte Gruppenarbeit - Eine Einführung in verteilte Anwendungen. Springer, Berlin 1995

[Boss87] Bossel H.: Systemdynamik. Grundwissen, Methoden und BASIC-Programme zur Simulation dynamischer Systeme, Vieweg, Braunschweig 1987.

[Boss94] Bossel H.: Modellbildung und Simulation: Verfahren und Modelle zum Verhalten dynamischer Systeme, 2. Auflage, Vieweg, Braunschweig 1994.

[Boul56] Boulding K.: General Systems Theory - The Skeleton of Science. In: Management Science 2 (1956), 197-208.

[Bres89] Bresser R.: Kollektive Unternehmensstrategien. In: ZfB 59. Jg. (1989), H.5, S. 545-564.

[Bron93] Bronder C.: Kooperationsmanagement: Unternehmensdynamik durch strategische Allianzen. Campus, Frankfurt,1993.

[Büch91] Büchs M. J.: Zwischen Markt und Hierarchie. Koordination als alternative Koordinationsform. In: ZfB, o.Jg., Sonderheft, 1991, S. 1-37.

[Bul+95] Bullinger H.-J., Brettreich-Teichmann W., Fröschle H.-P.: Das virtuelle Unternehmen. Koordination zwischen Markt und Hierarchie. In: Office Management 12/1995, S. 18- 22.

[Byr+93] Byrne J.A., Brand R., Port O.: The Virtual Corporation - The Company of the future will be the ultimate in adaptability. In: Business Week, 8. Feb., 1993, S. 36-40.

[CaKo85] Cash J., Konsynski B.: IS redraws competitive boundaries. In Harvard Business Review, March-April 1985, 134-142.

[Capr88] Capra F.: Wendezeit. Bausteine für ein neues Weltbild. Knaur, München 1988.

[Cath96} Cathomen I.: Der Lebenszyklus von Interorganisationssystemen. Josef Eul, Bergisch Gladbach 1996.

[Chil72] Child J.: Organizational Structure, Environment and Performance: The Role of Strategic Choice. In: Sociology, Jg. 6, S.1-22.

[Chr+91] Chrapary, H.-J., Rosenow-Schreiner, E. und Waldhör, K.: Das Elektronische Organisationshandbuch. In: Lutze, R. und Kohl, A. (Hrsg.): Wissensbasierte Systeme im Büro. München u.a. 1991, S. 295-312.

[Cle+92] Clemons, E.K.; Row, M.C.; Miller, D.B.: Rosenbluth International Alliance: Information Technology and The Global Virtual Corporation, in: Nunamaker jr. J.F, Sprague jr. R.H. (Hrsg.): Proceedings of the 25th Hawaii International Conference on System Sciences, Vol. IV, Los Alamitos, Cal. 1992, S. 678 - 686

[Coas37] Coase R. H.: The nature of the firm. In: Economica 4 (1937), S. 386-405.

[Comp95] ComponentWare Consortium Technology Plan Statement of Work. White Paper des ComponentWare Consortiums © 1995 I-Kinetics, Inc.

[Conn91] Conner K.: A Historical Comparison of Resource-Based Theory and Five Schools of Thought Within Industrial Organization Economics: Do we have a new theory of the Firm? In: Journal of Management, Vol.17, 1991, S.121-145.

[Cou+95] Coularis G., Dollimore Jean, Kindberg Tim: Distributed Systems. Concepts and Design. Addison Wesley, Harlow, England et al, 1995.

[CyMa63] Cyert R., March J.G.: A behavioral theory of the firm. Prentice Hall, Englewood Cliffs, 1963.

[DaMa92] Davidow W. H., Malone M. S.: The Virtual Corporation - Structuring and Revitalizing the Corporation of the 21st Century, New York 1992.

[Dave97] Davern M.: Social Networks And Economic Sociology: A Proposed Research Agenda For A More Complete Social Science. The American Journal Of Economics And Sociology, Vol. 56 Issue 3, July 1997, p287-303.

[DeLe94] De Leo F.: Understanding the roots of your competitive advantage. From Product/Market competition to competition as a Multiple-Layer Game. In: Hamel G., Heene A. (Hrsg.): Competence-Based Competition. Wiley, Chichester, 1994.

[Dems67] Demsetz H.: Toward a Theory of Property Rights. In: AER Papers and Proceedings 57, 1967, S. 347-359.

[Deut95] Deutsch M.: Unternehmenserfolg mit EDI. Strategie und Realisierung des elektronischen Datenaustausches. Vieweg, Braunschweig 1995

[Diet94] Dietsch H.: Physische Eigenschaften Verteilter Rechensysteme: Beiwerk oder Basis? In: Wedekind H. (Hrsg.): Verteilte Systeme. Grundlagen und zukünftige Entwicklung. Wissenschaftsverlag, Mannheim et al, 1994.

[DoHa94] Doz Y., Hamel G.: The use of alliances in implementing technology strategies. INSEAD Working Paper, 95/22/SM, Revised 1994.

[Doz92] Doz Y.: The role of partnerships and alliances in the european industrial restructuring. In: Cool K., Nevern D., Walter I. (Hrsg.): European Industrial Restructuring in the 1990s, Macmillan, Lomdon, 1992.

[EbGo95] Ebers M., Gotsch W.: Institutionenökonomische Theorien der Organisation, in: Kieser A. (Hrsg.): Organisationstheorien, Kohlhammer, Stuttgart, 1995, S. 185-235.

[EcNo93] Eccles R., Nolan R.: A Framework for the Design of the Emerging Global Organizational Structure. In: Bradley S., Hausman J., Nolan R. (eds.): Globalization, technology, and competition: the fusion of computers and telecommunications in the 1990s. Harvard Business School, Boston, 1993, S. 57-80.

[Egge90] Eggerson Th.: Economic Behavior and Institutions, Cambridge 1990.

[Emme93] Emmelhainz M.: EDI - A toatal management guide. 2. Aufl., Van Nostrand Rheinhold, New York 1993.

[Ensl78] Enslow P. H.: What is a „Distributed" Data Processing System? In: IEEE Computer, Vol.11, No.1, January 1978, S. 13-21.

[Fais96] Faisst W.: Wissensmanagement in Virtuellen Unternehmen. Arbeitspapier der Reihe „Informations- und Kommunikationssysteme als Gestaltungselement Virtueller Unternehmen" Nr. 8/1996, Bern - Leipzig – Erlangen - Nürnberg 1996.

[FaSp96] Faisst W., Spiegel H.: Unterstützung der Anbahnungsphase von Virtuellen Unternehmen durch elektronische Firmenpräsentation und Partner-Retrieval. Arbeitspapier der Reihe „Informations- und Kommunikationssysteme als Gestaltungselement Virtueller Unternehmen" Nr. 7/1996, Bern - Leipzig - Erlangen - Nürnberg 1997.

[FaSt97] Faisst W., Stürken M.: Daten-, Funktions- und Prozeß-Standards für Virtuelle Unternehmen - strategische Überlegungen. Arbeitspapier der Reihe „Informations- und Kommunikationssysteme als Gestaltungselement Virtueller Unternehmen" Nr. 12/1997, Bern - Leipzig – Erlangen - Nürnberg 1997.

[FeMa95] Ferstl O.K., Mannmeusel T.: Gestaltung industrieller Geschäftsprozesse. In Wirtschaftsinformatik 37 (1995), S. 446-458.

[Fers96] Ferstl O.K.: Informationsmanagement. In: [FeSiAm96, 31-33].

[Fers96a] Ferstl O.K.: Führungsinformationssysteme. In: [FeSiAm96, 15-16].

[FeSi+97] Ferstl O.K., Sinz E.J., Christoph H., Michael S., Stefan W.: Applications Objects - fachliche Bausteine für die Entwicklung komponentenbasierter Anwendungssysteme. In: HMD, Schwerpunktheft Component Ware, 1997, S. 24-46.

[FeSi90] Ferstl O.K., Sinz E.J.: Objektmodellierung betrieblicher Informationssysteme im Semantischen Objektmodell (SOM). In: Wirtschaftsinformatik 32 (1990) 6, S. 566-581.

[FeSi93] Ferstl O.K., Sinz E.J.: Der Modellierungsansatz des Semantischen Objektmodells; Bamberger Beiträge zur Wirtschaftsinformatik, Nr. 18, Universität Bamberg, 1993.

[FeSi95] Ferstl O.K., Sinz E.J.: Der Ansatz des Semantischen Objektmodells (SOM) zur Modellierung von Geschäftsprozessen. In: Wirtschaftsinformatik 37 (1995) 3, S. 209 - 220

[FeSi96] Ferstl O.K., Sinz E.J.: Multi-Layered Development of Business Process Models and Distributed Business Application Systems - An Object-Oriented Approach. In: König W. et al (Hrsg.): Distributed Information Systems in Business, Springer, Berlin 1996, S.159-179.

[FeSi97] Ferstl O.K., Sinz E.J.: Flexible Organizations Through Object - oriented and Transaction - oriented Information Systems. In: Krallmann H. (Hrsg.): Wirtschaftsinformatik '97. Physica, Heidelberg 1997, S. 393-412

[FeSi97a] Ferstl O.K., Sinz E.J.: Modeling of Business Systems Using (SOM). In: Bernus P., Mertins K., Schmidt G. (ed.): Handbook on Architectures of Information Systems. International Handbook on Information Systems, Volume I, Springer Berlin 1998.

[FeSi98] Ferstl O.K., Sinz E.J.: Grundlagen der Wirtschaftsinformatik. 3. Auflage, Oldenbourg, München, 1998.

[FeSiAm96] Ferstl O.K., Sinz E.J., Amberg M.: Stichwörter zum Fachgebiet Wirtschaftsinformatik. Bamberger Beiträge zur Wirtschaftsinformatik, Nr. 36, 1996.

[Fis+96] Fischer K., Heimig I., Kocian C., Müller J.: Intelligente Agenten für das Management Virtueller Unternehmen. In: Information Management 11 (1996) 1, S.38-45.

[Flan97] Flanagan D.: JAVA in a Nutshell. Cambridge 1997.

[Font95] Fontanari M. L.: Kooperationsgestaltungsprozesse in Theorie und Praxis. Betriebswirtschaftliche Studien, Duncker&Humboldt, 1995.

[FoRy81] Ford D., Ryan C.: Taking technology to market. In: Harvard Business Review, 59 (1981), 2, S.117-126.

[Fran94] Frank C.: Strategische Partnerschaften in mittelständischen Unternehmen, Gabler, Wiesbaden 1994.

[Fres92] Frese E. (Hrsg.): Handwörterbuch der Organisation. Poeschel, Stuttgart 1992.

[Fres98] Frese E.: Grundlagen der Organisation : Konzept - Prinzipien - Strukturen. 8. Aufl., Gabler, Wiesbaden 1998.

[Fuch91] Fuchs H.J.: Fülle der Fakten. In: highTech (1991) 3, S. 50-53.

[GaHe92] Gappmeier M., Heinrich L.: Computerunterstützung kooperativen Arbeitens (CSCW). In Wirtschaftsinformatik, Band 34, Heft 3 (1992), S.340-343.

[Gälw87] Gälweiler A: Strategische Unternehmensführung. 2. Aufl., Campus, Frankfurt 1987.

[Garb98] Garbe M.: The Impact of Information Technology - On the boundaries of the firm. Proceedings IST 98 Twelfth Biennial ITS Conference, Stockholm, Sweden, 1998, http://www.its98.org/conference/final_program.asp., August 1998.

[Geba96] Gebauer J.: Informationstechnische Unterstützung von Transaktionen. Gabler, Wiesbaden 1996.

[Gery95] Gerybadze A.: Strategic alliances and process redesign. de Gruyter, Berlin, 1995.

[Gidd90] Giddens A.: The consequences of modernity. Polity Press, Cambridge 1990.

[Glu+97] Gluchwoski, P.; Gabriel, R.; Chamoni, P.: Management Support Systeme. Computergestützte Informationssysteme für Führungskräfte und Entscheidungsträger. Springer, Berlin 1997.

[Gome97] Gomez P.: Professoren-Profil. In: WISU 22 (1993), S. 777-778.

[GöSc97] Göransson A., Schuh G.: Das Netzwerkmanagement in der virtuellen Fabrik. In: [Müll97, 61-81].

[Gran95] Grant R. M.: Contemporary Strategic Analysis. Blackwell, Cambridge 1995.

[Grie92] Griese J.: Auswirkungen globaler Informations- und Kommunikationssysteme auf die Organisation weltweit tätiger Unternehmen. In: Staehle W.H., Conrad P. (Hrsg.): Managementforschung 2, Walter de Gruyter, Berlin 1992, S. 163-175.

[Groc70] Grochla E.: Systemtheorie und Organisationstheorie. In: ZfB, 40. Jahrgang, 1970, S. 1-16]

[GuGa97] Gulati R., Gargiulo M.: Where do inter-organizational networks come from? INSEAD Working Paper, 97/69/OB.

[Gute51] Gutenberg E.: Grundlagen der Betriebswirtschaftslehre, Bd.1: Die Produktion, 1. Aufl., 1951.

[Hall94] Hall A.: A Framework for Identifying the Intangible Sources of Sustainable Competetive Advantage. In: Hamel G., Heene A. (Hrsg.): Competence-Based Competition. Wiley, Chichester 1994.

[Ham+89] Hamel G., Doz Y., Prahalad C.K.: Collaborate with Your Competitors and Win. In: Harvard Business Review, Jan./Feb. 1989, p.133-39.

[Hame91] Hamel G.: Learning in international alliances. In: Strategic management journal, Vol. 12, 1991, S.83-103.

[HaPr95] Hamel G., Prahalad C.K.: Wettlauf um die Zukunft: Wie Sie mit bahnbrechenden Stategien die Kontrolle über Ihre Branche gewinnen und die Märkte von morgen schaffen. Ueberreuter, Wien 1995.

[Hart95] Hart O. D.: Firms, Contracts and Financial Structure, Clarendon Press, Oxford 1995

[Härt96] Härtling M.: Führungsinformationssysteme zur Unterstützung des Managements Virtueller Unternehmen. Arbeitspapier der Reihe „Informations- und Kommunikationssysteme als Gestaltungselement Virtueller Unternehmen“ Nr. 9/1996, Bern - Leipzig – Erlangen - Nürnberg 1996.

[HaSp97] Hartmann M., Spiewack M.: Fit für turbulente Märkte - DYNAPRO-Methoden eröffnen Unternehmen neue Perspektiven. In: Dynapro aktuell Nr.7, Fraunhofer-Gesellschaft, Stuttgart 1997.

[Haye69] Hayek F. v.: Freiburger Studien, Mohr, Tübingen, 1969.

[Haye73] Hayek F. v.: Law, Legislation and Liberty, Vol.I: Rules and Order, London 1973.

[Hei+96] Heilmann H., Heinrich L.J., Roithmayr F. (Hrsg.): Information Engineering: Wirtschaftsinformatik im Schnittpunkt von Wirtschafts-, Sozial- und Ingenieurwissenschaften. Oldenbourg, München 1996.

[HiFr97] Hinterhuber H.H., Friedrich St.A.: Markt- und ressourcenorientierte Sichtweise zur Steigerung des Unternehmenswertes. In: Hahn D., Taylor B. (Hrsg.): Strategische Unternehmensplanung - Strategische Unternehmensführung, Physica, Heidelberg, 1997, S. 988-1016.

[Hilb97] Hilb M.: Management der Human-Ressourcen in virtuellen Organisationen. In: Müller-Stewens (Hrsg.): Entwicklungstendenzen im Management. Band 16, Schäffer-Peoschel, Stuttgart; Neue Züricher Zeitung, Zürich, 1997, S. 83-95.

[Hipp97] Hippe A.: Interdependenzen von Strategie und Controlling in Unternehmensnetzwerken, Gabler, Wiesbaden, 1997

[Hof+96] Hoffmann W., Hanebeck C., Scheer A.W.: Kooperationsbörse - Der Weg zum Virtuellen Unternehmen. In: m&c-Management & Computer, 4. Jg., 1996, H.1, S. 35-41.

[Höft92] Höft U.: Lebenszykluskonzepte: Grundlage für das strategische Marketing- und Technologiemanagement. Erich Schmidt, Berlin, 1992.

[HuGl93] Huber G., Glick W. (Hrsg.): Organizational Change and Redesign. Oxford University Press, New York 1993.

[Ingl89] Inglehart R.: Kultureller Umbruch; Wertwandel in der westlichen Welt. Campus Verlag, Frankfurt am Main 1989.

[Itam87] Itami H.: Mobilizing invisible assets. Cambridge, Harvard University Press, 1987.

[Jari88] Jarillo J.C.: On strategic networks. In: Strategic Management Journal, 9 (1), S. 31-4.

[JeMe76] Jensen M.C., Meckling W.H.: Theory of the firm: Managerial Behavior, Agency Costs and Ownership Structure. Journal of Financial Economics, 3, 1976, S. 305-360, in: Puttermann L.: The Economic Nature of the Frim, Cambridge, 1986.

[Joha88] Johansen R.: Groupware: Computer Support for Business teams. The Free Press, New York 1988.

[Kies95] Kieser A. (Hrsg.): Organisationstheorien. Kohlhammer, Stuttgart 1995.

[Kies97] Kieser A.: Moden & Mythen des Organisierens. In: DBW 56 (1996)1, S. 21-39.

[KiMi80] Kimberly J.R., Miles R.H. (Hrsg.): Preface. The Organizational Lifecycle. Issues in the Creation, Transformation, an Decline of Organizations, Jossey-Bass, San Francisco, 1980, S. 9-13.

[Kirn95] Kirn S.: Kooperierende intelligente Agenten in Virtuellen Organisationen. In: HMD 185/1995, S. 24-36.

[Kirs92] Kirsch W.: Kommunikatives Handeln, Autopoiese, Rationalität. Kirsch, München 1992.

[Kle+91] Klein J., Edge G., Kass T.: Skill-based competition. In: Journal of General Mangement, Vol.16, No.4, Summer 1991, S. 1-13.

[Klei94] Klein S.: Virtuelle Organisation - Informations- und kommunikationstechnische Infrastrukturen ermöglichen neue Formen der Zusammenarbeit, in: IDG Conferences / Seminars (Hrsg.): Re-Engineering - Perspektiven für das Unternehmen der Zukunft, Frankfurt/ M., 25.-27.10.1994, S. 164-176.

[Klei94a] Klein S.: Virtuelle Organisation. In: WiSt 23 (1994)6, S.309-311.

[Klei96] Klein S.: Interorganisationssysteme und Unternehmensnetzwerke. DUV, Wiesbaden 1996.

[Kli+94] Klimecki R., Lassleben H., Riexinger-Li B.: Zur empirischen Analyse organisationaler Lernprozesse im öffentlichen Sektor: Modellbildung und Methodik. In: Bussmann W. (Hrsg.): Lernen in Verwaltungen und Policy-Netzwerken. Rüegger, Zürich 1994, S. 9-37.

[Kli+94a] Klimecki R., Probst G., Eberl P.: Entwicklungsorientiertes Management. Schäffer-Poeschel, Stuttgart 1994.

[Klir91] Klir G.: Facts of Systems Science. Plenum Press, New York, 1991.

[KlKr95] Klein, S.; Kronen, J.: IT-Enabled Cooperations: A Resource-Based Approach; In: Doukidis, Georgios; Jelassi, Tawfik; Krcmar, Helmut; Land, Frank (eds.): Proceedings of the 3rd ECIS, Athens 1995, Vol. 1, S. 43-56. ; 1995

[KlLe81] Klein B., Leffler K.B.: The Role of Market Forces in Assuring Contractual Performance. Journal of Political Economy, 89, S. 615-641.

[Koc+97] Kocian C., Corrêa G.N., Scheer, A.W.: Das Virtuelle Zentrum: Rahmenkonzept für Entstehung und Management von Virtuellen Unternehmen. In: Information Management 3/97, S. 59-64.

[Koge92] Kogelheide B.: Entwicklung realer Organisationsstrukturen. Eine lebenszyklus-orientierte Analyse, DUV, Wiesbaden, 1992.

[Kosi69] Kosiol E.: Aufgabensynthese. In: Grochla E. (Hrsg.): Handwörterbuch der Organisation, Poeschel, Stuttgart 1969, Sp. 222-232.

[Kosi76] Kosiol E.: Organisation der Unternehmung. 2. Auflage, Gabler, Wiesbaden 1976.

[Krae97] Kraege R.: Controlling strategischer Unternehmenskooperationen, Rainer Hamp, München, 1997.

[Kräh94] Krähenmann N.: Ökonomische Gestaltungsanforderungen für die Entwicklung elektronischer Märkte. Dissertation Nr. 1553, Hochschule St. Gallen, 1994.

[Kron1994] Kronen J.: Computergestütze Unternehmenskooperation. DUV, Wiesbaden, 1994.

[KrRo94] Krebs M., Rock R.: Unternehmungsnetzwerke - eine intermediäre oder eigenständige Organisationsform? In: Sydow J., Windeler A. (Hrsg.): Management interorganisationaler Beziehungen, Westdeutscher Verlag, Opladen, 1994, S. 322-345.

[Krum97] Krumbiegel, J.: Integrale Gestaltung von Geschäftsprozessen und Anwendungssystemen in Dienstleistungsunternehmen., DUV Deutscher Universitäts Verlag, Wiesbaden 1997.

[Krys96] Krystek U.: Vertrauen als Basis erfolgreicher strategischer Unternehmensführung. In: Hahn D., Taylor B. (Hrsg.): Strategische Unternehmensplanung: Stand u. Entwicklungstendenzen. 7. Auflage, Physica, Heidelberg 1996, S 266-288.

[Küpp95] Küpper, H.-U.: Controlling, Schäfer Poeschel, Stuttgart 1995.

[Küti83] Küting K.: Der Entscheidungsrahmen einer unternehmerischen Zusammenarbeit. In: Küting K., Zink K.J. (Hrsg.): Unternehmerische Zusammenarbeit. Schmidt, Berlin, 1983, S. 1-35.

[LaWa94] Lautenbach S., Walsh I.: Groupware - Katalysator für das Virtuelle Unternehmen. In: Gablers Magazin, Nr.3, 1994, S. 20-23.

[Lawr97] Lawrence P. (ed.): Workflow handbook 1997. John Wiley & Son, Chichester 1997.

[Lei+96] Lei D., Hitt M. A., Bettis R.: Dynamic core competences through metalearning and strategic context. In: Journal of Management, Volume 22, No. 4, 1996, S. 549-570.

[LiKl97] Lindemann M., Klein S.: Die Nutzung von Internet-Diensten im Rahmen des Elektronischen Datenaustauschs - Architekturvarianten und ein Anwendungsszenario. In: Krallmann H. (Hrsg.): Wirtschaftsinformatik '97. Physica, Heidelberg 1997, S. 513-531.

[Lind97] Linde F.: Virtualisierung von Unternehmen. Wettbewerbspolitische Implikationen. DUV, Wiesbaden 1997.

[LoSy94] Loose A., Sydow J.: Vertrauen und Ökonomie in Netzwerkbeziehungen - Strukturationstheoretische Betrachtungen. In: Sydow J., Windeler A. (Hrsg.): Management interorganisationaler Beziehungen. Westdt. Verlag, Opladen 1994, S. 60-193.

[Luhm86] Luhmann N.: Soziologische Aufklärung 2, 3. Auflage, Westdeutscher Verlag, Opladen 1986.

[Luhm89] Luhmann N.: Vertrauen. Ein Mechanismus der Reduktion sozialer Komplexität. 3. Auflage, Enke, Stuttgart 1989.

[Luhm96] Luhmann N.: Soziale Systeme. 6. Auflage, Suhrkamp, Frankfurt 1996.

[Maho95] Mahoney J. T.: The Management of Resources and the Resource of Management. In: Journal of Business Research 33, 1995, S. 91-101.

[Mal+87] Malone T., Yates J., Benjamin R.: Electronic markets and electronic hierarchies. In Communications of the ACM, June 1987, Vol.30, No. 6, S. 484-497.

[Mali92] Malik F.: Strategie des Managements komplexer Systeme

[Mali95] Malischewski C.: ComponentWare. Wirtschaftsinformatik 37 (1995) 1, S. 65-67.

[Männ96] Männel B.: Netzwerke in der Zulieferindustrie. Konzepte - Gestaltungsmerkmale - Betriebswirtschaftliche Wirkungen. DUV, Wiesbaden, 1996.

[Matt89] Mattern F.: Verteilte Basisalgorithmen. Springer, Berlin 1989.

[Matu80] Maturana H.: Autopoiesis. Reproductionn, Heredity and Evolution. In: Zeleny M. (Hrsg.): Autopoiesis. Dissipative Structures, and spontaneous social orders, Westview Press, Boulder, Col. 1980, S. 45-79.

[Mech95] Mechler B.: Intelligente Informationssysteme: Fuzzy Logic und neuronale Systeme zur Unterstützung von Managemententscheidungen. Addison-Wesley, Bonn 1995.

[Meck95] Meckl R.: Zur Planung internationaler Unternehmenskooperationen. In: Zeitschrift für Planung, Nr.6, 1995, S.25-39.

[Mehl96] Mehler-Bicher A.: Ein objekt- und geschäftsprozeßorientiertes Architekturmodell für Management Support Systeme. Tectum, Marburg 1996.

[MeFa95] Mertens P., Faisst W.: Virtuelle Unternehmen - eine Organisationsstruktur für die Zukunft? In technologie & management, 44. Jg., H.2, 1995.

[Meff71] Meffert H.: Systemtheorie aus betriebswirtschaftlicher Sicht. In Schenk K.-E. (Hrsg.): Systemanalyse in den Wirtschafts- und Sozialwissenschaften. Duncker & Humblot, Berlin 1971.

[Mert94] Mertens P.: WI-Schlagwort: Virtuelle Unternehmen. In Wirtschaftsinformatik 36 (1994)2, S. 169-172.

[Mert97] Mertens P.: Virtuelle Unternehmen: Idee, Informationsverarbeitung, Illusion. In: Scheer A.W. (Hrsg.): 18. Saarbrücker Arbeitstagung 1995, Organisationsstrukturen und Informationssysteme auf dem Prüfstand, Physica, Heidelberg, 1997. S. 101-135.

[Mil+92] Miles R. E., Snow C. C., Coleman H. J.: Managing 21st Century Netwok Organizations. In: Organizational Dynamics, Vol.20, 1992, No.3, S.5-20.

[Mint94] Mintzberg H.: The rise and fall of strateigic planning. Reconceiving roles for planing, plans, planers,. Free Press, New York 1994.

[MiRo92] Milgrom P., Roberts J.: Economics, Organization, and Management, Prentice Hall, NJ 1992.

[MiSn86] Miles R. E., Snow C. C.: Organizations: new concepts for new forms. In: McKinsey Quarterly, Autumn 1986.

[MiSn95] Miles R. E., Snow C. C.: The new Network Firm: A Spherical structure built on a human investment philosophy. In: Organizational Dynamics, Vol.23, 1995, No.4, S.5-19.

[Mitc69] Mitchell J.C.: The concept and use of social networks. In: Mitchell J.C. (Hrsg.): Social networks in urban situations. Manchester University Press, Manchester, S. 1-32.

[MoCo97] Monge P., Contractor N. S.: Emergence of Communications Networks. In: Jablin F.M., Putnam L.L. (Hrsg.): Handbook of Organizational Communication, 2. Auflage, Sage, Thousand Oaks, CA 1997.

[Mows86] Mowshowitz A.: Social Dimensions of Office Automation. In: Yovitz, M. (ed.): Advances in Computers, 25, 1986, S.335-404.

[Mül+97] Müller G., Kohl U., Schoder D. : Unternehmenskommunikation: Telematiksysteme für vernetzte Unternehmen. Addison-Wesley, Bonn 1997.

[Müll97] Müller-Stewens G. (Hrsg.): Virtualisierung von Organisationen. Entwicklungstendenzen im Management. Band 16, Schäffer-Peoschel, Stuttgart; Neue Züricher Zeitung, Zürich, 1997.

[MüOs96] Müller-Stewens G., Osterloh M.: Kooperationsinvestitionen besser nutzen: Interorganisationales Lernen als Know-how-Transfer oder Kontext-Transfer. In: zfo 1/1996, S. 18-24.

[NaAb90] Naisbitt J.: Megatrends. Megatrends two thousand: 10 new directions for the 1990's, Morrow, New York 1990.

[NaDo91] Nagel Roger, Dove Rick: 21st Century Manufacturing Enterprise Strategy. Volume 1&2, Iacocca Institute, Lehigh University, Bethlehem 1991.

[Nefi97] Nefiodow L.: Der sechste Kondratieff : Wege zur Produktivität und Vollbeschäftigung im Zeitalter der Information. Rhein-Sieg-Verlag, Sankt Augustin 1997.

[NoCr95] Nolan R., Croson D.: Creative destruction: a six-stage process for transforming the organization. Harvard Business School, Boston, 1995.

[Obri92] Obring K.: Strategische Unternehmensführung und polyzentrische Strukturen. Barbara Kirsch, München, 1992.

[Olbr94] Olbrich T.: Das Modell der „Virtuellen Unternehmen“ als unternehmensinterne Organisations- und unternehmensexterne Kooperationsform. In: Information Management 9, 4/1994, S. 28-36.

[Omg90] Object Management Group: Object Management Architecture. Technical Report, Object Management Group, Framingham, Mass., 1990.

[Omg95] Object Management Group: Common Object Request Broker – Architecture and Specification. Technical Report PTC/96-03-04, Object Management Group, Framingham, Mass., 1995

[Omg98] Object Management Group: Business Object Component Architecture (BOCA). Technical Report bom/98-07-01, Revision 1.2 , Object Management Group, Framingham, Mass., 1998

[Orf+96] Orfali R., Harkey D., Edwards J.: The Essential Distributed Objects Survival Guide. Wiley, New York 1996.

[OrHo97] Orlikowski W., Hofman D.: An Improvisonal model for change management - the case of groupware technologies. In: Sloan Management Review, Winter 1997, S. 11-21.

[Ouch80] Ouchi W.G.: Markets, Bureaucracies and Clans. In : Administrative Science Quarterly, 25. Jg., 3/1980, S. 129-141.

[Pamp93] Pampel J.: Kooperation mit Zulieferern: Theorie und Management. Gabler, Wiesbaden, 1993.

[Peri93] Perich R.: Unternehmensdynamik: Zur Entwicklungsfähigkeit von Organisationen aus zeitlich-dynamischer Sicht, 2. Auflage, Haupt, Wien, 1993.

[PfBi81] Pfeiffer W., Bischof P.: Produktlebenszyklen - Instrument jeder strategischen Produktplanung. In: Steinmann H.: Planung und Kontrolle, Vahlen, München, 1981, S. 133-166.

[Pic+97] Picot A., Dietl H., Franck E.: Organisation. Eine ökonomische Perspektive, Schäffer-Poeschel, Stuttgart 1997.

[Pic+98] Picot Arnold, Reichwald R., Wigand R.T.: Die grenzenlose Unternehmung. 3. Auflage, Gabler, Wiesbaden 1998.

[Pico82] Picot A.: Transaktionskostenansatz in der Organisationstheorie: Stand der Diskussion und Aussagewert. In: DBW 42 (1982), S. 267-284.

[Pico93] Picot A.: Organisation. In Bitz M., Dellmann K., Domsch M., Egner H. (Hrsg.): Vahlens Kompendium der Betriebswirtschaftslehre. Bd. 2, 3. Aufl. Vahlen, München 1993, S. 101-174.

[Pico93a] Picot A.: Contingencies for the Emergence of Efficient Symbiotic Arrangements. Journal of institutional an Theoretical Economics (JITE) 149/4 (1993), S. 731-740.

[Pico96] Picot A.: Restrukturierungskonzepte. Modischer Wechsel von Organisationsmoden? In : Office Management 7-8, 1996, S. 8-9.

[Pinn80] Pinnekamp H.J.: Lebenszyklus-Modelle. In: Neue Betriebswirtschaft, 33. Jg. 1980, S. 661-672.

[Pion76] Piontkowski U.: Psychologie der Interaktion. Juventa, München 1976.

[Plat90] Platzklöster M.: Vertrauen - Theorie und Analyse interpersoneller, politischer und betrieblicher Implikationen, Beleke, Essen 1990.

[PoFu89] Porter M.E., Fuller M.B.: Koalitionen und globale Strategien. In: Porter M.E. (Hrsg.): Globaler Wettbewerb: Strategien der neuen Internationalisierung. Gabler, Wiesbaden 1989, S. 363-199.

[Pola67] Polanyi M.: The tacit dimension. Routledge & Kegan, London, 1967.

[Port97] Porter M. E.: Wettbewerbsstrategie: Methoden zur Analyse von Branchen und Konkurrenten. 9. Aufl., Campus, Frankfurt 1997.

[Pran96] Prange C.: Interorganisationales Lernen: Lernen in, von und zwischen Organisationen. In: Schreyögg Georg, Conrad Peter (Hrsg.): Managementforschung 6: Wissensmanagement, de Gruyter, Berlin 1996, S. 164-189.

[PrHa90] Prahalad C.K., Hamel Gary: The Core Competence of the Corporation. In: Harvard Business Review, May-June 1990.

[PrNa93] Probst G.J.B., Naujoks H.: Autonomie und Lernen im entwicklungsorientiertem Management. In: Zeitschrift für Organisation (zfo), 6/1993, S. 368-374.

[Pümp92] Pümpin C.: Das Dynamik Prinzip. Econ, Düsseldorf 1992.

[PüPr91] Pümpin C., Prange J.: Management der Unternehmensentwicklung: phasengerechte Führung und Umgang mit Krisen. Campus, New York 1991.

[Rapo88] Rapoport A.: Allgemeine Systemtheorie: wesentliche Begriffe und Anwendungen, Darmstädter Blätter, Darmstadt, 1988.

[Rasc94] Rasche C.: Wettbewerb durch Kernkompetenzen. Ein ressourcenorientierter Ansatz. DUV, Wiesbaden 1994.

[RaWo94] Rasche C., Wolfrum Bernd: Ressourcenorientierte Unternehmensführung. In: DBW 54, 1994, S. 501-517.

[ReBe95] Reiß M., Beck T.: Kernkompetenzen in virtuellen Netzwerken - Der ideale Strategie-Struktur-Fit für wettbewerbsfähige Wertschöpfungssysteme? In: Corsten H., Will T. (Hrsg.): Unternehmensführung im Wandel: Strategien zur Sicherung des Erfolgspotentials, Kohlhammer, Stuttgart 1995, S- 33-60.

[Rei+98] Reichwald R. et al: Telekooperation. Verteilte Arbeits- und Organisationsformen. Springer, Berlin 1998.

[Reiß96] Reiß M.: Virtuelle Unternehmung. Organisatorische und personelle Barrieren. In: Office Management 5/1996.

[Reiß97] Reiß M.: Change Management. Programme, Projekte, Prozesse. Schaeffer-Poeschel, Stuttgart, 1997.

[ReRu92] Reichwald R., Rupprecht M.: Einsatzmöglichkeiten von Informations- und Kommunikationstechnologien im Rahmen zwischenbetrieblicher Kooperation. In: Hermanns A., Flegel V. (Hrsg.): Handbuch des Electronic Marketing - Funktionen und Anwendungen der Informations- und Kommunikationstechnik im Marketing. Beck, München 1992, S. 407-428.

[RiBi95] Richter R., Bindseil U.: Neue Institutionenökonomik. WiSt, Heft3, März 1995, S. 132-140.

[Rich94] Richter F.-J.: Die Selbstorganisation von Unternehmen in strategischen Netzwerken. Peter Lang, Frankfurt, 1994.

[RiFu96] Richter R., Furubotn E.: Neue Institutionenökonomik. Eine Einführung und kritische Würdigung. Mohr Siebeck, Tübingen 1996.

[Rösc95] Rösch M.: Strategische Auswirkungen von CORBA auf die Anwendungssystementwicklung der Zukunft. In: HMD - Theorie und Praxis der Wirtschaftsinformatik 32 (1995) 186, S.85-104.

[RoSh91] Rockart J.F., Short J.E.: The networked organization and the management of interdependence. In Scott Morton (ed.): The corporation of the 1990s - Information Technology and organizational transformation. Oxford, 1991, S.189-219.

[Rößl97] Rößl D.: Selbstverpflichtung als alternative Koordinationsform von komplexen Austauschbeziehungen. In zfbf 48 (4/1996), S. 311-331.

[Rote93] Rotering J.: Zwischenbetriebliche Kooperation als alternative Organisationsform. Ein transaktionstheoretischer Erklärungsansatz. Schäffer Poeschel, Stuttgart 1993.

[RuBr82] Rubin J.; Brown B.: The social psychology of bargaining and negotiation. 9. Aufl., Academic Pr., New York 1982.

[Schm97] Schmid B.: Elektronische Märkte. Das Potential wird erst in seinen Anfängen genutzt. In: Office Management, Nr. 4, Mai 1997, S. 10-14.

[Scho94] Scholz C.: Die virtuelle Organisation als Strukturkonzept der Zukunft? Diskussionsbeitrag Nr. 30 des Lehrstuhls für Betriebswirtschaftslehre, insb. Organisation, Personal- und Informationsmanagement, Universität des Saarlandes, Saarbrücken, 1994.

[Scho95] Scholz C.: Controlling in Virtuelle Unternehmen. In: Scheer August-Wilhelm (Hrsg.): 16. Saarbrücker Arbeitstagung 1995, Rechnungswesen und EDV, Physica, Heidelberg, 1995. S. 171-192.

[Scho96] Scholz C.: Virtuelle Unternehmen - Organisatorische Revolution mit strategischer Implikation. In: Management&Computer, 4.Jg., H.1, 1996.

[Scho97] Scholz C.: Strategische Organisation: Prinzipien zur Vitalisierung und Virtualisierung, Moderne Industrie, Landsberg/Lech 1997.

[Schw94] Schwanninger M.: Managementsysteme, Campus, New York 1994.

[Sieb98] Sieber P.: Virtuelle Unternehmen in der IT-Branche. Haupt, Bern 1998.

[Sinz95] Sinz E. .J.: Kann das Geschäftsprozeßmodell der Unternehmung das unternehmensweite Datenschema ablösen? In: Computerwoche 15. September1995, S. 64-68.

[Sinz96] Sinz E. J.: Betriebliches Informationssystem. In: [FeSiAm96, 8-9].

[Sinz96a] Sinz E. J.: Verteiltes betriebliches Anwendungssystem. In: [FeSiAm96, 43-33]

[Sinz97] Sinz E. J.: Architektur betrieblicher Informationssysteme. In: Rechenberg P., Pomberger G. (Hrsg.): Handbuch der Informatik, Hanser-Verlag, München 1997, S.875-887.

[Smith1776] Smith A.: An inquiry into the nature and causes of the wealth of nations. London, 1776.

[SoWa83] Sommerlatte T., Walsh I.: Das strategische Management von Technologie. In: Töpfer A., Andreae M. (Hrsg.): Praxis der strategischen Unternehmensplanung. Metzner, Frankfurt a.M., 1983, S.298-231.

[Sta+92] Staudt E., Toberg M., Linné H., Bock J., Thielmann F.: Kooperationshandbuch. Ein Leitfaden für die Unternehmenspraxis. VDI, Stuttgart, 1992.

[Stae91] Staehle W.: Management: eine verhaltenswissenschaftliche Perspektive, 6. Auflage, Vahlen, München, 1991.

[Stae91] Staehle W.: Redundanz, Slack und lose Kopplung in Organisationen: Eine Verschwendung von Ressourcen? In: Staehle Wolfgang H., Sydow Jörg (Hrsg.): Managementforschung 1, de Gruyter, Berlin, 1992.

[Stal+92] Stalk G., Evans Ph., Shulman L.: Competing on capabilities: the new rules of corporate strategy. Harvard Business Review, March-April 1992, S. 57-69.

[Stro96] Strobel M.: Optimierung betrieblicher Systeme auf der Basis von Geschäftsprozeßmodellen. DUV, Wiesbaden 1996.

[StSc93] Steinmann H., Schreyögg G.: Management. Grundlagen der Unternehmensführung. 3. Auflage, Gabler, Wiesbaden 1993.

[StZw95] Stein E., Zwass, V.: Actualizing Organizational Memory with Information Systems. In: Information Systems Research 6 (1995) 2, S. 85-117.

[SwSw92] Swatman P., Swatman P.: EDI System Integration - A definition and literature survey. In: Journal of the Information society, 8(3), 1992, S. 169-205.

[Sydo92] Sydow J.: Strategische Netzwerke. Evolution und Organisation. Gabler, Wiesbaden, 1992.

[Sydo92a] Sydow J.: Strategische Netzwerke und Transaktionskosten. In: Staehle W.H., Conrad P. (Hrsg.): Managementforschung 2, Springer, Berlin, 1992, S. 239-311.

[SyWe96] Sydow J., van Well B.: Wissensintensiv durch Netzwerkorganisation - Strukturationstheoretische Analyse eines wissensintensiven Netzwerkes. In: Schreyögg Georg, Conrad Peter (Hrsg.): Managementforschung 6: Wissensmanagement, de Gruyter, Berlin, 1996, S. 191-234.

[SzKl93] Szysperski N., Klein S.: Informationslogistik und virtuelle Organisationen. Die Wechselwirkung von Informationslogistik und Netzwerkmodellen der Unternehmung. In: DBW 53 (1993), S. 187-208.

[Tec+97] Teece D., Pisano G., Shuen A.: Dynamic Capabilities and strategic management. In: Strategic Management Journal, Vol.18:7, 1997, S. 509-533.

[Teub92] Teubner G.: Die vielköpfige Hydra. Netzwerke als kollektive Akteure höherer Ordnung. In: Krohn G., Küppers W. (Hrsg.): Emergenz. Die Entstehung von Ordnung, Organisation und Bedeutung. Suhrkamp, Frankfurt/M, 1992, S. 189-216.

[Thie93] Thielen C.: Management der Flexibilität. Integriertes Anforderungskonzept für eine flexible Gestaltung der Unternehmung. Bamberg 1993.

[Thor86] Thorelli Hans B.: Networks: Between markets and hierarchies. In: Strategic Management Journal, Vol.7, 1986, S.37-51.

[Trön87] Tröndle D.: Kooperationsmanagement: Steuerung interaktioneller Prozesse bei Unternehmungskooperationen, Josef Eul, Bergisch Gladbach 1987

[Ulri68] Ulrich H.: Die Unternehmung als produktives soziales System. Haupt, Bern, Stuttgart 1968.

[Ulri79] Ulrich H.: Wissenschaftstheoretische Aspekte ausgewählter betriebswirtschaftlicher Konzeptionen. In: Raffée Abel (Hrsg.): Wissenschaftstheoretische Grundfragen der Wirtschafswissenschaften, Vahlen, München 1979.

[Ulri84] Ulrich H.: Management, Haupt, Bern, Stuttgart 1984.

[vAlst97] Van Alstyne M.: The State of Network Organization: A Survey in three Frameworks. In: Organizational Computing, 7(3), 1997.

[VaPo95] Van de Ven A., Poòle M.: Explaining development and change in organizations. In: Academy of Management Review, July 1995, S. 501-541.

[vBert50] Von Bertalanffy L.: The theory of open systems in physics and biology. In: Sccience 3 (1950), 23-29

[vBert56] Von Bertalanffy L.: General systems theory. In: von Bertalanffy L., Rapoport A. (eds.): General systems: yearbook of the society for the Advancement of General Systems Theory, Vol.1 (1956), 1-10.

[VeHe96] Venkatraman N., Henderson John C.: The architecture of virtual organizing: leveraging three interdependent vectors. Discussion Paper, Boston University, October 1996.

[Venk91] Venkatraman N.: IT-Induced business reconfiguration. In Scott Morton (ed.): The corporation of the 1990s - Information Technology and organizational transformation. Oxford, 1991, S.122-158.

[VeWi] Verdin P. J., Williamson P. J.: Core Competences, Competitive Advantages and Market Analysis: Forging the Links. In: Hamel G., Heene A. (Hrsg.): Competence-Based Competition. Wiley, Chichester, 1994.

[Wahr96] Wahren H.-K.: Das lernende Unternehmen. de Gruyter, Berlin, 1996.

[WaNo88] Wallis J. J., North D. C.: Measuring the Transaction Sector in the American Economy, 1870-1970. In: Engermann, S.L., Gallmann R.E. (Hrsg.): Long-term Factors in American Economic Growth, Chicagon 1988, S. 95-161.

[Wats81] Watson R.W.: Distributed System Architecture Model. In Lampson B.W. et al (Hrsg.): Distributed Systems Architecture and Implementation. Springer, Berlin 1981.

[Webe94] Weber B.: Unternehmungsnetzwerke aus systemtheoretischer Sicht - Zum Verhältnis von Autonomie und Abhängigkeit in Interorgansationsbeziehungen. In: Sydow J., Windeler A. (Hrsg.): Management interorganisationaler Beziehungen, Westdt. Verl., Opladen 1994, S. 275-297.

[Webe95] Weber J.: Einführung in das Controlling, 6. Auflage, Schäfer Poeschel, Stuttgart 1995.

[Webe96] Weber B.: Die fluide Organisation: konzeptionelle Überlegungen für die Gestaltung und das Management von Unternehmen in hochdynamischen Umfeldern. Haupt, Bern 1996.

[WeFa96] Wewers T., Faisst, W.: Kooperierende Workflow-Management-Systeme für Virtuelle Unternehmen. In: Uellner, St. (Hrsg.), Tagungsband "CSCW in großen Unternehmen", Telekom, Darmstadt 1996, S. 167-175.

[Weic76] Weick K.E.: Educational organizations as loosely coupled systems. In: ASQ, 12, S. 396-419.

[Weic82] Weick K.E.: Management of change among looseley coupled systems. In Goodman P.S. & Ass. (Hrsg.): Change in organizations. Jossey-Bass, San Francisco, 1982, S. 375-408.

[Weic85] Weick K.E.: Der Prozeß des Organisierens. Suhrkamp, Frankfurt 1985.

[Wern84] Wernerfelt B.: A Resource-Based View of the Firm. In Strategic Management Journal, Vol.5, 1984, S. 171-180.

[Wick97] Wicke J.: Individuelle Vermögensverwaltung für Privatkunden. DUV, Wiesbaden 1997.

[Wien48] Wiener N.: Cybernetics. Or control and communication in the animal an the machine, New York 1948.

[Will85] Williamson O. E.: The Economic Institution of Capitalism. Firms, Markets, Relational Contracting, Free Press, New-York, London, 1985.

[Will95] Willke H.: Systemtheorie III: Steuerungstheorie. Fischer, Stuttgart, 1995.

[Will96] Willke H.: Systemtheorie I: Grundlagen: eine Einführung in die Grundprobleme der Theorie sozialer Systeme. 5. Auflage. Lucius&Lucius, Stuttgart 1996.

[Wind95] Windsperger J.: Die Entstehung der Netzwerkunternehmung. Journal für Betriebswirtschaftslehre 3/95, S. 190-200.

[Wörn96] Wörner K.: Projektmanagementsystem für das virtuelle Unternehmen. In: Office Management 7-8, 1996, S. 18-23.

[Wurc94] Wurche S.: Vertrauen und ökonomische Rationalität in kooperativen Interorganisationsbeziehungen. In: Sydow J., Windeler A. (Hrsg.): Management interorganisationaler Beziehungen, Westdeutscher Verlag, Opladen 1994, S. 142-159.

[Wüt+97] Wüthrich H., Philipp A., Frentz M.: Vorsprung durch Virtualisierung : Lernen von virtuellen Pionierunternehmen. Gabler, Wiesbaden 1997.

[Zimm95] Zimmermann F.-O.: Ein Geschäftsprozeßmodell des Controlling. In: Informationssystem-Architekturen. Rundbrief des Fachausschusses 5.2 der Gesellschaft für Informatik, Heft 2/95.

[Zimm97] Zimmermann F.-O.: Structural and Managerial Aspects of Virtual Enterprises. In: Proceedings of the European Conference on Virtual Enterprises and Networked Solutions - New Perspectives on Management, Communication and Information Technology, April 07th to 10th 1997, Paderborn, Germany.

[Zuck86] Zucker L.: Production of Trust: Institutional sources of economic structure, 1840-1920. Research in organizational behavior 8, 1986, S. 53-111.

Stichwortverzeichnis

"Forschungsbeiträge zur Wirtschaftsinformatik / Advanced Studies in Information Systems"

Herausgeber:
Prof. Dr. Otto K. Ferstl, Prof. Dr. Elmar J. Sinz, Universität Bamberg

DUV Wirtschaftsinformatik

Jan-Peter Hazebrouck
Konzeption eines Management Support Systems zur Frühaufklärung
Ein modellbasierter Ansatz unter Nutzung von Fuzzy Logic
1998. XIX, 259 Seiten, 115 Abb., Broschur DM 98,-/ ÖS 715,-/ SFr 89,-
ISBN 3-8244-2120-8
Um Chancen und Risiken sowie Stärken und Schwächen frühzeitig zu erkennen, müssen Management Support Systeme um Komponenten der qualitativen Wissensverarbeitung erweitert werden.

Jörg Krumbiegel
Integrale Gestaltung von Geschäftsprozessen und Anwendungssystemen in Dienstleistungsbetrieben
1997. XVII, 238 Seiten, 130 Abb., Broschur DM 98,-/ ÖS 715,-/ SFr 89,-
ISBN 3-8244-2088-0
Die Gestaltung komplexer Organisationen in Wirtschaft und Verwaltung erfordert ein modellgestütztes Vorgehen. Eine Hilfestellung liefert dieses praxiserprobte Methodenkonzept zur Gestaltung von Geschäftsprozessen und Anwendungssystemen in Dienstleistungsbetrieben.

Thomas Mannmeusel
Dezentrale Produktionslenkung unter Nutzung verhandlungsbasierter Koordinationsformen
1997. XVII, 276 Seiten, 125 Abb., 26 Tab., Broschur DM 98,-/ ÖS 715,-/ SFr 89,-
ISBN 3-8244-2093-7
Vermehrt werden Teilaufgaben aus der zentralen Planung und Steuerung herausgelöst und dezentralen Einheiten übertragen, die sich selbständig koordinieren.

Martin Strobel
Optimierung betrieblicher Systeme auf der Basis von Geschäftsprozeßmodellen
1998. XXI, 274 Seiten, 137 Abb., Broschur DM 98,-/ ÖS 715,-/ SFr 89,-
ISBN 3-8244-2107-0
Der Autor entwickelt eine Methode zur Gestaltung betrieblicher Systeme, die auf die Verfolgung von Gestaltungszielen ausgerichtet ist. Die Anwendbarkeit und die Nutzeffekte werden anhand eines umfangreichen Fallbeispiels demonstriert.

GPSR Compliance

The European Union's (EU) General Product Safety Regulation (GPSR) is a set of rules that requires consumer products to be safe and our obligations to ensure this.

If you have any concerns about our products, you can contact us on ProductSafety@springernature.com

In case Publisher is established outside the EU, the EU authorized representative is:

Springer Nature Customer Service Center GmbH
Europaplatz 3
69115 Heidelberg, Germany

Batch number: 10815964

Printed by Printforce, the Netherlands